Kräuter und Gewürze

Philipp Notter Lucas Rosenblatt Judith Meyer Armin Zogbaum

Kräuter und Gewürze

100 Porträts und Rezepte

FONA

www.fona.ch

Lektorat | Léonie Schmid

Gestaltung | FonaGrafik

Rezeptbilder | Ivo Kuthan

Gewürz- und Kräuterfotos | Ivo Kuthan: Kapitel-Einstiegsbilder und Bilder von Seiten 2 bis 230, ausschließlich die Bilder von folgenden Seiten → Armin Zogbaum: Seiten 4, 6, 8, 22, 42, 134, 135, 136, 137, 139, 141, 142, 145, 151 | Beat Ernst: Seiten 30, 35, 47, 52, 66 (Japanische Minze und Ross-Minze), 69, 77, 84, 89, 111, 120, 123 | Andreas Thumm: Seiten 19, 37, 45, 51, 56, 63, 65, 74, 91, 115 | Markus und Katja Bucher: 43 | Mäder Kräuter: Seiten 66 (ohne Japanische Minze und Ross-Minze), 67

Cover | Claudia Albisser: Gewürzfoto Frontseite | Armin Zogbaum: Gewürzfotos Rückseite

Druck | Kösel, Altusried-Krugzell

ISBN 978-3-03780-427-8

inhalts-verzeichnis

lexikon

gewürze in der praxis

rezepte

Kalte und warme Häppchen

Kleine Mahlzeiten

Mittelpunkt mit Fleisch

Mittelpunkt mit Fisch und Meeresfrüchten

Kalte und warme Desserts

Wenn nicht anders erwähnt, sind die Rezepte für 4 Personen berechnet.

Abkürzungen

- **EL** gestrichener Esslöffel
- **TL** gestrichener Teelöffel
- **dl** Deziliter
- **ml** Milliliter
- **Msp** Messerspitze

lexikon

ajowan

Carum ajowan,
Carum copticum,
Trachyspermum ammi,
T. copticum,
T. roxburghianum

Nach Thymian duftende Körner aus Indiens Küche.

Synonyme | Adiowan, Königskümmel, Indischer Kümmel, Ajowain, Ajowainfrucht, Ägyptischer Amm(e)i, Schnabelsamen

Sprachen | F: Ajowan I: Ajowan E: Ajowan, Ajwain, Bishop's Weed

Botanik | *Doldenblütengewächs, Apiaceae, syn. Umbelliferae* | Einjährige, meist kultivierte, krautige Pflanze mit glattem, kahlem Stängel mit mehrfach fein gefiederten Blättern und dichten Dolden mit 5 bis 15 kleinen weißen Blüten.

Gewürz | Kleine, 1–4 mm lange und 1 mm breite, gelbgrüne bis gelbbraune, der Kümmelfrucht ähnliche, aromatische, rauhaarige Spaltfrucht. Jede Teilfrucht hat etwa 5 schmale hellere vorspringende Hauptrippen.

Herkunft / Anbaugebiete | In Indien heimische Pflanze, die in Mittelasien sowie von Nordafrika bis Äthiopien kultiviert wird.

Geruch / Geschmack | Scharfer, brennender, dem Thymian ähnlicher Geschmack, der sich erst beim Zerreiben richtig entwickelt.

Verwendung | Ajowan ist ein in Indien sehr häufig verwendetes Gewürz, das Bestandteil typischer scharfer Gewürzmischungen ist und zum Würzen von Fladenbrot und Würzgebäck verwendet wird. In Europa wird Ajowan zum Würzen von Fleisch- und Gemüsespeisen, speziell für das orientalische Reisgericht Pilaw, und für über offenem Feuer zubereitete Speisen verwendet.

Inhaltsstoffe | 2–5 % ätherisches Öl mit 25–50 % Thymol, bis 24 % p-Cymol, bis 20 % Gamma-Terpinen und bis 5 % Carvacrol als Hauptbestandteile.

Geschichte | Die Pflanze gelangte im frühen Mittelalter nach Mitteleuropa, wo man versuchte, sie anzubauen, was jedoch wegen des ungünstigen Klimas nicht erfolgreich war.

Heilkunde | In der ayurvedischen Medizin Indiens wird Ajowan häufig als Heilpflanze verwendet, vor allem gegen Fieber und Verdauungsbeschwerden. In der westlichen Medizin wird Thymol, der Hauptbestandteil des Ajowanöls, in Arzneien gegen Erkältungskrankheiten eingesetzt. Das ätherische Öl findet auch als Antiseptikum in Zahnpasten und Mundwässern Verwendung.

Spezielles | Ajowan ist heute ziemlich unbekannt und fast ausschließlich auf den zentralasiatisch-nordindischen Raum beschränkt. Das intensive Aroma von Ajowan wird durch trockenes Rösten oder Braten in Fett wegen der fettlöslichen Aromastoffe noch verstärkt. Ajowan passt hervorragend zu Kartoffeln und Fisch. Hülsenfrüchte (Linsen, Bohnen) sind jedoch der bevorzugte Anwendungsbereich, da in Indien die vegetarische Ernährung eine wichtige Stellung hat und Hülsenfrüchte eine gute Eiweißquelle sind. Die Hülsenfrüchte werden meist mit einer mit Ajowan angereicherten Butter gewürzt.

anis

Pimpinella anisum

Das klassische Aroma für Süßes.

Synonyme | Süßer Kümmel, Anisfrucht, Anissaat

Sprachen | F: Anis I: Anice verde E: Anise

Botanik | *Doldenblütengewächs, Apiaceae, syn. Umbelliferae* | Einjährige, 15–50 cm hohe Pflanze mit einem aufrechten, stielrunden, gerillten Stängel. Die gestielten Blütenstände sind 6- bis 15-strahlige Dolden mit kleinen weißen Blüten.

Gewürz | Reife, getrocknete, 3–6 mm lange und 2–2,5 mm breite blassgrüne bis gelblich-mittelbraune Spaltfrüchte mit 2–12 mm langem Stiel. Die Spaltfrucht zerfällt teilweise in 5 Teilfrüchte mit 5 schwach hervortretenden Hauptrippen, die deutlich heller sind.

Herkunft / Anbaugebiete | Die Anispflanze stammt vermutlich aus Vorderasien. Zu den Hauptanbauländern/-regionen zählen Südfrankreich, Spanien, Italien, Türkei, Balkanländer, Libanon, Indien und Lateinamerika.

Geruch / Geschmack | Süß und stark aromatisch, lakritzartig.

Verwendung | Anissamen werden für Brot und süßes Gebäck (Anisbrot, Aniskleingebäck (Chräbeli), Süßwaren (Anisbonbon) und in kleiner Menge auch für Käse und Wurstwaren verwendet. Das ätherische Öl ist Bestandteil von bekannten Likören in ganz Europa (Ouzo, Mastika, Pastis, Pacharan, Raki u. v. m.).

Inhaltsstoffe | Bis 3 % ätherisches Öl (in getrockneten Früchten) mit maximal 90 % trans-Anethol, 2 % Estragol (iso-Anethol), weniger als 1 % Anisaldehyd, Anisalkohol, p-Methoxyacetophenon, Terpene (Pinen, Limonen, 2 % Gamma-Himachalen), 5 % Phenolester, verantwortlich für das charakteristische Aroma.

Geschichte | 1550 v. Chr. war die Anisfrucht in Ägypten bereits bekannt und wird auch schriftlich erwähnt. Die Römer sorgten für die Verbreitung des schon damals beliebten Gewürzes, welches unter anderem von Plinius dem Älteren (23–79 n. Chr.) gelobt wurde. Mit Benediktinermönchen kam die Pflanze um 800 n. Chr. nach Mittel- und Nordeuropa.

Heilkunde | Der Anis wirkt krampflösend und verdauungsfördernd. Er lindert Blähungen, löst den Schleim bei Katarrh und lindert auch Hustenanfälle.

Spezielles | Die Anisfrüchte werden oft mit Fenchelsamen verwechselt. Sie sind aufgrund des ähnlichen Aromas auch teilweise austauschbar. Ebenso austauschbar – vor allem in der Spirituosenherstellung – ist Anis durch zerkleinerten Sternanis (Vietnam, China).

asant

Ferula assa-Foetida

Ein Gewürz mit dem verheißungsvollen Namen «Teufelsdreck».

Synonyme | Stinkasant, Teufelsdreck, Asafötida, Asam

Sprachen | F: Asa-fétide, Merde du diable I: Assafétida E: Asafetida, Stinking gum, Devil's dung

Botanik | *Doldenblütengewächs, Apiaceae, syn. Umbelliferae* | Bis 2 m hohe Staude, dem Fenchel ähnlich, sehr große Blätter. Armdicke, rübenförmige Wurzel. Erst nach einigen Jahren bilden sich 20- bis 30-strahlige Dolden mit vielen kleinen gelben Blüten, aus welchen 2-teilige braune, abgeflachte Spaltfrüchte entstehen.

Gewürz | Als Gewürz wird lediglich der aus den Wurzeln durch Aufschneiden austretende weiße Milchsaft (Latex) verwendet, der an der Sonne getrocknet wird. Es entsteht eine meist verklebte gelbliche, rötliche bis bräunliche Masse (Harz).

Anbaugebiet/Herkunft | Die Pflanze ist im Iran und im Irak sowie in Pakistan, Afghanistan und Vorderindien beheimatet. Lieferant des dickflüssigen Saftes sind ausschließlich wildvorkommende Stauden.

Geruch / Geschmack | Asantkörner haben einen sehr starken, eher abstoßenden, entfernt an (nicht ganz frischen) Knoblauch erinnernden Geruch und einen widerlichen, beißenden, bitteren, lang anhaltenden Geschmack.

Verwendung | Asant ist im Orient ein beliebtes Würzmittel, der als Ersatz für Knoblauch und Zwiebeln verwendet wird, besonders zum Würzen von Lammgerichten und vegetarischen Reis- und Gemüsespeisen. Vereinzelt wird er in Europa auch zur Herstellung von Wurstgewürz eingesetzt.

Inhaltsstoffe | 5–25 % schwefelhaltiges ätherisches Öl in Form von Alkylsulfiden und 6,5 % Pellandren sowie 14 % Alpha-Pinen. Der Hauptbestandteil besteht jedoch aus 24–65 % Harz (als Asaresin bezeichnet) sowie 20–30 % Gummi-/Schleimstoffen.

Geschichte | Schon im Altertum wurde der Asant in Indien als Heilmittel und Gewürz verwendet. Alexander der Große (356–323 v. Chr.) brachte es dann laut Überlieferung nach Griechenland. Durch das Römische Reich wurde Asant in ganz Europa bekannt und blieb bis ins Mittelalter weit verbreitet.

Heilkunde | Asant wurde früher als nervenberuhigendes und krampflinderndes Mittel eingesetzt. Er wird zudem bei kolikartigen Blähungen und Reizdarm empfohlen.

Spezielles | Mit seinem widerlichen Geruch drängt sich Asant nicht unbedingt als wertvolles Gewürz auf. Aber wenn das Harz in kleinen Mengen gebraten wird, bekommt es einen ziemlich angenehmen Geruch. So genannter «pulverisierter» Asant wird mit Reismehl gemischt und ist entsprechend milder und in der Anwendung unkomplizierter.

bärlauch

Allium ursinum

Unverzichtbar in der Frühlingsküche.

Synonyme | Wilder Knoblauch, Waldlauch, Wilder Knofel, Rams

Sprachen | F: Ail des ours I: Aglio orsino E: Bear's garlic

Botanik | *Liliengewächs, Liliaceae* | 10–25 cm lange und bis 10 cm breite, langgestielte dunkelgrüne Blätter mit einem unten deutlich dreikantigen Stiel. Die weißen Blütenkronen sind sternförmig. In der jüngeren Zeit wird der Bärlauch den Lauchgewächsen zugeordnet.

Gewürz | frische, tiefgekühlte und gefriergetrocknete Blätter

Herkunft / Anbaugebiete | Bärlauch kommt vorwiegend in feuchten, schattigen, nährstoffarmen Laub- und besonders Buchenwäldern in West- und Mitteleuropa vor.

Geruch / Geschmack | In Geruch und Geschmack sind die Blätter dem Knoblauch ähnlich. Der Bärlauch erinnert auch ein wenig an Schnittlauch.

Verwendung | Frische Blätter werden besonders in Russland vereinzelt wie Schnittlauch zum Würzen von Salaten, Suppen und Fleisch verwendet. In den letzten Jahren ist der Bekannt- und Beliebtheitsgrad von Bärlauch in Mitteleuropa stark gewachsen und das Kraut wird entsprechend vielseitig eingesetzt, und zwar für einen Pesto, zum Aromatisieren von Kräuterbutter, Kräuterkäse und Quark, zum Würzen von Suppen und Salaten. Allgemein kann er wie Spinat verwendet werden; durch das Erhitzen verliert er leider viel von seinem typischen Geschmack. Übrigens schmecken auch die Knospen und später die Blüten köstlich (im Spätfrühling). Beide eignen sich zum Rohessen. Blütenknospen können auch in Essig oder Salzlake eingelegt werden.

Inhaltsstoffe | Ätherisches Öl (Hauptbestandteile: Divinylsulfid, Dimethylthiosulfonat, Methylcysteinsulfoxid, Methylmercaptan, Methylallylthiosulfonat, Allicin, Alliin), Fructosane und Vitamin C.

Heilkunde | Der Bärlauch enthält unterschiedliche Schwefelverbindungen, die den Stoffwechsel anregen. Er lindert Blähungen und Krämpfe, er ist appetitanregend, cholesterinsenkend, blutreinigend, gefäßerweiternd. Letzteres erklärt den Einfluss von Bärlauch auf Hirnleistung, Konzentration und Stoffwechsel.

Spezielles | Für die Verbreitung des Bärlauchs sorgen Ameisen, welche die winzigen Samen verschleppen. Der Bärlauch wächst wild in Auen und Flusswäldern in West- und Mitteleuropa. Mittlerweile wird er auch kultiviert und ist im Frühling sogar beim Großverteiler im Angebot. Viele Menschen jedoch pflücken die stark nach Knoblauch riechenden Blätter am liebsten selber in der freien Natur. Eine Verwechslung mit dem Maiglöckchenblatt (Convallaria majus) kann ausgeschlossen werden, wenn man dem Knoblauchgeruch folgt (am besten ein Blatt verreiben, dann wird der Geruch noch intensiver).

basilikum

Ocimum basilicum

Trägt den königlichen Namen nicht zu Unrecht.

Synonyme | Basilikumkraut, Basilienkraut, Basilie, Königskraut, Königsbalsam, Braunsilge

Sprachen | F: Basilic I: Basilico E: Sweet Basil herb

Botanik | *Lippenblütengewächs, Lamiaceae, syn. Labiatae* | Einjährig, 20–50 cm hoch, buschig, krautig, vierkantiger, verzweigter, selten schwach behaarter Stängel. Die Blätter sind eiförmig bis länglich zugespitzt, gelblichgrün oder dunkelweinrot, kahl, mit unregelmäßig gezahntem Blattrand. An den Zweigspitzen bilden meist 6 kleine weiße bis rötliche Blüten einen Scheinquirl.

Gewürz | Der Basilikum ist für den Frischverzehr prädestiniert. Getrocknet verliert er viel von seinem Aroma.

Herkunft / Anbaugebiete | Der Basilikum ist in Indien und Ägypten heimisch und wird in Südasien, Nordafrika, in Mittel- sowie in Südeuropa, besonders in Spanien, Frankreich, Italien, Deutschland, und im Süden Russlands und in den USA (Kalifornien) auf größeren Flächen kultiviert.

Geruch / Geschmack | Sehr aromatisches Kraut, das besonders beim Zerreiben einen würzigen, leicht pfefferartigen, kühlenden Geschmack und einen angenehmen Geruch hat.

Verwendung | Basilikum wird besonders in der französischen, italienischen und griechischen Küche zum Würzen von Rohkost und Salaten (Tomaten-Mozzarella) verwendet. Weltberühmt ist der Basilikumpesto. Der Basilikum sollte nicht gekocht werden, weil er dadurch sein Aroma verliert.

Inhaltsstoffe | 0,1–0,5 % (frisch) und 0,2–2,5 % (getrocknet) ätherisches Öl (Basilikumöl) mit Cineol, Linalool, Citral, Estragol, Eugenol und Methylcinnamat, zudem Monoterpene (Ocimen, Geraniol, Campher), Sesquiterpene (Bisa-bolen, Caryophyllen) und Phenylpropane (Zimtsäureester, Methyleugenol). Die Zusammensetzung variiert je nach Provenienz.

Geschichte | Bereits seit 3000 Jahren wird der Basilikum in Indien und Ägypten kultiviert. Im 13. Jh. wurde es von Albertus Magnus in Deutschland erwähnt.

Heilkunde | Basilikum wirkt auf das Nervensystem beruhigend. Basilikumtee ist bei einer Erkältung schweißtreibend und schleimlösend. Das Kraut hat aufgrund seines aromatischen und bisweilen leicht scharfen Geschmacks eine wohltuende Wirkung bei Magenbeschwerden, Blähungen und Appetitlosigkeit. Früher galt Basilikum als probates Mittel gegen Schwermut. Der Basilikum ist leicht antiseptisch und tonisiert die Haut.

Spezielles | Das ätherische Öl hat eine komplexe, variable Zusammensetzung. Innerhalb der Art gibt es verschiedene chemische Rassen, wobei auch Klima, Boden sowie Erntezeitpunkt auf die Qualität und Quantität des ätherischen Öls einen großen Einfluss haben. Die Pflanze ist frostempfindlich, daher ist für den Eigenbedarf eine Kultur in Töpfen ratsam. Im Gewürzgarten lockt die Pflanze Schnecken an.

bockshornklee

Trigonella foenum-graecum

Der bittere Klassiker.

Synonyme | Samen: Griechischer Heusamen, Kuhhornklee, Fenougreek, Bisamklee, Hornkleesamen
Blätter: Griechisch Heu, Käseklee, Brotklee, Schabzigerklee

Sprachen | F: Fenugrec, Trigonelle I: Fieno greco E: Fenugreek

Botanik | *Schmetterlingsblütengewächs, Fabaceae, syn. Papilinceae* | Einjährige, bis 60 cm hohe Pflanze mit spindelförmiger Pfahlwurzel, aus der ein teils verzweigter, aufrechter, runder Stängel wächst, aus dem sich wechselständige, 3-zählige, verkehrt eiförmige, teils behaarte, gestielte Blätter entwickeln. Aus den gelblichweißen, am Blattansatz violetten Blüten bilden sich 7–12 cm lange und bis 1 cm breite linealische gerade oder sichelförmige, in einem deutlich abgesetzten 2–3 cm langen Schnabel auslaufende Früchte (Hülse), die 10 bis 20 Samen enthalten.

Gewürz | Die reifen, getrockneten, 2–5 mm großen, unregelmäßig rhombischen, hell- bis gelbrötlichbraunen, harten Samen und Blätter (Klee) werden als Gewürz verwendet.

Herkunft / Anbaugebiete | Die Pflanze ist in den östlichen Mittelmeerländern und in Kleinasien beheimatet. Heute ist der Bockshornklee in der Ukraine und in Vorderasien, bis nach Äthiopien, Indien, China und auch in Argentinien verbreitet.

Geruch / Geschmack | Beim Trocknen der Früchte entwickelt sich ein charakteristischer leichter «Bockgeruch». Die Samen schmecken etwas schleimig und bitter.

Verwendung | Die getrockneten Blätter von Schabziger- und Bockshornklee werden zur Herstellung von Kräuterkäse (Schabziger) sowie als Brotgewürz (Tirol) verwendet. Mit den Samen werden Breispeisen (Nordafrika), Brot und Fischspeisen gewürzt. Sie sind in Curry (bis 20 %) und anderen Gewürzmischungen enthalten, die vor allem für indische Gemüsegerichte verwendet werden.

Inhaltsstoffe | 0,015 % ätherisches Öl mit Gamma-Lacton Sotol, geradekettigen Alkanen, Sesquiterpenen, Alkoholen und weiteren Lactonen, Furostanolglycosiden (bitterer Geschmack), Sterol- und Diosgeninderivaten, 0,4 % Trigonellin, 20–45 % Schleimstoffe und Flavonoide.

Geschichte | Der Bockshornklee ist eine der ältesten Arznei- und Kulturpflanzen. Sie war bereits im alten Ägypten bekannt und wurde kultiviert. Das Gewürz kam im 9. Jh. nach Europa.

Heilkunde | Bockshornklee macht die Haut weich und geschmeidig. Bei wiederholter äußerlicher Anwendung kann es zu unerwünschten Hautreaktionen kommen.

Spezielles | Gemahlene Samen nehmen beim Quellen das Siebenfache an Wasser auf. Ein aus dem Samen gewonnener Extrakt wirkt antioxidativ. Ein leichtes Rösten in einer trockenen Pfanne verändert das Aroma angenehm. Der Schabzigerklee (Trigonella caerulea) ist streng genommen ein Verwandter des Bockshornklees; sie werden wegen der teils gleichen Synonyme gerne verwechselt. Weil die Blätter in Aroma und Geschmack sehr ähnlich sind, können sie auch ausgetauscht werden.

bohnenkraut

Satureja hortensis (Sommerbohnenkraut),
Satureja montana (Winterbohnenkraut)

Hülsenfrüchte lieben Bohnenkraut.

Synonyme | Pfefferkraut, Saturei, Weinkraut, Käsekraut, Winterbergminze, Gartenbohnenkraut

Sprachen | F: Sarriette commune I: Santoreggia E: Savory

Botanik | *Lamiaceae, syn. Labiatae, Lippenblütengewächs* | Einjährige, in Kultur auch zweijährige, bis 30 cm hohe, buschig verzweigte Pflanze mit kantigem und am Ansatz verholztem Stängel, der meist behaart ist. Die bis 40 mm langen und bis 5 mm breiten paarig angeordneten dunkelgrünen Laubblätter sind spatenförmig bis lanzettlich und ganzrandig. Aus den Blattachseln entspringen kleine hellviolette Blüten.

Gewürz | Die Zweige oder die abgezupften Blätter werden frisch und getrocknet als Gewürz verwendet. In den Handel kommt das Bohnenkraut auch gerebelt, grob zerkleinert oder gemahlen.

Herkunft/Anbau | Die Pflanze ist im östlichen Mittelmeergebiet beheimatet. Heute wird das Bohnenkraut von Mitteleuropa bis nach Indien, aber auch in Südafrika, Argentinien, Chile, Uruguay und Nordamerika angebaut.

Geruch / Geschmack | Das Kraut hat einen kräftigen, aromatisch-würzigen Geruch und einen etwas pfeffrigen, typischen Geschmack.

Verwendung | Bohnenkraut ist als Gewürz sehr beliebt. Es wird nicht nur zum Verfeinern von Bohnen-, Erbsen- und Linsengerichten verwendet, sondern auch für Gemüse allgemein, für Salate, Suppen, Saucen, Fisch- und Fleischgerichte.

Inhaltsstoffe | 0,3–4 % ätherisches Öl (bei einer guten Qualität sind es 1–3 %). Hauptkomponenten: 30–60 % Carvacrol, maximal 30 % p-Cymol, 10–30 % Gamma-Terpinen, Alpha-Pinen (8 %), Thymol, Dipenten und Borneol. Anders als der ähnlich riechende Thymian enthält Bohnenkraut nur geringe Mengen an Thymol.

Geschichte | Bereits in der Antike war Bohnenkraut als Gewürz bekannt. Im 3. Jh. gelangte es nach Europa/Italien. In Deutschland wird es seit dem frühen Mittelalter angebaut.

Heilkunde | Das Bohnenkraut stärkt den Magen und hat auf die Verdauungsorgane eine positive Wirkung. Es hilft auch bei Husten und Verschleimung der Atemwege. Bei Schwächezuständen wirkt es stimulierend, bei Verletzungen im Hals- und Rachenraum antiseptisch (mit Bohnenkrauttee gurgeln). Das Winterbohnenkraut soll auch bei Diarrhöen (Durchfall) helfen.

Spezielles | Das Aroma des Krautes erinnert stark an Thymian und andere thymolhaltige Gewürze, z. B. Ajowan. Man gibt Bohnenkraut 5 bis 10 Minuten vor Ende der Garzeit in den Topf, am besten in Form von gebündelten Zweigen oder man zerkleinert die Blätter und füllt sie in ein Gewürz-Ei. Die starke, pfeffrige Würzkraft gibt den Speisen einen rustikalen Charakter, deshalb ist das Kraut sparsam zu verwenden.

boldoblatt

Peumus boldus

Der Geheimtipp für Experten.

Synonym | Boldeablatt

Sprachen | F: Boldo I: Boldo E: Boldina, Boldo leaf

Botanik | *Monimiengewächs, Monimiaceae* | Mit den Lorbeergewächsen verwandt. Immergrüner Strauch oder 5–6 m hoher Baum mit 2–8 cm langen und bis 4 cm breiten Blättern mit kleinen Höckern auf der Oberseite und deutlich hervortretenden Blattnerven auf der Unterseite. In Blattachseln oder endständig befinden sich lockere Trauben von weißen bis gelben, glockigen, aromatisch duftenden Blüten.

Gewürz | Die getrockneten, ledrigen blaugrünen bis leicht grünbräunlichen Blätter werden wie beim Lorbeer als Gewürz verwendet.

Herkunft / Anbaugebiete | Die Pflanze ist im Andenhochland von Chile heimisch und wächst heute gelegentlich auch wild im Mittelmeerraum, vor allem in Nordafrika.

Geruch / Geschmack | Die Blätter haben einen eigenartigen, stark würzigen, ein bisschen an Kampfer, Rosmarin oder Zimtsäure erinnernden Geruch und einen würzig-aromatischen, brennenden, etwas bitteren Geschmack.

Verwendung | Boldoblätter dienen in Südamerika, ähnlich den Lorbeerblättern, zum Würzen von Saucenfleisch, Fisch, Kohlspeisen, Suppen und Saucen. Sie werden seit kurzem auch in Europa als Gewürz verwendet, sind jedoch mit Fingerspitzengefühl zu dosieren.

Inhaltsstoffe | 2–3 % ätherisches Öl mit ca. 40 % Ascaridol (Monoterpenperoxid), 2–14 % p-Cymen, 1,8-Cineol und Linalool, 0,3–0,5 % Isochinolin-Alkaloide (Isocorydin, N-Methyllaurotetanin, Norisocorydin, Isoboldin) (Boldin 0,1 %), ferner Flavonoide und Gerbstoffe.

Geschichte | Schon die Inkas setzten Boldoblätter bei Magenleiden und Blähungen ein.

Heilkunde | Die Boldoblätter werden bei Verdauungsbeschwerden, Leber- und Gallenleiden und als Wurmmittel eingesetzt.

Spezielles | Aus dem Holz des Boldobaumes wird Holzkohle hergestellt.

borretsch

Borago officinalis

Das Kraut mit dem Gurkenaroma.

Synonyme | Gurkenkraut, Boretschkraut, Boretsch, Borgel

Sprachen | F: Bourrache I: Borragine E: Borage, Beebread

Botanik | *Borretschgewächs, Boraginaceae* | Einjährige, bis 1 m hohe, krautige Pflanze mit fleischigem, behaartem, ästigem, kantigem grausilbernem Stängel und 3–15 cm langen und 2–5 cm breiten, am Grunde langgestielten, stumpf-elliptischen, oben eiförmig-länglichen, fast stängelumfassenden, wechselständigen Blättern. Die gestielten, hängenden Blüten sind dunkel- bis hellblau, teils rötlich gefärbt.

Gewürz | Als Gewürz wird das frische (selten das getrocknete) und zu Beginn der Blütezeit geerntete Kraut verwendet.

Herkunft / Anbaugebiete | Borretsch ist im östlichen Mittelmeerraum (Syrien und Kleinasien) beheimatet und in Europa und Nordamerika verbreitet. Im Hausgarten ist es stark vertreten.

Geruch / Geschmack | Gurkenartiger Geruch und Geschmack.

Verwendung | Das Kraut eignet sich zum Würzen von Salaten, auch von Rohkost, Suppen und Senfsaucen. Ferner wird es zum Einmachen von Gurken verwendet. Die Blüten sind essbar: Garnitur für Desserts, Suppen und Salate. Früher wurden die Borretschblüten zum Färben von Speisen verwendet.

Inhaltsstoffe | Weniger als 0,1 % ätherisches Öl mit 2,6-Nonadienal, das als Hauptkomponente des Gurkenaromas (Gurkenaldehyd) gilt. Enthält in geringen Mengen (<0,001 %) die toxischen Pyrrolizidin-Alkaloide (Intermedin, Lycopsamin, Amabilin und Supinin) und 20 % Schleimstoffe und etwa 3 % Gerbstoffe.

Geschichte | Borretsch wurde vermutlich im Altertum von den Arabern kultiviert. Erst im Mittelalter gelangte die Gewürzpflanze nach Europa und ist seither in unseren Breitengraden beliebt.

Heilkunde | Borretsch senkt die Blutfettwerte, ist fiebersenkend, erfrischend und harntreibend. Das Kraut hilft bei Herzklopfen, Nervosität, Melancholie, Schwermut, bei Hals- und Rachenentzündungen. Es stillt den Hustenreiz, lindert Juckreiz und bringt eine Mundschleimhautentzündung zum Abklingen.

Spezielles | Die im ätherischen Öl enthaltenen nicht flüchtigen Pyrrolizidin-Alkaloide Intermedin, Lycopsamin, Amabilin sowie Supinin sind giftig und haben kanzerogenes Potenzial. Vielfach wird deshalb in der Volksmedizin auf eine mögliche Gesundheitsgefährdung durch Borretsch hingewiesen. Keine Bedenken jedoch bestehen nach heutigem Wissensstand und verbreiteter Expertenmeinung gegen die Verwendung als Gewürz.

chili

Capsicum frutescens

Brennende Schärfe für den ganzen Globus.

Synonyme | Chilli, Cayennepfeffer, Roter Pfeffer, Chilipfeffer, Beißbeere, Goldpfeffer, Spanischer Pfeffer

Sprachen | F: Poivre de Cayenne, Piment fort I: Peperoncino, Peperone, Diavoletto E: Chilli, Cayenne pepper

Botanik | *Nachtschattengewächs, Solanaceae* | Chili ist ein ausdauernder, 1–1,5 m hoher Busch mit holzigen Stängeln und herzförmigen, buschigen Blättern. Aus den Blattachseln entwickeln sich 2, selten mehrere 1–3 cm lange und 3–10 mm breite Beerenfrüchte. Von der Chili-Pflanze werden zahlreiche Unterarten kultiviert, welche teilweise wesentlich größere Früchte haben.

Gewürz | Zum Würzen werden reife, getrocknete, glänzende Früchte (Beeren) verwendet, die grün, gelb, braunrot bis leuchtend rot sein können. Die Schoten werden auch frisch in Essig eingelegt, getrocknet, gebrochen oder gemahlen als Cayennepfeffer gehandelt. Der Schärfegrad kann durch Entfernen der Samen verringert werden.

Herkunft / Anbaugebiete | Die Pflanze ist im tropischen Süd- und Mittelamerika heimisch und wird im Süden der USA, in Westafrika, in der Türkei, in Indien, in Thailand und vereinzelt auch in Japan angebaut. Im Export sind Indien und ostafrikanische Länder führend.

Geruch / Geschmack | Der Geruch von Chili ist scharf, er reizt Nase und Augen so, dass sie zu fließen respektive zu tränen beginnen können. Der milde bis brennend scharfe Geschmack (je nach Chiliart und Herkunft) bleibt im Gaumen lange erhalten.

Verwendung | In der lateinamerikanischen Küche und in vielen Gebieten Afrikas und des Orients dienen Chilis zum Würzen von Fleisch, Geflügel, Fisch, Eiergerichten und scharfen Suppen. Getrocknete und gemahlene Chilischoten sind Bestandteil vieler Gewürzmischungen und von Curry. In frischer Form ist Chili Hauptbestandteil bekannter Pasten und Saucen (Sambal Oelek, Tabasco).

Höllisch scharf | Ist das Gericht zu scharf? Brennt die Zunge und tränen die Augen? Am besten lässt man ein wenig Joghurt im Mund zergehen, das kühlt das Feuer am schnellsten. In Südindien wird ein Essen oft mit einem Gericht aus Reis und Joghurt abgeschlossen. Wasser löscht den Brand nicht, im Gegenteil, die Schärfe wird noch als unerträglicher empfunden.

Mexiko und Chili | Mexiko ist noch vor Südasien bekannt für die vielseitige Verwendung der Chilis. Nebst den köstlich raffinierten Moles (Saucen auf Basis von Kakao, Sesamsamen, Erdnüssen, Kürbiskernen und viel Chili) werden überall Kaugummi, Wassereis und unzählige Süßigkeiten mit höllisch scharfem Chili angeboten. So gewöhnen sich schon kleine Kinder an die scharfe Küche, und es gehört zur Kultur des Machismo in Mexiko, dass ein Mann eine ganze Chilischote isst, ohne dabei mit der Wimper zu zucken. Ein klassisches Produkt Mexikos ist Tabasco.

Inhaltsstoffe | Verschiedene Alkaloide und Capsaicinoide (Scharfstoffe) wie Capsaicin (68 %) und Dihydrocapsaicin (ca. 25 %) sowie geringe Mengen ätherischen Öls und die Farbstoffe Capsanthin und Capsorubin. Die Samen enthalten fettes Öl.

Geschichte | Mit der Entdeckung Amerikas anno 1492 gelangte die Chilifrucht, die von den Indianern schon seit Jahrtausenden kultiviert worden war, auch nach Europa. Hier wurde sie von den Spaniern und den Portugiesen schnell verbreitet.

Heilkunde | Die Capsicum-Arten sind reich an Vitamin C und enthalten auch Vitamin A (Carotinoide) sowie Vitamin E. Die Chilis regen den Kreislauf an und beugen Erkältungen vor. Sie lindern bei Magen- und Darmproblemen, wie Blähungen, Koliken und Krämpfen. Bei Entzündungen im Magen- und Darmbereich sind Chilis zu meiden.

Spezielles | Die Schärfe von Chilis wird in «Scoville-Einheiten» gemessen. Dabei handelte es sich ursprünglich um eine subjektive Maßzahl, die durch den Geschmacksvergleich unterschiedlich verdünnter Chili-Extrakte festgelegt wurde. Heute bedient man sich moderner Analysemethoden, deren Resultate mit der Scoville-Skala grob korrelieren. 15 Scoville-Einheiten entsprechen dabei einem ppm an Capsaicin plus Capsaicinoiden. Die schärfsten Exemplare (Capsicum chinense) bringen es auf 200 000 bis 300 000 Scoville-Einheiten, während die immer noch extrem scharfen Thai-Chilis kaum 100 000 erreichen. Handelsübliche Formen wie der italienische Peperoncino liegen generell unter 5000 Scoville-Einheiten. Insgesamt sind Chilis sehr variabel in ihren Inhaltsstoffen. Sogar Früchte, die zur gleichen Zeit von der gleichen Pflanze geerntet worden sind, können sich in der Schärfe ganz wesentlich unterscheiden.

curryblatt

Murraya koenigii

Ein vertrauter Name für ein unbekanntes Gewürz.

Synonyme | Murraya, Daun Salam, Curry Patte

Sprachen | F: Feuilles de Cari, Feuilles de Curry, Caloupilé (Réunion), Carripoulé (Ile Maurice) I: Fogli di cari E: Curry leaves

Botanik | *Rautengewächs*, *Rutaceae* | Kleiner oder bis 3 m hoher Strauch oder Baum mit eiförmig zugespitzten, 4–5 cm langen und bis 2 cm breiten grünen bis kupferfarbenen bis olivgrünen Fiederblättchen mit deutlich hervortretender, hellerer Mittelrippe und einem schief angesetzten Spreitengrund der unpaarigen (11 bis 15) Fiedern.

Gewürz | Als Gewürz werden meist frische Blätter verwendet.

Herkunft / Anbaugebiete | Der Strauch ist im Süden des Himalaya, in Südindien, Bengalen und auf Sri Lanka heimisch.

Geruch / Geschmack | Die frischen Blätter haben einen frischen, würzigen Geruch und einen scharfen Geschmack.

Verwendung | In den Ursprungsländern werden Curryblätter zum Würzen von Fleisch- und Reisgerichten verwendet. Wie die Lorbeerblätter werden sie mitgekocht und später entfernt. Getrocknet sind sie Bestandteil vieler Currypulver und Currypasten.

Inhaltsstoffe | Geringer Anteil an ätherischem Öl (bis 2 %), wovon 34 % Sabine, 27 % Alpha-Pine, 16 % Dipente, 7,7 % Terpinol, Beta-Caryophylle (2,6 ppm), Beta-Gurjunen (1,9 ppm), Beta-Eleme (0,6 ppm), Beta-Phellandre (0,5 ppm), Beta-Thuje (0,4 ppm), Alpha-Seline (0,3 ppm), Beta-Bisabole (0,3 ppm) sowie Limonen, Betatrans-Ocime und Beta-Cadine (0,2 ppm).

Spezielles | Curryblätter dürfen nicht verwechselt werden mit Curry. Currypulver ist eine britische Erfindung aus der Kolonialzeit: Offiziere brachten die Gewürzmischung aus Indien auf die britische Insel, um den Geschmack ihrer geliebten indischen Speisen zubereiten zu können. Laut Literatur enthalten ein paar Mixturen für Curry tatsächlich Curryblätter, aber vermutlich nur aus historischen oder linguistischen Gründen, da getrocknete Blätter ihren Geschmack schon nach wenigen Tagen verlieren. Deshalb sind die Curryblätter auch nicht für den eigentlichen Currygeschmack verantwortlich; sie geben der frischen Küche von Indien und Sri Lanka vielmehr ihren authentischen Geschmack.

Currykraut | Curryblatt und Currykraut haben eines gemeinsam: Sie können Curry (Würzmischung aus x Gewürzen) ersetzen. Beide werden wie das Lorbeerblatt mit der Speise mitgekocht und vor dem Essen entfernt.
Das Currykraut (Helichrysum italicum) ist ein mehrjähriger Korbblütler. Der Halbstrauch ist eine mehrjährige Pflanze, der auch unter dem Namen «Strohblume» und «Immortelle» bekannt ist. Auf Englisch heißt sie «Curry plant», auf Französisch «Immortelle d'Italie» und auf Italienisch «Perptunio». Die Pflanze ist im Mittelmeeraum, im östlichen Nordafrika und in Kleinasien heimisch. Junge Blätter und Triebe des Currykrauts werden im Hochsommer geerntet.
Das Kraut sollte sparsam verwendet werden. Ein Zuviel kann die Speise bitter machen. Blätter oder Triebe am besten in ein Baumwolltüchlein wickeln und so mitkochen. Das Currykraut bietet sich immer dann an, wenn in einem Rezept Curry verwendet wird.

dill

Anethum graveolens

Für mehr als nur für Gurken gut.

Synonyme | Kraut: Gurkenkraut, Dill, Gartendill, Tille
Samen: Gurkenkümmel, Dillfrucht

Sprachen | F: Aneth, Fenouil bâtard I: Aneto
E: Dill seed, Dill weed

Botanik | *Doldenblütengewächs, Apiaceae, syn. Umbelliferae* | Kraut: Einjährige, 50 cm–1,5 m hohe Pflanze mit einem aufrechten, runden, fein gerillten, hohlen, kahlen, verzweigten Stängel, der frisch eine bläulichgrüne Farbe hat und weißlich-grünliche Längsstreifen aufweist. Die 3- bis 4-fach gefiederten, wechselständigen Blätter enden in sehr dünnen, fadenförmigen Zipfeln. Am Ende des Stängels befinden sich die kleinen, 5-zähligen gelben Blüten, die vielstrahlige, nach oben gewölbte Dolden bilden. Samen: Die breitovalen, flachen, gelbbräunlichen, bis 5,5 mm langen und 3 mm breiten, gerippten Spaltfrüchte zerfallen bei der Reife in zwei Teilfrüchte, mit einem helleren gelben Außenrand.

Gewürz | Als Gewürz verwendet werden das frische, aber auch getrocknete, von den unteren Stängeln weitgehend befreite Kraut (Dillspitzen) sowie die Früchte.

Herkunft / Anbaugebiete | Der Dill stammt aus dem Mittelmeerraum und Vorderasien. Er wird in Europa bis zum Ural und in Nord- und Mittelamerika oft im Hausgarten kultiviert.

Geruch / Geschmack | Das Dillkraut hat einen feinen, arttypischen Geruch und Geschmack. Die Samen haben einen aromatischen Geruch und sind im Geschmack leicht süßlich und kümmelartig.

Verwendung | Das Kraut wird mit und ohne blühende Dolde zum Einmachen von Gewürzgurken und Sauerkraut verwendet. Dill passt ebenfalls zu Fisch und Fleisch und gibt Kräuterbutter und Kräuteressig eine frische Note. Die Samen werden ebenfalls zum Einmachen von Gewürzgurken verwendet, zum Würzen von Fisch sowie für die Herstellung von Dillöl, das unter anderem auch zum Aromatisieren verschiedener Liköre dient.

Inhaltsstoffe | Die ätherischen Öle im getrockneten Kraut (bis 2 %) und dasjenige in den Samen (2–4 %) unterscheiden sich leicht voneinander. Im Fruchtöl ist Carvon (40–60 %) die Hauptkomponente, außerdem enthält es viel Limonen (40 %), aber nur Spuren anderer Terpene (Phellandren, Carveol, Terpinen, Dihydrocarvon). Im Öl aus den Blättern sind dagegen neben Carvon (30–40 %) noch Limonen (30–40 %), Phellandren (10–20 %) und weitere Monoterpene für das Aroma verantwortlich.

Geschichte | Die ältesten Überlieferungen über das Dillkraut als Gewürz stammen aus der Zeit um 3000 v. Chr. aus Mesopotamien. Funde aus dieser Zeit wurden in jungsteinzeitlichen Pfahlbauten in der Schweiz gemacht. Der Dill wird seit dem Altertum als Gewürz- und Heilpflanze verwendet.

Heilkunde | Dillsamen regen die Magensaftsekretion an und helfen bei Nierenleiden.

Spezielles | Schon Ägypter und Römer verwendeten den Dill als Gewürz- und als Heilpflanze. Die Ägypter verwendeten ihn unter anderem bei Kopfschmerzen und zur Beruhigung, die Griechen gegen Schluckauf. In der Bibel wird Dill zusammen mit Minze und Kümmel erwähnt. Bereits im 1. Jh. n. Chr. soll der Dill nach Mittel- und Nordeuropa gelangt sein. Zur Zeit Karls des Großen gehörte er jedenfalls in jeden kaiserlichen Garten. Im Mittelalter galt Dill im Wein als potenzsteigerndes Mittel. In Nordamerika gab man angeblich den Kindern während längeren Predigten Dillsamen zum Kauen, damit sie sich still verhielten.

estragon

Artemisia dracundculus

Zu Unrecht nur im Senf bekannt.

Synonyme | Estragonkraut, Esdragon, Dragonkraut, Dragun, Dragonbeifuß, Schlangenkraut, Drachenkraut, Bertram

Sprachen | F: Estragon I: Estragone E: Tarragon

Botanik | *Korbblütengewächs, Asteraceae, syn. Compositae* | Mehrjährige Pflanze, 60–150 cm hoch, buschig verzweigt, mit zahlreichen kahlen, 25–35 mm langen und 4–10 mm breiten, lanzettlichen bis linealischen Blättern und kleinen, unscheinbaren grünlichweißen Blütenköpfen.

Gewürz | Als Gewürz werden die frischen und die getrockneten Blätter sowie das Kraut (mit Zweigspitzen) verwendet.

Herkunft / Anbaugebiete | Der Estragon ist in Mittelasien und Ostsibirien beheimatet. Heute ist er in gemäßigten Klimazonen stark verbreitet, so im westlichen Nordamerika (Texas), in Europa, Vorderasien und Indien. Er wird auch im Hausgarten häufig kultiviert.

Geruch / Geschmack | Estragonblätter haben einen aromatischen, anisartigen Geruch, der Geschmack ist würzig und mild-bitter.

Verwendung | Estragonblätter werden vor allem in der französischen Küche zum Würzen von Fleisch- und Fischragout, von Fischbrühe und von Salaten verwendet. Allein oder in Kombination mit Borretsch, Dill, Petersilie und/oder Kerbel wird das Kraut für die Zubereitung der Sauce Béarnaise verwendet. Estragon bietet sich zudem zum Einmachen von Gewürzgurken an, er wird für die Herstellung von Würzessig verwendet und gibt zudem einem besonders aromatischen Senf seinen Namen.

Inhaltsstoffe | Die Estragonblätter enthalten 0,15–3 % ätherisches Öl (Estragonöl) mit 60–80 % Methylchavicol (Estragol) und etwa 10 % Anethol als Hauptbestandteil, weiter Phellandren, Alpha- und Beta-Pinen, Camphen, Limonen, Ocimen, Sabinen und Eugenol.

Geschichte | In Mittelasien und in Sibirien war der Estragon schon lange Zeit als Gewürz- und Heilpflanze bekannt, bevor er Ende des 13. Jh. von Kreuzrittern nach Europa mitgebracht wurde.

Heilkunde | Der Estragon wird nur noch vereinzelt als appetitanregendes und verdauungsförderndes Mittel eingesetzt.

Spezielles | Es gibt 2 Estragonsorten: der russische, auch «sibirischer» Estragon genannt, und der französische, auch «deutscher» Estragon genannt. Der französische Estragon ist frostempfindlicher, aber hat einen feineren Geschmack als der russische (Stammpflanze: Artemisia dracunculoides). Getrocknet verliert das Kraut mit der Zeit an Würzkraft. Deshalb gut verschlossen, kühl, trocken und vor Licht geschützt lagern.

färbersaflor

Carthamus tinctorius

Mehr als nur ein Safranimitat.

Synonyme | Saflor, Safflor, Färberdistel, Falscher Safran, Zaffer

Sprachen | F: Carthame, Safran bâtard
I: Cartamo, Falso zafferano E: Safflor, Safflower

Botanik | *Korbblütengewächs, Asteraceae, syn. Compositae* | Stachelige Pflanze, 10–60 cm hoch, mit orangeroten bis purpurnen, 10–20 mm langen Blütenblättern und bis 3 cm breiten, distelartigen Blütenköpfen.

Gewürz | Als Gewürz werden die meist getrockneten Blütenblätter verwendet, wobei nicht die geschmackliche Komponente, sondern die färbende Eigenschaft im Vordergrund steht.

Herkunft / Anbaugebiete | Der Färbersaflor stammt aus Vorderasien. Er wird in Asien (Indien, China, Indonesien), in den Mittelmeerländern, in den USA und in Mexiko kultiviert.

Geruch / Geschmack | Der Färbersaflor hat einen sehr schwachen, krautartigen Geruch und Geschmack.

Verwendung | Färbersaflor wird zur Färbung von Lebensmitteln und kosmetischen Erzeugnissen verwendet. Früher wurden die getrockneten Blätter teilweise zum Verfälschen von Safran verwendet und dienten auch als Safranersatz in Notzeiten.

Inhaltsstoffe | Saflorblüten enthalten den Flavonoidfarbstoff Carthamin, aber kein ätherisches Öl. Die Samen enthalten viel fettes Öl, welches als Speiseöl (Distelöl) verwendet wird. Es ist reich an Triglyceriden, der doppelt ungesättigten Linolsäure (bis 70 %) und der dreifach ungesättigten Linolensäure (10 %). Das Distelöl ist zudem eine gute Quelle für Vitamin E.

Geschichte | In Italien kannte man den Färbersaflor als Farb- und Ölpflanze schon 2200 v. Chr. Im pharaonischen Ägypten wurden die Mumienbinden ab 1500 v. Chr. mit Saflor eingefärbt.

Heilkunde | In Ostasien wird der Saflor heute noch bei vielen Leiden, wie Herz-Kreislauf-Erkrankungen, Thrombose, Menstruationsstörungen, Hämatomen, Bauch- und Kopfschmerzen, eingesetzt.

Spezielles | Mit der Entdeckung der Anilinfarbstoffe ist der Anbau des Färbersaflors weitgehend eingestellt worden. Der Gehalt an mehrfach ungesättigten Fettsäuren (Linolensäure) und die beachtliche Menge Vitamin E (310 ppm) hat dem kalt gepressten Distelöl zu einem ausgezeichneten Ruf verholfen.

fenchel

Foeniculum vulgare

Das süße Aroma schmeichelt auch pikanten Speisen.

Synonyme | Gartenfenchel, Gewürzfenchel, Femis, Fenchelfrucht, Brotanis, Brotsamen

Sprachen | F: Fenouil I: Finocchio E: Fennel

Botanik | *Doldenblütengewächs, Apiaceae, syn. Umbelliferae* | Einjährige, in Kultur auch zweijährige, 80 cm–2,5 m hohe Pflanze mit spindelförmiger, fleischiger Wurzel. Runder, gerillter, mehr oder weniger verzweigter, teils markiger Stängel mit mehrfach fiederteiligen Blättern. Die Doppeldolden sind vielstrahlig und tragen viele kleine gelbe Blüten, aus denen sich gelbgrünliche bis gelbbräunliche Früchte mit deutlich helleren Rippen bilden.

Gewürz | In der Küche werden die getrockneten und meist in ihre Teilfrüchte zerfallenen Früchte zum Würzen verwendet. Fenchelsamen behalten anders als die meisten verwandten Gewürze auch nach dem Trocknen ihre grüne Farbe. Blätter und Stängel bestimmter Zuchtformen werden auch als Gemüse verwendet.

Herkunft / Anbaugebiete | Der Fenchel ist in Westasien und im Mittelmeerraum beheimatet. Er wird in Ägypten, in der Türkei, in Spanien, Indien, China, Japan, Ostindien, Neuseeland, Australien, Nord- und Südamerika, Südafrika, im Süden Russlands und in der Ukraine angebaut.

Geruch / Geschmack | Fenchelfrüchte haben einen kräftig aromatischen Geruch und einen würzigen, etwas süßlichen, anisartigen Geschmack.

Verwendung | Zum Würzen von Back- und Süßwaren. Für Fischsaucen und zum Einmachen von Gurken und Gemüse. In Italien und Frankreich werden die Fenchelsamen häufig für gegrilltes Fleisch, in Indien für Fischcurry, gegrillte Krevetten/Garnelen und Hummer verwendet. Aus den Samen wird zudem Honig und Öl hergestellt.

Inhaltsstoffe | 3,5–6 % ätherisches Öl (Fenchelöl). Als Hauptbestandteile 5–20 % Fenchon und 50–80 % Anethol, zudem Estragol, Foeniculin, Limonen, Anisaldehyd, Alpha-Pinen, verschiedene Hydroxyzimtsäure-Verbindungen, Safrol, Camphen, Beta-Pinen, Beta- Myrcen und p-Cymen.

Geschichte | Die ältesten Nachweise (um 3000 v. Chr.) über die Verwendung von Fenchel stammen aus Mesopotamien. Das Würzen mit Fenchelsamen haben die Griechen und Römer von den Chinesen übernommen. Plinius der Ältere lobt den Fenchel in seiner «Naturalis Historia» als gute Gewürz- und Arzneipflanze.

Heilkunde | Fenchel kräftigt den Magen, hilft bei Blähungen (Fencheltee für Kleinkinder) und hat auf das Verdauungssystem einen günstigen Einfluss. Die ätherischen Öle lösen den Schleim in den Atemwegen. Fenchel soll bei Augenentzündungen (Fenchelwasser) und Migräne Linderung bringen. Der Fenchel fördert bei Stillenden die Milchbildung. Auch gegen Fettsucht gilt er als probates Mittel.

Spezielles | Bei den alten Griechen war der Fenchel ein Schlankheitsmittel. Die Römer kurierten mit ihm Augenleiden und Erkrankungen der Verdauungsorgane und der Atemwege. Die Gladiatoren sollen vor dem Kampf Fenchel gegessen und nach dem Kampf sich damit bekränzt haben.

Bronzefenchel | Der dunkelblättrige Gewürz-Fenchel (Foeniculum vulgare «Atropurpureum») ist eine winterharte, mehrjährige Staude mit dunkelrotem Laub. Die Blätter werden als Gewürzkraut und für Grünsalat-Mischungen verwendet.

fingerwurz

Boesenbergia paudurata

Die «Geheimwaffe» der Thais.

Synonyme | Chinesischer Ingwer, Gewürzlilie

Sprachen | F: Gingembre de Chine I: Zenzero cinese E: Fingerroot, Chinese ginger

Botanik | *Ingwergewächs, Zingiberaceae* | Stängellose Pflanze mit rundlichen, zugespitzten, teilweise eingerollten, am Boden liegenden Blättern und 1 bis 2 dunkelvioletten Einzelblüten. Die Wurzel enthält einen zentralen, ziemlich kleinen (ca. 2 cm), annähernd kugelförmigen Teil, aus dem viele dünne, wurzelartige Ausläufer wie die Finger einer Hand in die gleiche Richtung wachsen. Die Ausläufer sind höchstens 1 cm dick und maximal 10 cm lang und von einer blassen rötlichbraunen Haut umgeben. Das Wurzelfleisch hat eine ähnliche Farbe, es ist weich und wässrig.

Gewürz | In der Küche werden meist frische, seltener getrocknete Wurzeln (nur wenn frische nicht verfügbar sind) verwendet. Sehr selten wird auch die Pflanze als Gewürz verwendet.

Herkunft / Anbaugebiete | Der Fingerwurz kommt ursprünglich aus Südchina und Südostasien.

Geruch / Geschmack | Geruch und Geschmack von Fingerwurz sind stark und keton- beziehungsweise kampferartig.

Verwendung | In Teilen Südostasiens wird die Pflanze im kleinen Rahmen als Gewürz verwendet. Vor allem in Thailand gibt man den geriebenen Wurzelstock (Rhizom) gerne ins Gemüse- und auch Fischcurry. Er ist häufig Bestandteil thailändischer Currypasten.

Inhaltsstoffe | Das Rhizom enthält 1–3 % ätherisches Öl mit 1,8-Cineol, Campher, d-Borneol und Zimtsäuremethylester, in Spuren d-Pinen, Zingiberen, Zingiberon, Curcumin, Zedoarin, Monoterpenalkohole (Geraniol und Nerol) sowie Flavone und Flavonoide (Pinostrobin, Alpinetin, Pinocembrin), Chacone (Cadamonin) und Dihydrochalcone (Boesenbergin A).

Spezielles | Interessanterweise unterscheiden sich «Wurzelstock» und «Finger» im Geruch. Wegen der ähnlichen Form wird der Fingerwurz oft mit dem kleinen Galgant verwechselt. Vermutlich ist er eng mit dem Chinesischen Galgant (Kaempferia galanga) verwandt. Der Inhaltsstoff Cadamonin wird zurzeit auf seine tumorhemmende Wirkung untersucht.

galgant

Alpinia galanga

Ein Gewürz so exotisch wie der Ferne Osten.

Synonyme | Galanga, Großer oder Echter Galgant, Siamingwer, Fieberwurzel

Sprachen | F: Souchet long ou odorant, Galanga I: Galanga, maggiore E: Galanga, Siamese ginger

Botanik | *Ingwergewächs, Zingiberaceae* | Schilfähnliche Pflanze mit einem bis 1 m langen, horizontal verlaufenden, stark verzweigten Wurzelstock (Rhizomstaude), aus dem sich ein 1–1,5 m hoher Stängel entwickelt, der von sehr langen (bis 30 cm) und bis 2 cm breiten Blättern umhüllt ist. Die weißen, schwach rötlich schattierten Blüten sind in kleinen, endständigen Trauben angeordnet. Die harten, holzigen Rhizomstücke sind einfach oder verzweigt, 5–6 (10) cm lang und 1–2 cm dick, außen blassrötlich, innen orange.

Gewürz | Die Rhizome werden frisch oder getrocknet als Gewürz verwendet. Die Blätter sind ebenfalls aromatisch, sie finden aber nur selten zum Würzen Verwendung. Dasselbe gilt für die Samen, die man auch als Ersatz für Kardamom verwenden kann.

Herkunft / Anbaugebiete | Der Galgant stammt aus China. Er wird in Thailand, im Süden Chinas, in Indien, Indonesien und Malaysia angebaut.

Geruch / Geschmack | Die Wurzel hat einen angenehm würzigen Geruch und einen aromatischen, scharf-brennenden, leicht bitteren Geschmack, der an Ingwer erinnert.

Verwendung | In der indonesischen Küche wird der Galgant wie Ingwer für zahlreiche Fleisch-, Wildfleisch-, Fisch- und Süßspeisen und Suppen verwendet. Er ist Bestandteil verschiedener Currypasten und Nasi-Goreng-Gewürzen. Zudem wird er zum Aromatisieren von Kräuterlikören verwendet.

Inhaltsstoffe | 0,5–1,5 % ätherisches Öl mit 1,8-Cineol, Alpha-Pinen, Eugenol, Campher, Methylcinnamat und verschiedenen Sesquiterpenen als Hauptbestandteile, zudem Harze aus verschiedenen Diarylheptanoiden und Phenylalkanonen sowie große Mengen an Stärke (20–25 %).

Geschichte | Der Galgant ist in Asien eine alte Gewürz- und Heilpflanze. Nach Mitteleuropa kam er im Mittelalter. Bis Anfang des 20. Jh. war er ein echtes «Modegewürz».

Heilkunde | Der Galgant stärkt den Magen und regt den Appetit an. Als Tinktur wirkt er spasmolytisch (krampflösend) und antibakteriell.

Spezielles | Die Wurzeln werden bei uns meist nur in Asialäden angeboten. Im Gemüsefach des Kühlschranks bleiben sie gut 2 bis 3 Wochen frisch, wenn sie in Klarsichtfolie eingepackt und damit vor dem Austrocknen geschützt sind. Die fasrige Galgantwurzel kann man auch schälen, in dünne Scheiben schneiden und trocknen, so ist die Wurzel länger als 3 Wochen haltbar. Getrocknete Wurzeln vor Gebrauch am besten 1 bis 2 Stunden in etwas Wasser einweichen.

gewürznelke

Syzyium aromaticum

Hollands Beute von den Gewürzinseln.

Synonyme | Nelke, Nägelein

Sprachen | F: Clous de girofle I: Chiodi di garofano E: Cloves

Botanik | *Myrtengewächs, Myrtaceae* | Immergrüner und dicht belaubter, pyramidenförmiger, 10–18 m hoher Baum mit gestielten, glatten, lederartigen, elliptischen bis lanzettförmigen, 8–12 cm langen Blättern. An den Zweigspitzen wachsen ab dem 6. bis zum 60. Vegetationsjahr Trugdolden mit bis 35 weißen Einzelblüten. Nach der Befruchtung bilden sich ein- bis zweisamige rote Beeren (Mutternelken). Die 12–17 mm langen Knospen sind hell- bis tiefbraun, vierkantig und leicht runzlig.

Gewürz | Als Gewürz werden nur die vollständig entwickelten, aber noch nicht geöffneten Blütenknospen verwendet, die an der Sonne zum Trocknen ausgebreitet werden. Getrocknete Nelken sind dunkelbraun und verströmen einen sehr würzigen Geruch. Wenn die Gewürznelken aufgeblüht geerntet und getrocknet werden, erhält man «kopflose» (headless) Nelken, die meist zu Pulver verarbeitet werden. Aus den Blättern wird ätherisches Öl gewonnen, eine kulinarische Verwendung ist nicht bekannt.

Herkunft / Anbaugebiete | Der Nelkenbaum ist in Indonesien beheimatet und wurde von alters her auf den Inseln Ternate, Tidore und Bacan sowie an der Westküste Halmaheras kultiviert. Heute werden die meisten Gewürznelken in Sri Lanka, auf Sansibar und Madagaskar kultiviert. Indonesien ist der zweitgrößte Produzent.

Geruch / Geschmack | Intensiver und stark aromatischer, süßer Geruch und starker, brennender Geschmack.

Verwendung | Ganze und pulversierte Gewürznelken werden zum Würzen von Lebkuchen, Kompott (Birnen, Äpfel, Pflaumen, Kürbis), Essigfrüchten, Rotkohl usw. verwendet. Mit Gewürznelken spickt man Fleisch und Zwiebelhälften und würzt Fischsaucen. Sie sind auch im Glühwein unverzichtbar. Als Mazerat oder Destillat werden sie für Spirituosen verwendet. Aus den Nelken wird Öl gewonnen.

Inhaltsstoffe | Je nach Provenienz bis zu 20 % ätherisches Öl mit 70–85 % Eugenol (für das Aroma verantwortlich), 15 % Eugenolacetat und 5–12 % Beta-Caryophyllen (die drei Verbindungen machen etwa 99 % des ätherischen Öls aus). Salicylsäure und bis zu 2 % des Triterpens Oleanolsäure sind ebenfalls enthalten.

Geschichte | In seiner Heimat Indonesien wurde der Gewürznelkenbaum schon vor 2000 Jahren kultiviert. Im 4. Jh. n. Chr. brachten arabische und venezianische Händler die Gewürznelke nach Europa, wo sie als besondere Kostbarkeit galt und den gleichen Wert wie Gold hatte. Deshalb kam es während der Kolonialisierung im 14./15. Jh. zwischen Holländern und Portugiesen zu Eroberungskriegen um die Anbaugebiete auf den Molukken.

Heilkunde | Gewürznelken wirken antiseptisch (keimtötend), antibakteriell, antifungal, antiviral, lokalanästhetisch und spasmolytisch (krampflösend) auf die glatte Atemwegs- und Darmmuskulatur. In der Volksmedizin wurde Nelken bei Mundgeruch und bei Zahnschmerzen gekaut. In konzentrierter Form ist das Nelkenöl gewebereizend.

Qualität | Gewürznelken enthalten bis zu 20 % ätherisches Öl. Wenn man mit dem Fingernagel auf die Nelke drückt, sollte etwas Öl austreten. Die Besonderheit am Nelkenöl ist, dass es schwerer als Wasser ist. Wenn ein Gewürzhändler schnell feststellen will, ob die Nelken einen guten Gehalt an ätherischem Öl haben, gibt er einige in ein Glas Wasser. Wenn den Nelken durch Destillation ein großer Teil des Öls entzogen worden ist, schwimmen sie flach auf dem Wasser. Bei hohem Ölgehalt schwimmen sie im Wasser senkrecht. Für Nelkenpulver werden oft auch die Stiele mitgemahlen, die nur wenig Geschmack haben. Pulver in einem Glas aufbewahren. Das ätherische Öl ist sehr aggressiv und greift Kunststoff und Leim an.

granatapfel

Punica granatum.

Die sauren Rosinen Nordindiens.

Synonym | Anardana

Sprachen | F: Grenade I: Melogranata E: Pomegranate

Botanik | *Granatapfelgewächs, Punicaceae* | Stark verzweigter Strauch oder bis 5 m hoher Baum mit leuchtend orangeroten, bis 4 cm langen Blüten, aus welchen sich die kugeligen, 5–10 cm großen Scheinbeerenfrüchte mit einem ausdauernden Kelch und einer ledrigen, glänzenden, in diversen Rottönen vorkommenden Schale bilden. Eine Frucht enthält bis zu 150 hellgraue bis hellbräunliche Samen, die 4–7 mm groß und länglich-rundlich bis oval sind.

Gewürz | Als Gewürz werden frische oder getrocknete Granatapfelkerne verwendet. Letztere sind von Pflanzen, deren Früchte für den Rohgenuss zu sauer sind. Getrocknete Kerne sehen ähnlich aus wie schwarzrote Rosinen.

Herkunft / Anbau | Der Granatapfel stammt aus Zentralasien, vermutlich aus Persien (Iran). Der Baum wird heute in ganz West- und Zentralasien, in Nordindien und im Mittelmeerraum kultiviert.

Geruch / Geschmack | Die Samen schmecken erfrischend süßsauer und sehr angenehm.

Verwendung | Die Kerne werden in Indien häufig frisch gegessen, ansonsten auch getrocknet und als Gewürz verwendet. Der feine, süßsaure und zugleich herbe Geschmack passt gut zu Gemüse und Hülsenfrüchten, Salzgebäck, Chutney und Curry. Im Nahen Osten werden frische Samen gerne zur Garnitur auf Salate und Desserts gestreut.

Inhaltsstoffe | Fruchtsäuren und Zucker, zudem relativ viel Vitamin C.

Geschichte | In Israel ist die Kultur des Granatapfelbaums seit mehr als 5000 Jahren belegt. In Ägypten wurde die Frucht, wie alte Funde beweisen, schon 2000 v. Chr. den Toten ins Grab mitgegeben. Der Granatapfel wird auch in der Bibel erwähnt und leitet sich von dem lateinischen Wort «granatum» ab, was «Frucht der vielen Samen» bedeutet. Wegen seiner großen Zahl an Samen galt er von alters her als Fruchtbarkeitssymbol. Der Prophet Mohammed forderte die Gläubigen auf, die Früchte zu essen und so den Organismus vor fleischlicher Begierde zu reinigen.

Heilkunde | Die Granatapfelrinde ist ein starkes Abführmittel. Aufgrund der zahlreichen Nebenwirkungen wird sie jedoch nur sehr eingeschränkt verwendet.

Spezielles | Grenadine, der eingekochte Saft frischer Granatapfelsamen, wird in Nordindien sowohl für Desserts wie zum Marinieren von Fleisch verwendet. Dank proteolytischer Enzyme vermag der Saft zähes Fleisch zart zu machen. Die Granate (Geschoss) verdankt ihren Namen aufgrund der ähnlichen Form und ihrem Zerfall in Teilchen bei einer Detonation ebenso der Frucht wie der rote Halbedelstein Granat.

ingwer

Zingiber officinale

Weltweit beliebt für Aroma und Schärfe.

Synonyme | Echter Ingwer, Ingber, Gewürzwurzel

Sprachen | F: Gingembre I: Zenzero E: Ginger

Botanik | *Ingwergewächs, Zingiberaceae* | Aus dem horizontal kriechenden, knollig verdickten, geweihartig verzweigten, oft reihenförmig angeordneten Rhizom entwickeln sich einjährige, dem Schilf ähnliche, 90–150 cm hohe Blattscheiden. Die endständigen, zwittrigen, 9–12 cm langen Blütenähren mit gelblichweißen Einzelblüten haben eine 3-lappige, dunkelpurpurrote, lippenförmige Krone.

Gewürz | Die etwa 10 cm langen und 2 cm breiten Wurzelstöcke werden als Gewürz verwendet. Ernte ist vor dem Austreiben der Blütensprossen. Die Wurzelstöcke werden auseinandergebrochen, gewaschen und zum Trocknen an der Sonne ausgebreitet, sofern sie nicht für den Frischverzehr bestimmt sind. Zum Trocknen wird der Ingwer zuvor meist geschält, was ein helleres Pulver gibt. Es gibt zahlreiche Ingwersorten, die sich in Geschmack und Wirkstoffen stark unterscheiden können. Für den Frischverzehr werden spezielle Sorten gezüchtet. Sie enthalten mehr Wasser und sind weniger faserig. Wenn frischem Ingwer der zitronige Geschmack fehlt, kann man wenig Zitronengras beigeben. Das gibt den Speisen und den Getränken den gewünschten Pfiff.

Herkunft / Anbaugebiete | Der Ingwer stammt vermutlich aus Südchina. Heute wird er im ganzen tropischen und subtropischen Asien (50 % der Welternte kommt aus Indien), in Teilen Afrikas (Nigeria ist ein wichtiges Exportland), in Brasilien und auf Jamaika angebaut.

Geruch / Geschmack | Ingwer hat einen erfrischenden, zitronenartigen Geruch und einen scharfen, etwas beißenden Geschmack.

Verwendung | Ingwer wird unter anderem zur Herstellung von Ingwerlikör und Ingwerbier (ginger ale), für Marinaden, zum Einlegen von Kürbis und zum Einmachen von Birnen, Zwetschgen und Senfgurken verwendet. In der indischen Küche wird er speziell zum Würzen von Fleisch-/Fischspeisen und in der japanischen und chinesischen Küche in Kombination mit Sojasauce und Knoblauch (Sushi) verwendet. Er ist Bestandteil von Tee, Konfitüren und Süßspeisen.

Inhaltsstoffe | 1–4 % ätherisches Öl mit Sesquiterpenen (-)-Zingiberen (bis 50 %), (+)-ar-Curcumen, Beta-Sesquiphellandren, wobei die Zusammensetzung stark von der Provenienz abhängt. Weiter enthält er Monoterpene (Cineol und Citral), Aliphate (Nonanol) und Harzverbindungen (Zingeron, Gingerole und Shoagole).

Geschichte | Bereits vor 3000 Jahren war den Chinesen und Indern die heilende Wirkung und Würzkraft der Wurzel bekannt. Konfuzius (551–479 v. Chr.) war wohl einer der populärsten Verehrer des Ingwers jener Zeit. Von arabischen Gewürzhändlern wurde er nach Venedig und Rom gesandt. Marco Polo brachte ihn von seiner Ostasien-Reise Ende 13. Jh. mit.

Heilkunde | Ingwer fördert die Verdauung und hat eine anregende Wirkung. Ingwerglühwein ist ein altes Hausmittel bei Grippe mit schwachem Fieber; Gingerole haben eine ähnliche chemische Zusammensetzung und Wirkung wie das Aspirin. Ingwerpulver und kandierter Ingwer werden auch zur Vorbeugung bei Reisekrankheit eingesetzt.

Spezielles | Die schärfebestimmenden Gingerole werden während der Lagerung in die milderen Shoagole umgewandelt. Ein hoher Gingerolgehalt und eine kräftige Schärfe sind also Garant für Frische und Qualität.

kaffernlimette

Citrus hystrix

Herber Zitronenduft für Thailands Kochtöpfe.

Synonyme | Indische Zitronenblätter, Indonesische Zitronenblätter, Kaffirlimette, Kaffirzitrone, Papeda

Sprachen | F: Limettier hérissé, Combava E: Indonesian lime leaves, Kaffir lime

Botanik | *Rautengewächs, Rutaceae* | Die sattgrünen Blätter der Zitruspflanze haben eine ungewöhnliche Doppelform, als wären 2 Blätter hintereinander zusammengewachsen. Die Früchte sind gelbgrün, birnenförmig, gebuckelt und runzlig.

Gewürz | Als Gewürz werden die Blätter, aber auch getrocknete, gemahlene oder kandierte (Papedaschale) Fruchtschalen verwendet.

Herkunft / Anbaugebiete | Die Heimat dieser Zitrusart ist der südostasiatische Raum. Heute wird sie auch in Indien, im südlichen China und vereinzelt im Mittelmeerraum kultiviert.

Geruch / Geschmack | Blätter und Früchte riechen und schmecken aromatisch, stark zitronenartig, etwas aufdringlich (parfumartig) und deshalb für viele eher unangenehm.

Verwendung | Mit ihrem unverwechselbaren Aroma sind Kaffernlimettenblätter besonders in Thailand und in Indonesien ein populäres Gewürz. Verwendung finden sie in fast allen Suppen, etwa der sauerscharfen Tom Yam, in Stir fries sowie in Curry-, Fisch- sowie Hühnergerichten, auch aus dem Wok. Gleich wie Lorbeerblätter werden Kaffernlimettenblätter mitgekocht und vor dem Servieren entfernt.

Inhaltsstoffe | Hauptkomponente des ätherischen Öls im Blatt ist mit bis 70 % Citronellal, ca. 7 % Citronellol und bis 4 % Citronellylacetat.

Spezielles | Die Kaffernlimette hat einen sehr starken, typischen Duft, der nicht leicht durch andere Gewürze ersetzt werden kann. Der beste Ersatz sind Zitronenmyrtenblätter oder die frische Schale von Limetten. Die Blätter bleiben im Kühlschrank 2 bis 3 Wochen frisch und können auch tiefgekühlt werden.

kapern

Capparis spinosa

Die Knospe mit dem würzigen Geruch.

Sprachen | F: Câpre I: Cappero E: Caper

Botanik | *Capparaceae, Kaperngewächs* | Bis 1 m hoher Strauch mit rundlichen, harten Blättern; die Nebenblätter sind zu Dornen ausgebildet. Die weißen bis rosafarbenen, achselständigen Blüten mit den langgestielten Fruchtknoten sind denen der wilden Rose ähnlich. Aus den befruchteten Blüten entwickeln sich fleischige, 2–4 cm lange und bis 2 cm dicke, gurkenähnliche Früchte.

Gewürz | Als Gewürz werden in Salzlake oder Essig konservierte, erbsengroße, oliv- bis blaugrüne Blütenknospen verwendet.

Herkunft / Anbaugebiete | Kapern wachsen wild im ganzen Mittelmeergebiet und werden dort auch verbreitet kultiviert. Die wichtigsten Anbauländer sind Frankreich, Spanien, Italien und Algerien. Daneben produzieren Griechenland und vor allem Zypern große Mengen.

Geruch / Geschmack | Der Geruch der Kapern ist leicht würzig und durch die Lake säuerlich. Der Geschmack ist leicht herb und scharf.

Verwendung | Kapern sind ein wichtiger Bestandteil einiger Mittelmeerküchen und werden insbesondere mit italienischen Gerichten in Verbindung gebracht. Man würzt mit ihnen pikante Tomaten- und Weinsaucen, insbesonders für Fisch- und Geflügelgerichte. Daneben reicht man Kapern gerne zu kalten Platten und Braten – Vitello tonnato ist ein Klassiker unter den Kaperngerichten – und legt sie auf Pizzas. Gut machen sie sich zudem auch in Quark und Kräuterbutter sowie in einem Tatar.

Inhaltsstoffe | Der Wassergehalt der Kapern beträgt mindestens 85 %. In der Trockensubstanz hat es außer den bitter schmeckenden Flavonoidglycosiden (Rutin) auch noch Senfölglucosid, Glucocapparin (Methylglucosinolat) und einige Flavonoide und Schwefel.

Geschichte | Der Kapernstrauch wird schon in der Bibel im Alten Testament erwähnt und war auch im alten Ägypten bekannt.

Heilkunde | Das ätherische Öl aus den Blütenknospen hat auf die Nieren eine antiseptische Wirkung. Die Kapern sind zudem wassertreibend und tonisierend. In arabischen Ländern werden Abkochungen vom Kraut für die Behandlung von Arthritis verwendet.

Spezielles | Das Enzym Myrosinase setzt das in den Kapern vorkommende Methylglucosinolat in Form des scharf schmeckenden Senföls Methylisothiocyanat frei. Von allen Senfölen ist Methylglucosinolat das flüchtigste und empfindlichste im Kontakt mit Wasser und hohen Temperaturen. Kapern sollten deshalb einem warmen Gericht erst am Ende der Garzeit zugegeben werden, ansonsten verlieren sie an Aroma.

kardamom

Elettaria cardamomum

Das Geheimnis im arabischen Kaffee.

Synonyme | Cardamom, Cardamomensaat, Grüner Cardamom, Kardamomfrucht, K(C)ardamomen, Malabar-Kardamom(en)

Sprachen | F: Cardamome I: Cardamomo E: Cardamom

Botanik | *Ingwergewächs, Zingiberaceae* | Mehrjährige, 2–3 m hohe, schilfartige Pflanze mit einem lanzettförmigen Stängel, aus dessen unterem Teil seitlich ein bis 60 cm langer, rispenartiger Blütenstand mit kleinen weißen Blüten entspringt. Die Frucht ist eine 3-fächrige Kapsel mit einer lederartigen grünen Schale. Die 8–20 mm langen Früchte enthalten in jedem der drei durch dünne Scheidewände getrennten Fächern 5 bis 8 rötlichgraue bis rötlichbraune, eckige, 2–3 mm große Samen.

Gewürz | Als Gewürz werden die ausgereiften, getrockneten, ganzen oder gemahlenen Karadamomfrüchte (mit Schale) und vereinzelt die reinen Samen verwendet. Da die Samen ihren Geruch ziemlich rasch verlieren, werden sie primär für industrielle Zwecke genutzt.

Herkunft / Anbaugebiete | Die Pflanze ist in den feuchtwarmen Gebieten Südwestindiens (Malaberküste) und Sri Lankas zuhause. Sie wird in den tropischen Gebieten Asiens, in Westafrika, auf Madagaskar, in Tansania und in Mittelamerika (in Guatemala seit 1920) angebaut. Der größte Produzent ist heute Guatemala, gefolgt von Indien.

Geruch / Geschmack | Der Geruch der Samen ist angenehm aromatisch. Im Geschmack sind sie kräftig, würzig, mild brennend und wärmend.

Verwendung | Gemahlene Kardamomfrüchte werden zum Würzen von Blätterteig verwendet. Auch einigen Wurstwaren, Konfitüren, Likören, Süßgebäck (Spekulatius) und Kompott gibt Kardamom eine besondere Note, außerdem ist er Zutat in etlichen Gewürzmischungen (z. B. Curry). Und in einen authentischen arabischen Kaffee gehören je Tasse 1 bis 2 Samen Kardamom.

Inhaltsstoffe | Bis 8 % ätherisches Öl mit 1,8-Cineol (20–50 %), Alpha-Terpenylacetat (30 %), Sabinen, Limonen (2–14 %) und Menthon. Die Zusammensetzung variiert je nach Provenienz, Sorte und Reifestadium.

Geschichte | Der Kardamom ist eine alte Kulturpflanze Indiens. Sie wurde schon vor Christus in Babylon angebaut und kam durch die Römer ins Abendland.

Heilkunde | In Kräuterbüchern des 16./17. Jh. wird Kardamom als Mittel beschrieben, das den Magen stärkt und die Verdauung fördert. Er soll auch gegen Blähungen helfen.

Spezielles | Ähnlich wie die Gewürznelke wird der Kardamom als erfrischendes Kaugewürz zur Bekämpfung von Mundgeruch verwendet. Nach Genuss von Speisen mit reichlich Knoblauch oder Zwiebeln sorgen zwei bis vier zerkaute Samen wieder für besseren Atem.

kerbel

Anthriscus cerefolium Hoffm

Das Kennzeichen guter französischer Küche.

Synonyme | Gartenkerbel, Französische Petersilie, Kerbelkraut, Körfel

Sprachen | F: Cerfeuil I: Cerfoglio E: Chervil, French parsley

Botanik | *Doldenblütengewächs, Apiaceae, syn. Umbelliferae* | Einjährige, bisweilen überwinternde, 20–70 cm hohe Pflanze mit runden, kantig gefurchten Stängeln. Die zwei- bis dreifach gefiederten hellgrünen Blätter sind zart und weich, auf der Oberseite kahl, mit borstiger Behaarung am Blattrand und an den Blattnerven. Die unteren Blätter sitzen auf langen, ebenfalls behaarten, kräftigen Blattstielen. Die oberen Blätter sprießen unmittelbar am Stängel aus der Blattscheide. Aus kleinen, unscheinbaren weißen Blüten reifen schwarze, glänzende, glatte, langgeschnäbelte, nach Anissamen duftende Teilfrüchte.

Gewürz | Als Gewürz werden die Blätter verwendet, vorzugsweise frisch, da sie getrocknet deutlich an Geschmack verlieren. Sie lassen sich jedoch gut einfrieren oder zu einem speziellen «Pesto» verarbeiten.

Herkunft / Anbaugebiete | Die Pflanze ist vermutlich in Südosteuropa und im Kaukasusgebiet heimisch und wird in Mitteleuropa, Nordafrika, Ostasien und Nordamerika kultiviert.

Geruch / Geschmack | Kerbel riecht und schmeckt süßlich, aromatisch und erinnert ein wenig an Petersilie und Anis.

Verwendung | Der Kerbel ist in West- und Mitteleuropa beliebt und in der französischen Küche unverzichtbar. Die frischen Blätter werden gehackt und als Garnitur für Suppen, Salate und Fischgerichte verwendet. Da sie schnell an Aroma verlieren, sollten sie erst kurz (höchstens 1 Minute) vor dem Servieren zugegeben werden. Der Kerbel ist Bestandteil der Kräutermischung «Fines Herbes». Kräuteressig wird meist unter Zugabe einiger Kerbelblätter hergestellt.

Inhaltsstoffe | Die Pflanze enthält nur geringe Mengen an ätherischem Öl (0,3 % in der Pflanze und 0,9 % in den Samen), das mit 60–80 % überwiegend aus Methylchavicol (Estragol) und Hendecan (Undecan) besteht. Die Blätter enthalten auch die Vitamine A und C und die Mineralstoffe Magnesium und Eisen.

Geschichte | Die würzige Pflanze wurde vermutlich von den Römern in Mitteleuropa eingeführt. Der Kerbel war stets ein Gewürz- und wirksames Heilkraut. In der Landgüterverordnung «Capitulare de villis» Karls des Großen (Ende 7. Jh.) wird sein Anbau gefördert.

Heilkunde | In der Volksmedizin wird der Kerbel im Frühjahr eingesetzt, um den Körper zu entschlacken und den Stoffwechsel anzuregen. Er fördert auch die Verdauung und regt die Nierentätigkeit an, er ist also blutreinigend.

Spezielles | Im Norden Europas wird die Kerbelpflanze oft durch die Süßdolde ersetzt, auch Spanischer Kerbel genannt. Diese Pflanze riecht ähnlich, aber stärker und mehr anisartig. Kerbel ist reich an Vitamin C und Mineralstoffen.

knoblauch

Allium sativum

Natürliches «Anti-Aging».

Synonyme | Knobloch, Knoblich, Knofel

Sprachen | F: Ail I: Aglio E: Garlic

Botanik | *Lauchgewächs, Alliaceae [Liliaceae]* | Mehrjährige, bis 90 cm hohe Pflanze, mit flachen, breitlinealischen, gekielten graugrünen bis bläulichgrauen Blättern. Röhrenförmiger, verholzender Stängel mit zahlreichen kleinen rötlichweißen Blüten, die eine Scheindolde bilden. Die in der Erde befindliche Knoblauchzwiebel besteht aus bis 15 länglichen, eiförmigen, gekrümmten Nebenzwiebelchen. Jede Zehe ist von silberweißen Häutchen umgeben.

Gewürz | Als Gewürz werden die botanisch als Zwiebeln bezeichneten Knollen verwendet. Das unterirdische Speicherorgan entsteht aus Blättern. Eher selten werden frische Blätter verwendet.

Herkunft / Anbaugebiete | Der Knoblauch stammt aus Zentralasien und wird heute weltweit angebaut.

Geruch / Geschmack | Das charakteristische, fast aufdringliche Aroma von Knoblauch ist sehr unterschiedlich, je nachdem ob die Zehen frisch oder getrocknet sind. Roher Knoblauch verliert durch das Kochen und Braten die prägnante Schärfe.

Verwendung | Der Knoblauch ist eines der beliebtesten Gewürze. Er wird roh, gebraten und gedünstet verwendet.

Inhaltsstoffe | Knoblauch besteht zu 65 % aus Wasser, er enthält 0,1–0,4 % ätherisches Öl, vor allem Diallyldisulfid (60 %), Diallyltrisulfid (20 %), Diallylsulfid, Ajoen und geringere Mengen anderer Di-/Polysulfide und organische Schwefelverbindungen (Alliin).

Geschichte | Der Knoblauch wurde vermutlich vor 6000 Jahren in Vorderasien erstmals kultiviert. In Ägypten wurde Knoblauch seit 2000 v. Chr. angebaut und galt als wichtiges Mittel zur Stärkung der Arbeiter und Flößer, die beim Bau der Pyramiden und Tempel Schwerstarbeit zu verrichten hatten. Auch in China, Indien, Japan und im Orient ist der Knoblauch eine alte Kultur- und Heilpflanze.

Heilkunde | Knoblauch ist die natürliche Universalmedizin schlechthin. Er wirkt bei regelmäßiger Einnahme günstig auf den Blutdruck, senkt den Blutlipidspiegel (Cholesterol), wirkt antiatherosklerotisch (Erhalt der Arterienelastizität) und thrombosehemmend, fördert die Durchblutung peripherer Gefäße und führt so in der Summe nachweislich zur Reduktion des Infarktrisikos. Er steigert ferner die Abwehrkraft (antimikrobiell/antibiotisch), besitzt antitumorale Wirkung (Tumore/Krebs) und regelt die Verdauung.

Spezielles | Knoblauchzehen enthalten eine Vielfalt von Schwefelverbindungen. Für den stechenden Geruch ist vor allem Allicin verantwortlich, das bei einer Zellschädigung (z. B. beim Schneiden oder Pressen) sofort durch ein im Knoblauch enthaltenes Enzym (Allinase) aus Alliin gebildet wird. Seine biologische Funktion ist das Vertreiben von Fressfeinden. Gegen Ausdünstungen nach dem Genuss von Knoblauch hilft das Kauen von frischer Petersilie und Kardamomsamen, auch Milch, Zitrone und Honig sind gut.

Chinesischer Knoblauch/Schnittknoblauch | Schnittlauchart (Allium tuberosum), auch Thai Soi oder Buchu genannt. Sehr beliebt ist er in der ostasiatischen Küche. Das Blattwerk gleicht dem von Schnittlauch, schmeckt aber nach Knoblauch, ohne im Gaumen einen unangenehmen Knoblauchgeruch zurückzulassen. Die Blätter werden nur frisch verwendet, zum Beispiel für Blatt-Mischsalate, für Dipps und Saucen auf Quark- und Mayonnaisebasis. Auch die Blütenknospen und die Blüten können gegessen werden.

koriander

Coriandrum sativum

Frucht und Kraut sind wie Tag und Nacht.

Synonyme | Koreander, Korianderfrucht, Wanzendill, Wanzenkümmel, Chinesische Petersilie, Indische Petersilie (Kraut), Schwindelkorn, Klauner

Sprachen | F: Coriandre I: Coriandolo E: Chinese parsley

Botanik | *Doldenblütengewächs, Apiaceae, syn. Umbelliferae* | Einjährige, krautige, 30–80 cm hohe Pflanze mit dünner, spindelförmiger Wurzel. Am fast kahlen, verästelten Stängel befinden sich 1- bis 3-fach gefiederte Blätter. Die langgestielten weißen bis rötlichen Blütendolden sind flach und 3- bis 5-strahlig. Die Früchte sind gelbbraun bis gelblichrötlich, 1,5–5 mm groß, rundlich, mit 10 hellen Rippen. Sie können in 2 Teilfrüchte (Spaltfrucht) mit je einem Samen zerfallen.

Gewürz | Zum Würzen werden die getrockneten Früchte und die frischen Blätter verwendet. Wegen der völlig unterschiedlichen Aromen sind Früchte und Blätter nicht austauschbar.

Herkunft / Anbaugebiete | Der Koriander ist vermutlich im östlichen Mittelmeerraum heimisch und wird in fast allen Mittelmeerländern (besonders in Marokko), in Frankreich, auf dem Balkan, in den GUS-Staaten (größte Produzenten und Verbraucher), in Mittelasien, Ostindien und auch in Deutschland und in den USA angebaut.

Geruch / Geschmack | Das Aroma der Früchte ist warm, nussig und gewürzbetont. Kraut, aber auch Wurzel und unreife Früchte haben einen sehr starken und für die europäische Nase gewöhnungsbedürftigen Geruch, der spontan an Seife oder zerquetschte Wanzen erinnert.

Verwendung | Der Koriander ist ein wesentlicher Bestandteil der asiatischen Küche und der beiden wichtigsten indischen Gewürzmischungen (Curry und Garam Masala). Er passt aber auch in Saucen, zu Fleisch- und Geflügelgerichten, Wurstwaren, in Brotwaren, Süßgebäck (Lebkuchen und Spekulatius) und Obstkompott. Wenn die Früchte vor Verwendung kurz geröstet werden, entfalten sie ihr Aroma besser und schneller. Frische Blätter werden in der asiatischen sowie in der lateinamerikanischen Küche zum Aromatisieren von Salaten, Suppen und Saucen (Guacamole) verwendet.

Inhaltsstoffe | Frucht: Bis 1,5 % ätherisches Öl aus Linalool (50–80 %) und etwa 20 % Terpenen (Pinene, Gamma-Terpine, Myrcen, Camphen, Phelandrene, Alpha-Terpine, Limonen, Cymen). Kraut: Nur 0,1 % ätherisches Öl aus aliphatischen Aldehyden, die für den wanzenähnlichen Geruch verantwortlich sind.

Geschichte | Der Koriander ist ein Gewürz mit langer Tradition und wird bereits im Alten Testament erwähnt. Der Anbau kann bis auf 1000 Jahre v. Chr. zurückverfolgt werden. In Europa erlangte der Koriander durch die Griechen und die Römer Bekanntheit und Beliebtheit.

Heilkunde | Medizinisch hat der Koriander heute nur noch eine kleine Bedeutung. Er wird vereinzelt zur Stärkung des Magens und gegen Appetitlosigkeit eingesetzt. In Indien wird er bei Husten, Blasenleiden und leichtem Fieber empfohlen.

Spezielles | Der in Russland und auch in Mitteleuropa kultivierte Koriander (var. microcarpum) hat kleinere Früchte (unter 3 mm) und enthält mehr ätherisches Öl als die orientalische Abart (var. vulgare). Sie wird von Nordafrika bis China nicht nur wegen der Früchte, sondern auch wegen des frischen Krautes angebaut.

kresse

1 Lepidium sativum
2 Nasturtium officinale
3 Tropaeolum majus

Prickelnde, erfrischende Schärfe.

Synonyme | **1** Gartenkresse, Pfefferkraut **2** Brunnenkresse, Wasserkresse **2** Kapuzinerkresse, Blumenkresse

Sprachen | F: **1** Cresson alénois **2** Cresson des fontaines **3** Capucine I: **1** Agretto, Crescione **2** Crescione d'acqua **3** Nasturzio, Cappuccino E: **1** Garden cress, Peppergrass **2** Water cress **3** Nasturtium, Indian cress

Botanik | *Kreuzblütengewächs* **1/2** *Brassicaceae, syn. Cruciferae, Kapuzinerkressegewächs* **3** *Tropaeolaceae*
Gartenkresse: Einjährige, bis 50 cm hohe Pflanze mit kahlen graublau bereiften und lappig geteilten, teils zerschlitzten Blättern.
Brunnenkresse: Bis 70 cm hohe Pflanze mit fleischigen, runden dunkelgrünen Blättern und weißen Blütentrauben. Echte Brunnenkresse bevorzugt fließende, nährstoffreiche Gewässer (Quellen, Bäche, Teiche) in sonniger bis halbschattiger Lage.
Kapuzinerkresse: Einjährige, krautige, buschige Pflanze mit schildförmigen, rundlichen, unbehaarten, 3–5 cm großen dunkelgrünen Blättern mit langen, helleren Stielen. Gelbe, hellorange bis rote Blüten.

Gewürz | Als Gewürz werden die jungen Blätter verwendet. Die geschlossenen Knospen oder unreifen Früchte der Kapuzinerkresse dienen auch als Ersatz für Kapern; auch die Blüten sind essbar.

Herkunft / Anbaugebiete | Die Gartenkresse stammt vermutlich aus Westasien und Ägypten, wo sie auch heute noch wild vorkommt. Die Brunnenkresse ist weltweit verbreitet, wird jedoch nicht kultiviert und ist aus diesem Grund nur regional verfügbar. Die Kapuzinerkresse stammt aus Ecuador und Peru. Sie hat als Zierpflanze eine große Verbreitung gefunden.

Geruch / Geschmack | Der Geruch von Kresse ist leicht würzig. Der Geschmack ist gleichzeitig erfrischend und leicht scharf.

Verwendung | Die Kresse (inkl. Blätter der Kapuzinerkresse) passt in Blattsalate und als Würze in Quark, Dipps und Kräuterbutter. Sie eignet sich auch für leichte weiße Saucen für Fisch und Gemüse. Die Blüten der Kapuzinerkresse können gefüllt und die Blütenknospen als Kapernersatz verwendet werden.

Inhaltsstoffe | Der Gehalt an ätherischem Öl (vor allem Diallylsulfid) ist sehr gering. Zu den flüchtigen Bestandteilen zählen die Glucosinolate. Von den Inhaltsstoffen ist die Ascorbinsäure (Vitamin C) erwähnenswert. In den verschiedenen Kressearten findet man noch einige Senföle (zum Beispiel Benzylsenföl), Säureamide und auch andere Scharfstoffe. Zu den nachgewiesenen Bitterstoffen zählen Glucolepidin und Glucotropaeolin.

Geschichte | Die Gartenkresse wurde vom Altertum bis Ende des 19. Jh. als Gewürz- und Salatpflanze angebaut. Die Kapuzinerkresse gelangte Ende des 16. Jh. mit den Spaniern aus Peru nach Europa.

Heilkunde | Die Kresse kann zur Blutreinigung, gegen Harnwegsinfektionen und Skorbut (Vitamin-C-Mangelkrankheit) eingesetzt werden. Brunnenkresse ist auch reich an Vitamin A und an Jod. Zudem enthält die Pflanze antibiotische Wirksubstanzen und wird deshalb in der Spagyrik (aus der Homöopathie abgeleitete Heilkunde von Carl-Friedrich Zimpel, 1801–1879) Präparaten gegen Infektionen beigesetzt. In ihrer ursprünglichen Heimat Peru ist die Kapuzinerkresse seit jeher Wunder- und Wundheilpflanze.

Spezielles | Die Brunnenkresse ist im Aroma der Gartenkresse sehr ähnlich und kann deshalb auch durch diese ersetzt werden. Viele Feinschmecker bevorzugen jedoch die Brunnenkresse, die sie in Geruch und Geschmack für feiner erachten. Auch das Aroma der Kapuzinerkresse kommt beiden anderen Kressearten nahe.

kreuzkümmel

Cuminum cyminum

Die Seele der indischen Küche.

Synonyme | Cumin, Kumin, Ägyptischer Kümmel, Römischer Kümmel, Türkischer Kümmel, Mutterkümmel

Sprachen | F: Cumin, Cumin du Maroc, Cumin français
I: Comino, Comino bianco E: Cumin, White cumin

Botanik | *Doldenblütengewächs, Apiaceae, syn. Umbelliferae* | Einjährige, bis 50 cm hohe Pflanze, die gerne wuchert. Die Blüten sind weiß oder blassrosa, aus denen sich ovale, 5–6 mm lange, mit Längsrippen und oft mit dem Fruchthalter (Stiel) versehene hellbraune, manchmal auch grünliche oder gräuliche Früchte entwickeln.

Gewürz | Als Gewürz verwendet werden die getrockneten Früchte, oft «Samen» genannt.

Herkunft / Anbaugebiete | Die Heimat des Kreuzkümmels ist vermutlich das Niltal, wo er seit biblischen Zeiten kultiviert wird und sich im Mittelmeerraum ausgebreitet hat. Die Hauptanbaugebiete sind heute Indien, Iran, Indonesien, China, Türkei, GUS-Staaten und Lateinamerika.

Geruch / Geschmack | Der Kreuzkümmel ist stark aromatisch und im Geschmack leicht scharf und bitter, was sich aber durch das Braten oder Rösten reduzieren lässt.

Verwendung | In der indischen Küche ist Kreuzkümmel eines der charakteristischsten Gewürze und wesentlicher Bestandteil von Garam Masala und Curry. Die Früchte werden häufig ganz verwendet und zuerst geröstet, denn erst dann entfalten sie ihr ganzes Aroma. In Nordafrika wie auch in Frankreich ist der Kreuzkümmel eine wichtige Zutat in Couscous. Beliebt ist er auch in der arabischen und mexikanischen Küche, wo er wie in Indien als vielseitiges Würzmittel für Suppen und Eintöpfe, für Rindfleisch und Hülsenfrüchte sowie für Brot und andere Backwaren dient.

Inhaltsstoffe | Die Früchte enthalten 2,5–6 % ätherisches Öl, das von Cuminaldehyd (20–35 %) dominiert wird. Ferner sind Perillaaldehyd, Cuminol, Alpha- und Beta-Pine (21 %), Dipenten, p-Cymen und weitere Monopertene enthalten.

Geschichte | Die Ägypter gaben den Kreuzkümmel den Pharaonen mit in die Pyramiden, wahrscheinlich galt er als Heilmittel. Bereits die Griechen und Römer haben den Kreuzkümmel angebaut. Im alten Rom soll er als Pfefferersatz verwendet worden sein. Im Mittelalter glaubten die Menschen, dass er die Treue zwischen Liebenden stärken könne und die Hühner am Streunen hindere.

Heilkunde | Der Kreuzkümmel wird in Indien gegen Verdauungsstörungen, Durchfall und Blähungen eingenommen. Früher galt er als wirksames Mittel bei blasser Haut, bei Magen- und Darmleiden und Appetitlosigkeit. Heute wird der Kreuzkümmel noch in der Tiermedizin eingesetzt.

Spezielles | Der Kreuzkümmel wird sprachlich aufgrund des Sammelbegriffs «Cumin» oft mit Kümmel und Schwarzkümmel verwechselt. Heute gehören die Curry- und Chilihersteller zu den größten Abnehmern.

kubebenpfeffer

Piper cubeba

Die vergessenen bitter-scharfen Körner.

Synonyme | Kubebenfrucht, Kubeben, Javanischer Pfeffer, Schwanzpfeffer, Stielpfeffer

Spachen | F: Cubèbe, Poivre à queue ou de Java I: Cubebe E: Cubeb berries, Javanese pepper

Botanik | *Pfeffergewächs, Piperaceae* | Bis 6 m hoher Baum mit lederartigen, gestielten Blättern. Die Blüten sind zweihäusig, die Früchte rundlich, graubraun bis braunschwarz, runzlig, 4–5 mm lang und haben meist einen 5–10 mm langen, stielartigen Fortsatz. Die etwa 50 Steinfrüchte sind ährenförmig angeordnet.

Gewürz | Als Gewürz werden die unreif geernteten, getrockneten Früchte verwendet. Die gestielten Beeren sind ein wenig größer als gewöhnliche Pfefferkörner und haben eine ausgeprägt runzlige Oberfläche, zumeist sind die Beeren hohl. Sie werden in der Regel ganz verkauft und sollten erst vor der Verwendung gemahlen werden.

Herkunft / Anbaugebiete | Das Herkunftsland von Kubebenpfeffer ist Indonesien. Heute stammt der meiste Kubebenpfeffer aus Java und von anderen indonesischen Inseln sowie aus Sri Lanka. Aber auch einige afrikanische Länder wie Kongo und Sierra Leone exportieren bedeutende Mengen.

Geruch / Geschmack | Der Kubebenpfeffer hat einen aromatischen, terpentinähnlichen Geruch und einen scharfen, bisweilen bitteren Geschmack. In der Literatur wird er verschiedentlich als trockenholzig, warm-kampferartig, gewürznelkenartig und würzig-pfeffrig beschrieben.

Verwendung | Die Kubebenfrucht wird im Herkunftsgebiet wie schwarzer Pfeffer verwendet. Sie ist Bestandteil von Gewürzmischungen (Ras el Hanout) und wird zum Würzen von Reis- und Gemüsegerichten sowie von Weich- und Krustentieren verwendet. Auch Liköre und Gewürzsaucen werden gerne mit Kubebenpfeffer aromatisiert. In Europa hat dieses Gewürz allerdings an Bedeutung verloren.

Inhaltsstoffe | 5–18 % ätherisches Öl, das sich insbesondere aus Alpha- und Beta-Cubeben, Sabinen, Caren, Alpha-Thujen, 1,4- und 1,8-Cineol, Piperidin und Piperin zusammensetzt.

Geschichte | Der Kubebenpfeffer war schon im Altertum in China und Indien bekannt. Im 13. Jh. brachten ihn arabische Händler aus dem Orient über Venedig und Genua nach Mitteleuropa.

Heilkunde | Laut Überlieferung wurde Kubebenpfeffer in früheren Zeiten als schleimlösendes Mittel und gegen Atembeschwerden eingesetzt. Auch bei Kopfschmerzen soll er Linderung bringen.

Spezielles | Nebst Kubebenpfeffer gibt es noch die sogenannten «Falschen Kubeben», die von den zentralafrikanischen Arten Piper guineense und P. clusii abstammen. Die Früchte sind jedoch eher elipsenförmig, kleiner, weniger stark genetzt und von rötlicher Farbe. Ihr Fruchtstiel ist im Vergleich deutlich gebogen. «Falsche Kubeben» schmecken ähnlich wie der Kubebenpfeffer, jedoch frischer und nicht so bitter. Mitte des 16. Jh. wurde der Verkauf von Kubeben in Portugal verboten, um den Absatz des Pfeffers zu fördern.

kümmel

Carum carvi

Der typische Geschmack der Alpenländer.

Synonyme | Echter Kümmel, Kümmelfrucht, Cumich

Sprachen | F: Carvi, cumin des prés I: Caro, Comino tedesco E: Caraway, Wild cumin

Botanik | *Doldenblütengewächs, Apiaceae, syn. Umbelliferae* | Krautige, zwei- oder mehrjährige Pflanze mit einer dicken Pfahlwurzel, aus der im 1. Jahr die Blattrosette und im 2. Jahr ein 50–90 cm hoher Blütenstängel gebildet wird. Die unteren Blätter sind gestielt, die oberen sitzend. Die Dolde mit 8–16 ungleich großen Strahlen hat kleine fünfzählige weiß bis schwach rötliche Blüten. Die 3–7 mm langen und 1,5–2 mm breiten, sichelförmigen dunkelbraunen Spaltfrüchte haben 5 schmale, hellere, hervortretende Rippen und zerfallen in ihre Teilfrüchte.

Gewürz | Die getrockneten Früchte werden zum Würzen verwendet.

Herkunft / Anbaugebiete | Es wird vermutet, dass der Kümmel mitteleuropäischen Ursprungs ist. Die Pflanze könnte aber auch aus gemäßigten Zonen Asiens stammen. Zu den Hauptproduzenten zählen heute Deutschland, Holland, die GUS-Staaten, einige osteuropäische und nordafrikanische Länder.

Geruch / Geschmack | Der Geruch der Kümmelfrüchte ist würzig-aromatisch, ihr Geschmack ist charakteristisch kräftig, würzig, etwas brennend.

Verwendung | Der Kümmel ist ein typisches Gewürz für Sauerkraut und Weißkabis-/Kohlgerichte allgemein. Er wird aber auch gerne für Kartoffeln, rote Rüben, Käse/Käsegerichte, Suppen und Saucen verwendet. In vielen Back- und Wurstwaren ist Kümmel eine unverzichtbare Zutat. Auch zum Aromatisieren von Spirituosen braucht man ihn.

Inhaltsstoffe | 3–8 % ätherisches Öl, dessen Aroma von Carvon (50–80 %) und Limonen (20–40 %) bestimmt ist (andere Aromakomponenten sind weniger bedeutend). Daneben enthalten die Früchte rund 25 % Proteine, 10–20 % fettes Öl und bis 13 % Polysaccharide.

Geschichte | Der Kümmel ist vermutlich das älteste in Europa verwendete Gewürz überhaupt. Darauf lassen Funde in Pfahlbauten schließen. Im Grab des jungen Pharaos Tutanchamun wurde neben anderen Grabgaben auch Kümmel gefunden. Im 12. Jh. wurde die Kümmelpflanze von den Arabern in Marokko und Spanien angebaut, seit dem 13. Jh. wird sie auch in England kultiviert.

Heilkunde | Roh oder in Form von Aufgüssen wird Kümmel bei Verdauungsbeschwerden eingesetzt, besonders bei leichten und krampfartigen Beschwerden im Magen- und Darmbereich, bei Blähungen und Völlegefühl. Weiter dient er zur Behandlung von nervösen Herz- und Magenbeschwerden. Der Kümmel zählt zu den «4 scharfen Samen», die in alten Arzneibüchern erwähnt werden. Bei Kopfschmerzen und Migräne hilft Kümmelöl, das tropfenweise auf Zucker gegeben wird. Eine Essenz aus Kümmelsamen (1 TL Kümmelsamen in ½ l Wasser aufkochen und einige Minuten ziehen lassen, absieben) hält als Mundwasser den Atem frisch.

Spezielles | Die Kümmelblätter können mit Gemüse, aber auch mit Suppen oder Salaten kombiniert werden. Kümmelöl wird für Liköre (Allasch, Aquavit, Gilka) und für Parfum- und Kosmetikprodukte verwendet.

kurkuma

Curcuma domestica Valet
Curcuma longa

Die gesunde Farbe der Currys.

Synonyme | Curcuma, Indischer Safran, Gelbwurz, Gelber Ingwer, Safranwurz(el), Turmerik, Gilbwurzel

Sprachen | F: Curcuma, Safran des Indes I: Curcuma E: Turmeric, Indian saffron

Botanik | *Ingwergewächs, Zingiberaceae* | Mehrjährige, krautige Pflanze mit einem fleischigen, knolligen, innen glänzend orangegelb gefärbten Wurzelstock, aus dem sich walzenförmige, sekundäre Seitentriebe entwickeln. Die 1–1,5 m hohen, glattrandigen, lanzettlichen Blätter (ähnlich denen des Bananenbaumes) sind kräftig gestielt. Die endständigen, bis 20 cm langen Blütenstände mit kleinen goldgelben Blüten sitzen meist paarweise in den Achseln der grünlichweißen Deckblätter und sind trichterförmig.

Gewürz | Zum Würzen werden die von den Wurzeln befreiten, getrockneten Haupt- und Nebenrhizome (Knollen) eingesetzt. In einigen Regionen Indonesiens, z. B. in Westsumatra, werden auch die frischen Blätter zum Würzen verwendet.

Herkunft / Anbaugebiete | Da der Handel bis ins Alterum zurückgeht, kann das Ursprungsland von Kurkuma nicht mehr sicher bestimmt werden. Wahrscheinlich stammt die Pflanze aus Indiens Hochland beziehungsweise aus Vietnam und China. Heute wird sie in Indien und China, auf Sri Lanka, auf den Philippinen und auf Java und vereinzelt auch in Südamerika kultiviert.

Geruch / Geschmack | Frisch riecht der Wurzelstock aromatisch und ingwerartig, im Geschmack ist er herb, harzig und leicht brennend. Getrocknet entwickelt er ein mildes, würziges Aroma, das bei längerem Lagern bald in muffig und erdig kippt.

Verwendung | Als reines Gewürz wird Kurkuma nur in den Anbauländern, in England und in den USA verwendet. Fleisch- und Reisgerichte und Eierspeisen werden damit gewürzt. Sonst ist Kurkuma als Farb- und milder Basisgeschmacksgeber Hauptbestandteil vieler Currys und zahlreicher anderer Gewürzmischungen und Gewürzsaucen.

Inhaltsstoffe | Maximal 7 % ätherisches Öl, hauptsächlich Sesquiterpene wie Tumeron (bis 70 %), ar-Tumeron und Zingiberen (25 %). Konjugierte Diarylheptanoide (Curcuminoide) sind für die gelbe Farbe und wahrscheinlich auch für den scharfen Geschmack verantwortlich. Weiter enthalten die Knollen unter anderem 30–40 % Stärke, Monosaccharide, Polysaccharide und Tumerin, ein antioxidativer Stoff.

Geschichte | Kurkuma ist seit über 2500 Jahren in Indien und Indonesien als Gewürz, vor allem aber als Farbstoff für Textilien und Arzneimittel bekannt. Ende des 1. Jh. n. Chr. gelangte der Kurkuma durch die Araber nach Griechenland.

Heilkunde | Kurkuma wirkt antikarzinogen, antitumoral, antioxidativ, antithrombolisch, antibakteriell und fungistatisch. Die Knolle wird in Pulverform und als Aufguss zur Magenstärkung und als Gallen- und Lebermittel (nicht bei Gallensteinen) empfohlen. Kurkumaöl wird bei Hauterkrankungen (Ekzeme, Infektion) eingesetzt.

Spezielles | Im Mittelalter wurde Kurkuma Indischer Safran genannt. Eine noch heute verbreitete Bezeichnung ist Gelbwurz. Die Begriffe deuten auf die Verwendung als Färbemittel hin. Der Farbstoff ist in Fett und Alkohol löslich, nicht aber in Wasser. Zur Herstellung der Handelsform müssen die Wurzelstöcke entwurzelt, kurz gekocht und geschält werden. Dann werden sie auf Matten ausgebreitet und 1 bis 2 Wochen an der Sonne getrocknet.

langer pfeffer

Piper longum
Piper retrofractum

Der erste Pfeffer in Europa.

Synonyme | Bengalpfeffer, Stangenpfeffer, Jaborandi-Pfeffer, Pipal-Pfeffer

Sprachen | F: Poivre long I: Pepe lungo E: Long pepper, Jaborandi pepper

Botanik | *Pfeffergewächs, Piperaceae* | Der Strauch hat kolbenartige, 2–5 cm lange und bis 7 mm dicke schwarzbraune oder schwarzgraue Fruchtstände, die aus zahlreichen kleinen Steinfrüchten (Beeren) zusammengesetzt sind (erinnern an Haselnusskätzchen).

Gewürz | Als Gewürz werden die ganzen, getrockneten Stangen (auch gemahlen), vereinzelt in gebrochener Form die winzigen Beeren verwendet.

Anbaugebiete / Handel | Die Art Piper longum stammt vermutlich aus dem Himalaya und wird in Indien und auf Sri Lanka kultiviert. Die Heimat der Art Piper retrofractum dürfte dagegen der südostasiatische Raum (Indonesien, Thailand) sein. Im Handel wird selten zwischen den beiden Arten unterschieden.

Geruch / Geschmack | Geruch und Geschmack von Langem Pfeffer sind vergleichbar mit schwarzem Pfeffer: scharf und warm, mit süßlichen Obertönen.

Verwendung | In Indien und in südostasiatischen Ländern verwendet man den Langen Pfeffer wie schwarzen Pfeffer. Er ist auch Bestandteil von Curry.

Inhaltsstoffe | 1 % ätherisches Öl (weniger als seine Verwandten), mit 10–20 % Beta-Caryophyllen, 18 % Pentadecan, bis 18 % Heptadecan und als Scharfstoffe 4–6 % Piperin und Piperlongumin und weitere.

Geschichte | Der Lange Pfeffer kam wahrscheinlich noch vor dem heute dominierenden schwarzen Pfeffer über das alte Syrien nach Europa. Bereits bei den Römern wurde er sehr geschätzt und auch teuer bezahlt – der Preis soll höher gewesen sein als für gewöhnlichen schwarzen Pfeffer, obwohl dieser auch nicht billig war.

Heilkunde | Siehe Pfeffer, schwarz

Spezielles | Der Lange Pfeffer kann je nach Piperinanteil schärfer sein als schwarzer Pfeffer. Deshalb empfiehlt sich ein sparsamer Umgang, außer man mag es scharf. Ganze Stangen findet man in gut sortierten Feinkost- oder Gewürzläden. Die Pfefferfrüchte erst kurz vor Verwendung zerbrechen, zerstoßen oder mahlen.

lauch

Allium porrum

Unaufdringliches Gewürz und Gemüse.

Synonyme | Porree, Suppenlauch, Welschzwiebel, Winterlauch, Breitlauch

Sprachen | F: Poireau I: Porro E: Leek

Botanik | *Liliengewächs, Liliaceae* | 40–90 cm hohe, in Kulturen einjährig gehaltene Pflanze, die aus einem walzenförmigen, festen Schaft («Fuß») und nicht aus einer Zwiebel besteht. Der Schaft wird aus den weißen, nach oben grünlich verlaufenenden, bis 25 cm langen und längsgestreiften Blattscheiden (Blattbasen) gebildet. Lauch wird meist als Winterlauch mit oben bläulichgrünen, breiten und flachen Blattspreiten angebaut, seltener als Sommerlauch mit hellgrünen Blattspreiten.

Gewürz | Der frische, kräftige und möglichst weiße Schaft der nicht blühenden Pflanze wird als Gewürz verwendet.

Herkunft / Anbaugebiete | Das Lauchgemüse stammt vermutlich aus dem östlichen Mittelmeerraum und ist heute auf der ganzen Welt verbreitet. Hauptanbauländer sind Frankreich und Deutschland.

Geruch / Geschmack | Lauch hat einen milden, zwiebelartigen und leicht süßlichen Geschmack.

Verwendung | Lauch ist ein beliebtes Suppengewürz und Gemüse. Er eignet sich für vegetarische Gerichte und für Eintöpfe.

Inhaltsstoffe | Für den typischen Geschmack von Lauch sind verschiedene Sulfide verantwortlich. Sie werden bei Verletzung der Zellwände (durch Schneiden oder Brechen) durch das Enzym Alliinase aus Alliin gebildet. Der Lauch enthält außerdem rund 15 % Kohlenhydrate und bis zu 0,03 % Vitamin C.

Geschichte | Der Lauch war bereits im Altertum bei den Ägyptern ein bekanntes Gewürz. Seine Verbreitung erfolgte vermutlich vor rund 4000 Jahren durch die Völker des Mittelmeerraumes.

Heilkunde | Der Lauch besitzt keimtötende Inhaltsstoffe und verhindert so im Darm unerwünschte Fäulnis- und Gärungsprozesse. Er kann in größeren Mengen jedoch auch zu Blähungen führen. Indem er die Verdauungsorgane leicht reizt, wirkt er verdauungsfördernd und gleichzeitig appetitanregend. Sein Vitamin-C-Gehalt hilft gegen Avitaminose.

Spezielles | Die Lauchsamen der zweijährigen Pflanze spielten im Mittelalter in der Hexerei und in der Zauberei eine große Rolle. Sie galten als schädlich für den Magen und als Auslöser von schlechten Träumen.

lavendel

Lavandula angustifolia

Das «Parfum» der Provence.

Synonyme | Lavendelblüte, echter Lavendel, Lavande, Levander, Narde, Spikatblüte

Sprachen | F: Lavande I: Lavanda E: Lavender

Botanik | *Lippenblütengewächs, Lamiaceae, syn. Labiatae* | 20–60 cm hoher, verholzender, stark verästelter Halbstrauch mit bis zu 20 cm langen Scheinähren mit blauvioletten und etwa 10 mm langen, röhrenförmigen, zweilappigen Blüten. Die länglichen, nadelähnlichen, filzigen, silbriggrünen Blätter sind nach unten eingerollt.

Gewürz | Als Würzmittel werden die getrockneten Blüten verwendet, seltener die Blätter.

Herkunft / Anbaugebiete | Die Heimat des Lavendelstrauches sind die Küstenregionen des westlichen Mittelmeeres. Der Lavendel wird heute in seinem Herkunftsgebiet sowie in den hügeligen, bergigen und trockenen Zonen Süd- und Osteuropas kultiviert.

Geruch / Geschmack | Lavendelblüten haben einen sehr starken und parfumartigen Geruch. Die Blätter sind weniger aromatisch und etwas bitter.

Verwendung | Vor allem in der mediterranen Küche (Frankreich, Spanien und Italien) werden die Lavendelblüten zum Würzen von Fischgerichten/-suppen, Lammfleisch, Salaten und Kräuterbutter verwendet. Aber auch Konfitüren sowie Süßspeisen (Eis, Pudding) werden damit aromatisiert. Lavendelblüten sind Bestandteil der «Provence-Kräuter-Mischungen» (Herbes de Provence) und werden für die Herstellung von aromatisiertem Essig und Lavendelöl verwendet.

Inhaltsstoffe | 1–3 % ätherisches Öl mit 30–55 % Linalylacetat und 20–35 % Linalool. Weitere Aromakomponenten sind Beta-Ocimen, Cineol und Campher.

Geschichte | Die Lavendelblüten haben in Südeuropa eine lange Tradition. Sie waren bereits bei den Römern als Gewürz und als Duftstoff beliebt.

Heilkunde | Bei innerer Anwendung (Aufguss) beruhigt der Lavendel und hilft bei Schlafstörungen. Auch ist er gut gegen Blähungen und bei nervösem Reizmagen. In Form von Bädern hilft der Lavendel bei Kreislaufstörungen. Äußerlich ist er bei Insektenstichen, Hautkrankheiten und Gicht angezeigt.

Spezielles | «Lavendel» wird vom lateinischen Wort «lavare» (waschen) abgeleitet. Es nimmt Bezug auf dessen Verwendung in Badeölen und -essenzen.

liebstöckel

Levisticum officinale

Wiederentdeckt in Omas Kräuterbeet.

Synonyme | Maggikraut, Luststock, Suppenlob, Badekraut, Großer Eppich, Stecklaub, Sauerstockkraut

Sprachen | F: Livèche, Ache de montagne I: Levistico, Sedano di montagna E: Lovage, Love Parsley

Botanik | *Doldenblütengewächs, Apiaceae, syn. Umbelliferae* | Ausdauernde, 2- bis 3-jährige, 1–2 m hohe Pflanze mit einem rübenartig verdickten Rhizom, aus dem ein runder, röhrenförmiger, auf der Unterseite glatter Stängel mit großen, kahlen, 1,5–4 cm breiten, glänzenden dunkelgrünen Blättern wächst. Die aus 10 bis 20 Strahlen zusammengesetzten, 10–12 cm großen, flachen Dolden bestehen aus kleinen blassgelben bis grünlichen Blüten.

Gewürz | Zum Würzen werden frische und getrocknete Blätter verwendet. Wurzel und Früchte haben den gleichen Geschmack und können verwendet werden, wenn noch ein intensiveres Liebstöckelaroma erwünscht oder wenn kein frisches Kraut verfügbar ist.

Herkunft / Anbaugebiete | Die Pflanze stammt vermutlich aus dem Nahen Osten, die in Europa vor allem von Deutschland bis Polen, in Holland und auch in der Schweiz sowie in Nordamerika kultiviert wird.

Geruch / Geschmack | Der Geruch des Liebstöckels ist kräftig-würzig. Er entfaltet sich am besten, wenn man die Blätter zerreibt. Im Geschmack ist er zu Beginn süßlich, später würzig und erinnert entfernt an Sellerie.

Verwendung | Das Liebstöckelkraut dient zum Würzen von Saucen, Suppen und Salaten sowie von Fleisch, Eintöpfen und Gemüse. Mit den Früchten und der Wurzel werden auch Suppengewürze, Likör-essenzen und Liebstöckelöl hergestellt.

Inhaltsstoffe | 0,4–1,5 % ätherisches Öl mit den wichtigsten Aromakomponenten Phthalide (Ligustilid, Butylphthalid und Sedanolid), weiter Phellandren, Citronellal und Limonen.

Geschichte | Liebstöckel wurde bereits von den alten Griechen als Gewürz- und Heilpflanze (bei Magenbeschwerden) verwendet. Mit den Römern gelangte das Kraut nach Italien und später nach Mitteleuropa. Karl der Große hat es bereits in der Landgüterverordnung «Capitulare de villis» empfohlen.

Heilkunde | Die Liebstöckelwurzel wird bei Blasen- und Nierenleiden als Diuretikum (harntreibendes Mittel) verwendet. Sie ist in Apotheken erhältlich. In der Volksmedizin wurde sie bei Appetitlosigkeit, bei Verdauungs- und Magenbeschwerden sowie gegen Blähungen eingesetzt. H. Bock (1551) empfahl sie bei Melancholie, Schlangenbissen und anderen Beschwerden.

Spezielles | Im Volksmund wird Liebstöckel wegen des typischen Geruchs gerne «Maggikraut» genannt. Die Schweizer Maggiwürze enthält aber keinen Liebstöckel.

limette

Citrus aurantifolia

Die tropische Verwandte der Zitrone.

Synonyme | Limone, Lumie

Sprachen | F: Limette I: Lima, Limetta E: Lime

Botanik | *Rautengewächs, Rutaceae* | Immergrüner Strauch oder kleiner, dorniger Baum, der während des ganzen Jahres gelbgrüne bis gelbe, kugelige oder ovale, 3–6 cm große Früchte trägt.

Gewürz | Als Gewürz werden die Fruchtschale und der Fruchtsaft verwendet. Die Früchte werden fast immer unreif geerntet und auch vor der Reife konsumiert.

Herkunft / Anbaugebiete | Im Gegensatz zur subtropischen Zitrone ist die Limette eine tropische Frucht. Sie stammt wahrscheinlich aus dem tropischen Südostasien, wird heute aber auch in Südamerika, in Afrika, in der Karibik und in den USA kultiviert.

Geruch / Geschmack | Limetten haben ein zitronenähnliches, aber deutlich frischeres Aroma als Zitronen. Der Fruchtsaft ist sehr sauer und aromatisch.

Verwendung | Verwendet wird die geriebene Schale, Fruchtschnitze und vor allem der Fruchtsaft, um kalten oder warmen Gerichten, besonders aber Getränken (populäre Mixgetränke wie Pisco sour, Margarita und Caipirinha) einen sauren, erfrischenden Geschmack zu geben. Zum Kochen können die Limetten wie Zitronen verwendet werden und diese in fast allen kalten oder warmen Gerichten ersetzen. Besonders gut passt das Aroma zu Fisch und Geflügel sowie zu Gemüse und Suppen. Aber auch Sorbets, Eiscreme und allgemein vielen Süßspeisen geben sie eine besonders erfrischende, saure Note.

Inhaltsstoffe | Die Schale enthält ca. 7 % ätherisches Öl mit den Hauptbestandteilen Limonen, Citral und Beta-Pinen, zudem Terpineol, Bisabolen und Terpenoide.

Geschichte | Über den Ursprung und die Verbreitung der Limette ist nichts bekannt.

Heilkunde | Wie die Zitrone hat auch die Limette keine direkte Heilwirkung. Ihr Vitamin-C-Gehalt machte sie früher aber zu einem wirksamen Mittel gegen Skorbut. Sie kann bei grippalen Infekten als Vitamin-C-Lieferant eingesetzt werden.

Spezielles | Die Limetten haben einen größeren Saftanteil als die Zitronen.

lorbeer

Laurus nobilis

Ein ruhmvoller Klassiker aus dem alten Europa.

Synonym | Lorbeerblatt

Sprachen | F: Laurier, Laurier noble I: Alloro, Lauro
E: Bay leaf, Laurel

Botanik | *Lorbeergewächs, Lauraceae* | Immergrüner, üppig belaubter, 10–15 m hoher Baum, mit wechselständig angeordneten, 8–10 cm langen, 3–5 cm breiten, eiförmigen bis lanzettlichen, kurzgestielten, lederartigen, grünlich bis olivbräunlichen Blättern mit leicht welligem Blattrand und deutlich hervortretender Mittelrippe. An den Zweigenden bilden sich aus den Blattachseln kleine Dolden mit weißlichen bis gelblichen Blüten, aus denen sich nach der Befruchtung die Lorbeeren entwickeln.

Gewürz | Als Gewürz werden frische und getrocknete Blätter verwendet. Das Lorbeeröl wird aus den Früchten gepresst, das man ebenfalls gut als Würzmittel einsetzen kann.

Anbaugebiet / Herkunft | Der Lorbeerbaum ist vermutlich in Kleinasien beheimatet. Heute wächst er im ganzen Mittelmeergebiet, in Indien, in Griechenland und in der Türkei, die zu den Hauptproduzenten zählt.

Geruch / Geschmack | Der Lorbeer riecht und schmeckt würzig «balsamisch» und etwas bitter. Ihr volles Aroma entfalten die Lorbeerblätter vor allem beim Mitkochen.

Verwendung | Lorbeer ist in der Küche vielseitig verwendbar, vor allem in der Fleischküche (Braten, Schmorgerichte, Eintöpfe von Lamm, Rind, Kalb, Wild). Frischer Lorbeer ist ein wunderbares Würzmittel für Bratkartoffeln. Unverzichtbar ist er zum Einmachen von Essiggemüse wie Mixed Pickles und Gurken.

Inhaltsstoffe | Die Blätter enthalten 0,8–4 % ätherisches Öl mit 1,8-Cineol (bis 60 %) als Hauptbestandteil. Außerdem wurden Eugenol, Acetyl-Eugenol, Methyl-Eugenol, Alpha- und Beta-Pinen, Phellandren, Linalool, Geraniol und Terpineol als weitere Komponenten nachgewiesen.

Geschichte | Bis in die Antike geht die Kultivierung des Lorbeerbaumes zurück. Er genoss bei Griechen und Römern als Symbol für Weisheit und Ruhm hohes Ansehen (Lorbeerkranz).

Heilkunde | Der Lorbeer wirkt antibakteriell und abführend. In sehr hohen Dosen soll er aber Rauschzustände hervorrufen und im Extremfall giftig sein. Mit Lorbeeressenzen und -salben werden rheumatische Erkrankungen, Verstauchungen und Quetschungen behandelt, bei Säuglingen soll Lorbeer gegen Blähungen helfen (äußerliche Anwendung).

Spezielles | Der 10 bis 15 m hohe Lorbeerbaum wird zur Erleichterung der Ernte auf Strauchhöhe gehalten. In südlichen Ländern werden die Blätter auch als Verpackungsmaterial für Süßholz, Feigen und Lakritzen zum Schutz vor Schädlingen verwendet.

macis

Myristica fragrans

Ein fast noch feineres Aroma als das der Muskatnuss.

Synonyme | Muskatblüte, Mazis

Sprachen | F: Macis, Fleur de muscade I: Mace E: Mace

Botanik | *Muskatnussgewächs, Myristicaceae* | Gelboranger bis leuchtend roter bis bräunlichroter, 25–40 mm langer und bis 12 mm dicker, ganzer oder gebrochener, zerschlitzter, den Samen (die Muskatnuss) flechtartig in Bahnen umhüllenden Mantel, der bei der Ernte der Samen anfällt (mehr über die Pflanze siehe Muskatnuss).

Gewürz | Als Gewürz werden die von der Nuss abgezogenen (als ganze Stücke oder gemahlen) und an der Sonne getrockneten Samenmäntel verwendet.

Herkunft / Anbaugebiete | Der Muskatbaum stammt ursprünglich von den Banda-Inseln, einem kleinen Archipel im Osten Indonesiens (Molukken). Die Hauptproduktionsländer sind heute Indonesien (Ostindische Muskatnüsse), Sri Lanka, Madagaskar und Grenada (Westindische Muskatnüsse), wobei Letztere etwas weniger geschätzt sind.

Geruch / Geschmack | Macis hat einen aromatischen, arteigenen Geruch und einen würzigen, warmen Geschmack. Macis sagt man ein meist etwas feineres Aroma nach als der Muskatnuss, doch der Unterschied ist nicht besonders groß.

Verwendung | Macis wird zum Würzen von Suppen und Saucen (Béchamelsauce) sowie von Gemüse (Kohlarten, Kartoffeln und Spinat) verwendet. Auch in manchen Fleisch- und Fischpasten, in Wurstwaren und in Gewürzmischungen macht sich das Muskataroma gut. In der Bäckerei und Konditorei wird Muskat ebenso eingesetzt wie in der Herstellung von Muskatöl und Likör.

Inhaltsstoffe | Das ätherische Öl (bis 15 %) enthält vor allem Monoterpene und etwa dieselben Aromakomponenten wie die Muskatnuss, aber in einem leicht anderen Mengenverhältnis. Ferner enthält der Samenmantel 20–35 % fette Öle (Palmitinsäure) und etwa 30 % Amylodextrin.

Geschichte | Der Muskatbaum war in Indien, auf den Molukken und in Ägypten schon vor Christus bekannt. Im 12. Jh. gelangte er durch arabische und venezianische Händler nach Europa. Vom 15. bis 17. Jh. waren die Anbaugebiete der damals sehr wertvollen Muskatbäume (ähnlich der Gewürznelke) Schauplatz von Eroberungskriegen durch die Portugiesen, die Holländer und die Engländer.

Heilkunde | Für Heilzwecke wird vor allem die Muskatnuss eingesetzt. In der ayurvedischen Medizin findet Macis bei leichtem Fieber und bei Asthma Verwendung.

Spezielles | Die fälschliche Bezeichnung «Muskatblüte» (fleur de muscade) entstand vermutlich aus der mittelalterlichen Vorstellung, das Gewürz sei die Blüte, aus der später die Muskatnuss entstehen würde, da ja nur die getrockneten Bestandteile, nicht aber die ganze Frucht den Weg nach Europa fand.

majoran

Origanum majorana
Majorana hortensis

Das klassische Wurstgewürz.

Synonyme | Maigram, Mairan, Wurstkraut, Leberwurstkraut

Sprachen | F: Marjolaine I: Maggiorana E: (Sweet) Marjoram

Botanik | *Lippenblütengewächs, Lamiaceae, syn. Labiateae* | Ein- oder mehrjähriger, 20–50 cm hoher Halbstrauch mit stark verästelten, graugrünlichen bis rötlichbraunen, filzig behaarten, vierkantigen Stängeln, an denen sich spatel- bis eiförmige, 5–25 mm lange und 10 mm breite, ganzrandige, beiderseits graufilzige Blätter befinden. Die kleinen, büschelartig angeordneten Blütenstände sind weiß bis blassrosa.

Gewürz | In der Küche werden die frischen oder getrockneten Blätter verwendet. Der meist als ganzes Kraut zu kaufende frische Majoran ist wesentlich aromatischer als der getrocknete.

Herkunft / Anbaugebiete | Der Majoran stammt vermutlich aus Indien/Vorderasien, von wo er sich bis in den Mittelmeerraum ausbreitete. Da es sich um ein beliebtes Gewürz handelt, wird er heute nicht nur im ganzen Mittelmeerraum mit Ägypten und Marokko als Hauptlieferländer, sondern auch in Mittel- und Osteuropa, in Chile, Peru und Mexiko angebaut.

Geruch / Geschmack | Der Majoran riecht stark aromatisch und hat einen würzigen, leicht brennenden, etwas süßlichen Geschmack. Der Geruch erinnert jedoch kaum an den botanisch nahe verwandten Oregano.

Verwendung | Majoran ist ein beliebtes Würzkraut, das sparsam zu dosieren ist. Es passt in Suppen und Salate, verschiedene Fleisch- und Eintopfgerichte und in Saucen. Majoran ist Bestandteil von Kräuterfüllmassen und südlichen Gewürzmischungen, er wird für Gewürzgurken verwendet und ist auch ein traditionelles Wurstgewürz (Kochwurst).

Inhaltsstoffe | 1–3,5 % ätherisches Öl, wovon 40–70 % cis-Sabinenhydrat und 5–30 % Cis-Sabinenhydratacetat), zudem Flavonoide (Diosmetin, Vitexin) und Hydroxyzimtsäurederivate (u. a. Rosmarinsäure), Bitterstoffe, Triterpene.

Geschichte | Der Majoran ist eine alte Kulturpflanze, die bereits vor etwa 3000 Jahren in Ägypten angebaut wurde. In Europa ist er seit dem 16. Jh. als Küchengewürz weit verbreitet.

Heilkunde | Aufgüsse von Majoran sind ein wirksames Mittel gegen Heuschnupfen, bei Trägheit der Verdauungsorgane und bei Blähungen und Durchfall.

Spezielles | Die Phenole, die im verwandten Oregano charakterbestimmend sind, fehlen im Majoran vollständig. Der Majoran verdankt vermutlich seinen Namen den Arabern, welche das Kraut «Marjamie» nannten, was soviel bedeutet wie «der Unvergessliche», und es vom Persischen Golf in den Mittelmeerraum brachten.

meerrettich

Armoracia rusticana

Ein biologisches «Tränengas».

Synonyme | Kren, Mährrettich, Chren, Koren, Pfefferwurzel

Sprachen | F: Raifort I: Barbaforte E: Horseradish

Botanik | *Kreuzblütengewächs, Brassicaceae, syn. Cruciferae* | Ausdauernde, 40–150 cm hohe Staude mit einer teils mehrköpfigen, fleischigen, später verholzenden, walzenförmigen, außen bräunlichen, innen weißlichen, bis 60 cm langen Pfahlwurzel und mehreren Nebenwurzeln sowie unterirdischen Ausläufern. Die Blätter sind rosettenständig, langgestielt, lang-oval (bis 1 m), mit glattem Blattrand, die kurzgestielten Blätter sind fest sitzend, schmal linealisch, mit einer tiefen, fiederspaltigen Spreite.

Gewürz | Als Gewürz werden frische, manchmal auch getrocknete oder eingelegte Wurzeln verwendet.

Herkunft / Anbaugebiete | Man vermutet, dass der Meerrettich ursprünglich aus dem Mittelmeerraum, möglicherweise aber auch aus der Region des Schwarzen Meeres stammt. Er wird heute überall in Mittel- und Osteuropa angebaut.

Geruch / Geschmack | Die unverletzte Wurzel hat so gut wie kein Geruch. Erst beim Schneiden, Schaben und vor allem beim Reiben entwickelt sich der stechende, tränenreizende Geruch. Er ist allerdings nicht stabil und verflüchtigt sich nach 10 bis 20 Minuten. Der Geschmack ist brennend scharf.

Verwendung | Der Meerrettich gibt vielen Speisen einen besonderen Charakter. Er dient allein oder mit Äpfeln, Butter, Rahm/Sahne, Senf oder Mayonnaise zum Würzen von zahlreichen Fleisch- und Fischgerichten, von Schinken und vor allem auch von pikanten Saucen und Salatdressings. Zu kaltem Braten, gekochtem Rindfleisch und geräuchertem Fisch ist er eine gute Beilage. In kleine Stücke geschnitten wird er zum Einlegen von Gewürz- und Senfgurken verwendet. Aus der Wurzel wird Senf und Essig hergestellt.

Inhaltsstoffe | 1–2 % ätherisches Öl, Glucosinoloate, (Sinigrin, Gluconastuurtiin), bis 15 % Kohlenhydrate und bis 0,6 % Ascorbinsäure (Vitamin C). Für das stechende Aroma ist das Allylisothiocyanat verantwortlich, das sich bei einer Zellverletzung enzymatisch aus Sinigrin bildet.

Geschichte | Der Meerrettich ist eine alte, bekannte Gewürzpflanze, die seit dem 12. Jh. in Mitteleuropa eingebürgert ist. Seit dem 16. Jh. ist er in Hausgärten weit verbreitet.

Heilkunde | Meerrettich wirkt antimikrobiell und hyperämisierend (durchblutungsfördernd). In geriebener Form führt er bei äußerlicher Anwendung zu einer besseren Hautdurchblutung. Meerrettichsirup hilft bei Husten (mögliche Nebenwirkungen sind Magen- und Darmbeschwerden) und ist ein guter Vitamin-C-Spender.

Spezielles | Es gibt zwei Sorten Meerrettich: die scharfe europäische Sorte mit rauer Schale und eine eher süße asiatische Sorte mit glatter Schale, auch Daïkon-Meerrettich genannt.

minze

Mentha

Mehr als nur für Tee.

Sprachen | F: Menthe, Menthe I: Menta E: Mint

Botanik | *Lippenblütengewächs, Lamiaceae, syn. Labiatae* | Ein- oder mehrjährige, 2–90 cm hohe Pflanze, die sich durch unter- oder oberirdische Ausläufer (Stolonen) schnell ausbreitet. Der Stängel kann je nach Sorte rundlich oder vierkantig sein, grün bis rotviolett, mehr oder minder aufrecht, verzweigt. Gestielte Blätter, grün bis bräunlichgraugrün, länglich-eiförmig bis lanzettlich und an den Rändern gesägt, 3–8 cm lang und bis 3 cm breit. Die violetten Blüten stehen in einer länglich-, walzenförmigen Scheinähre.

Gewürz | Als Gewürz werden die vor der Blüte gesammelten frischen oder getrockneten Blätter und Triebspitzen verwendet.

Herkunft / Anbaugebiete | Die Minze wächst gelegentlich wild in Mittel- und Südeuropa. Ihr Wert wurde aber vermutlich zuerst in England erkannt, von wo aus sich der Anbau auf dem europäischen Kontinent und Nordafrika ausbreitete. Weitere Anbaugebiete sind Griechenland, Italien, Frankreich, der Balkan, Chile, Argentinien und die USA.

Geruch / Geschmack | Die Minze hat je nach Art und Sorte mehr oder weniger Menthol und damit auch einen mehr oder weniger charakteristischen, aromatischen, reinen und erfrischenden Geruch. Auch der Geschmack kann stark variieren, von mild bis würzig brennend, süßlich, zitronig, nach Äpfeln oder Grapefruit duftend.

Verwendung | Die Minze eignet sich nicht nur für Tees, sondern auch zum Würzen von Obstsalat, Joghurt und anderen Milchprodukten und für Desserts. In England wird die Zuchtsorte der Grünen Minze (spearmint) zum Würzen von Suppen, Fleisch und für die berühmte Pfefferminzsauce zu Gigot sowie für die Herstellung von Erfrischungsgetränken verwendet. Minzeöl wird für Süßwaren (Bonbons und Kaugummi) und Spirituosen verwendet.

Inhaltsstoffe | Bis 6 % ätherisches Öl, bestehend aus 50 % Menthol, 10–50 % Menthon, bis 10 % Menthylestern und weiteren Monoterpenen (Limonen, Piperiton, Menthofuran) und 3 % Rosmarinsäure.

Geschichte | Minzearten (Bachminze, Krause Minze) sind seit langem als Heilpflanze bekannt. Vor dem 17. Jh. ist die eigentliche Minzepflanze nicht zu belegen. Der erste belegte Nachweis stammt von 1696 aus England. In Deutschland und Holland sind Minzepflanzen seit 1770 bekannt.

Heilkunde | Die Minze wird in Form von Aufgüssen bei Magen-Darm-Beschwerden, bei Übelkeit und Brechreiz und zur Förderung des Gallenflusses eingesetzt. Sie wirkt krampflösend. Äußerlich angewendet hilft Minzeöl bei Muskel-, Gelenk- und Kopfschmerzen sowie bei Katarrh in den oberen Atemwegen.

Spezielles | Es gibt unzählige Minzen: Pfefferminze (Mentha piperita), Orangen-Minze (Mentha x piperita var. citrata), Japanische Minze (M. arvensis var. piperascens), Ross-Minze (Mentha longifolia), Grüne Minze (Mentha spicata), Ananas-Minze (Mentha suaveolens Bowles). Heute wird Minze in vielen Ländern Europas, West- und Zentralasiens zur Gewinnung von Menthol für die Pharmaindustrie angebaut.

Japanische oder Chinesische Minze

Ross-Minze

Ananas-Minze

Grapefruit-Minze

Erdbeer-Minze

Limonen-Minze

Schokoladen-Minze

Orangen-Minze

Apfel-Minze

Krause Minze

Russische Minze

Thai-Minze

mohn

Papaver somniferum

Opium und Mohnbrötchen.

Synonyme | Blaumohn, Schlafmohn, Gartenmohn, Ölmohn, Opiummohn

Sprachen | F: Pavot somnifère I: Papavero E: Poppy seed, Opium poppy

Botanik | *Mohngewächs, Papaveraceae* | Einjährige, 40 cm–1,5 m hohe Pflanze mit wechselständigen, stängelumfassenden, ungeteilten, länglich-eiförmigen blaugrünen Blättern. Aus den rötlichen, violetten oder weißen Blüten bilden sich vielsamige Kapseln. Die nierenförmigen Samen mit einer mehreckigen Oberfläche sind 1 mm, selten 1,5 mm klein, weißlich, gelblich, braun, dunkelblau oder schwärzlich.

Gewürz | In der Küche werden die reifen Samen verwendet.

Herkunft / Anbaugebiete | Der Mohn stammt aus dem östlichen Mittelmeerraum bis Zentralasien. Eingebürgert und angebaut wird der Mohn vor allem in Russland, in Asien und in Süd- und Mittelamerika.

Geruch / Geschmack | Die fast geruchlosen Samen haben einen mildnussigen, öligen, angenehmen Geschmack, der sich beim Rösten noch verstärkt.

Verwendung | Die Mohnsamen werden hauptsächlich zum Aromatisieren und Dekorieren von pikanten und süßen Backwaren oder mit Honig oder Zucker gemischt für Gebäckfüllungen verwendet. In der Türkei bereitet man mit Mohn Desserts zu, in Indien werden die Samen mit anderen Gewürzen gemahlen und zum Würzen von Saucen verwendet.

Inhaltsstoffe | 40–50 % fettes Öl, davon ungesättigte Fettsäuren: 60–70 % Linolsäure, 30 % Ölsäure und 3–10 % Linolensäure; weniger als 10 % gesättigte Fettsäuren. 20–25 % Proteine und in sehr geringen Mengen Alkaloide wie Kodein, Narcotin und Morphin.

Geschichte | Mohn wurde in Europa vermutlich schon in der Jungsteinzeit kultiviert und ist damit eine der ältesten Kulturpflanzen der Menschheit. Eine kretische Statue einer Mohngöttin (um 1400 v. Chr.) zeigt, wie Opium aus Samenkapseln gewonnen wird.

Heilkunde | Die narkotisierende und schmerzlindernde Wirkung machte die Mohnpflanze schon früh weltweit zu einer Universalmedizin. Die Wirkstoffe Morphium, Narkotikum und Codein werden heute synthetisch hergestellt, sodass der Anbau zu rein medizinischen Zwecken keine Bedeutung mehr hart – wohl aber als Suchtdroge. Codein wirkt als Tinktur bei Husten und bei Reizungen in den Atemwegen und ist in vielen, oft rezeptpflichtigen Hustenmitteln enthalten.

Spezielles | Mohnsamen selbst enthalten keine Opiate und haben somit auch keine psychotrope Wirkung. Das Rauschgift Opium wird aus noch unreifen Samenkapseln gewonnen, indem man die Kapseln zuerst anritzt und den austretenden Milchsaft antrocknen lässt und später abkratzt.

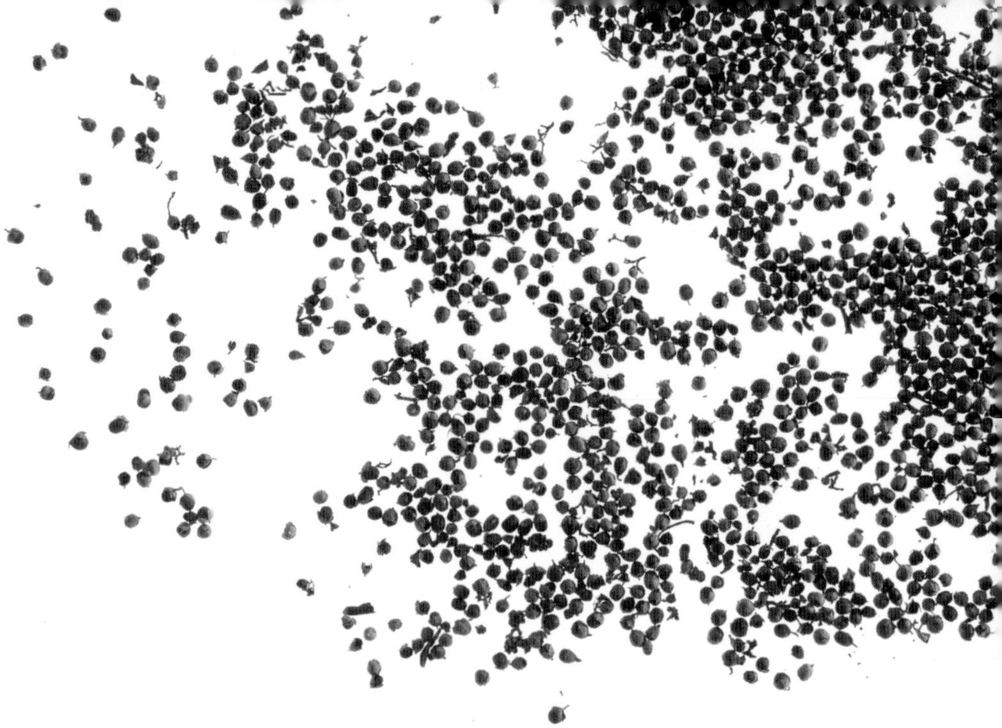

mönchspfeffer

Vitex agnus-castus

Die verlorene Lust.

Synonym | Keuschlammsamen

Sprachen | F: Gattilier, Poivre des moines I: Agnocasto E: Hemptree, Chaste tree, Agnus castus

Botanik | *Eisenkrautgewächs, Verbenaceae* | Bis zu 3 m hoher Keuschbaum oder Abrahamsstrauch mit kugeligen bis länglichen schwarzbraunen, 3–4 mm großen Steinfrüchten, die meist noch mit dem becherförmigen grünlichgrauen Kelch umhüllt sind. An den vierkantigen grauhaarigen Zweigen befinden sich die kreuzweise gegenständigen, langgestielten, 5–7-zählig geteilten und bis 15 cm großen Blätter und die endständigen hellrosa bis blauvioletten oder weißen, bis 30 cm langen Rispen.

Gewürz | Zum Würzen werden die getrockneten Früchte verwendet.

Herkunft / Anbaugebiete | Der Mönchspfeffer ist im östlichen Mittelmeer- und im Kaukasusgebiet heimisch und verbreitet.

Geruch / Geschmack | Der Mönchspfeffer hat einen strengen, gewürzhaften Geruch und einen brennenden, pfefferartigen Geschmack.

Verwendung | Getrockneter Mönchspfeffer wird in den Anbaugebieten zum Teil als Ersatz für den schwarzen Pfeffer verwendet, besitzt jedoch nicht den gleich abgerundeten, aromatischen Geschmack. In Mitteleuropa erlangte er deshalb nur in Notzeiten als Pfefferersatz eine gewisse Bedeutung. Den Baum kennt man auch als Zierpflanze.

Inhaltsstoffe | 0,5–1 % ätherisches Öl aus den Monoterpenderivaten Limonen, 1,8-Cineol, Bornylacetat, Alpha- und Beta-Pinen und Sabinen.

Geschichte | Der Mönchspfeffer war schon in der Antike Sinnbild für die Keuschheit.

Heilkunde | Die Früchte der Gewürzpflanze waren im Altertum für die Steigerung der Stillleistung und als «Lusthemmer» (Anaphrodisiakum) bekannt. In der Volksmedizin wurden sie bei Nervosität und auch bei prämenstruellen Beschwerden empfohlen.

Spezielles | Die Mönchspfefferbeeren sind fast vergessen gegangen. Nur in den Herkunftsländern wird damit noch in geringem Umfang Handel getrieben. Die Assoziation mit Mönch und Keuschheit beruht auf der Verwendung der Früchte als Anaphrodisiakum.

muskatnuss

Myristica fragrans

Muskatnuss und Macis: Zwei Gewürze, ein Baum.

Synonym | Muskatsamen

Sprachen | F: Noix de muscade, Muscade I: Noce moscata E: Nutmeg

Botanik | *Muskatnussgewächs, Myristicaceae* | Der 16–20 m hohe, in Kulturen 5–8 m hoch gehaltene, bis 100 Jahre alte Muskatbaum hat wechselständige, lorbeerähnliche, kurzstielige, 6–12 (18) cm lange, eiförmgie, ganzrandige, zugespitzte, dunkle immergrüne Blätter. Aus den befruchteten, kleinen, unansehnlichen Blüten entwickeln sich kugelige, pfirsichähnliche, grünlichgelbe, 4–6 cm große Früchte, die einen großen, eiförmigen Samen enthalten.

Gewürz | Als Gewürz verwendet werden die durch mehrwöchige Trocknung vom Samenmantel (Macis) gelösten, 20–25 mm langen, 15 bis 20 mm dicken, hell- bis dunkelbraunen oder graubraunen, auf der Oberfläche netzartig gefiederten Samen.

Herkunft / Anbaugebiete | Der Muskatbaum stammt von den Banda-Inseln, einem kleinen Archipel im Osten Indonesiens (Molukken). Hauptproduktionsländer sind heute Indonesien (Ostindische Muskatnüsse), Sri Lanka, Madagaskar und Grenada (Westindische Muskatnüsse), wobei Letztere etwas weniger geschätzt werden.

Geruch / Geschmack | Die Muskatnuss hat einen aromatisch feinen Geruch und einen etwas brennenden, kräftig würzigen, warmen Geschmack. Nach dem Mahlen verliert sie ihren Geschmack rasch. Deshalb stets vor Gebrauch frisch schaben oder reiben.

Verwendung | Die Muskatnuss wird zum Würzen von Suppen und Saucen (Béchamelsauce), Gemüse (Kohlarten, Kartoffeln, Spinat) und Käsefondue verwendet. Auch in manchen Fleisch- und Fischpasten, in Wurstwaren und in Gewürzmischungen macht sich das Muskataroma gut. In der Bäckerei und Konditorei wird Muskat ebenso eingesetzt wie in der Herstellung von Muskatöl und Likör.

Inhaltsstoffe | 7–12 % ätherisches Öl, bestehend aus Monoterpene (60–90 %), Terpenderivaten und Phenylpropanen (Myristicin = Halluzinogen, Elemicin, Safrol; zusammen 2–20%). 20–30 % fettes Öl (Palmitinsäure) und zirka 30 % Amylodextrin.

Geschichte | Der Muskatbaum war in Indien, auf den Molukken und in Ägypten bereits vor Christus bekannt. Im 12. Jh. gelangte die Muskatnuss durch arabische und venezianische Händler nach Europa. Im 15.–17. Jh. führten die Kolonialmächte (gleich wie bei den Gewürznelken) immer wieder Krieg um die Anbaugebiete des wertvollen Gewürzes. Dabei mussten die Venezianer den Portugiesen weichen, die später von den Holländern besiegt wurden. Zu Beginn des 18. Jh. kamen die umkämpften Gebiete unter englische Herrschaft.

Heilkunde | Die Muskatnuss wird in der asiatischen Medizin in Form von Öl und Salben gegen Bronchialleiden, Rheuma und insbesondere bei Beschwerden im Magen-Darm-Bereich (Krämpfe, Durchfall) eingesetzt. In großer Menge kann sie schläfrig machen und Halluzinationen hervorrufen. Bereits ab 1 bis 2 Nüssen besteht eine ernsthafte Vergiftungsgefahr.

Spezielles | Der Handel mit Muskatnüssen unterlag während der Kolonialisierung zur Kontrolle und Steigerung der Gewinnmargen harten Regeln: Wer heimlich Nüsse und Setzlinge von den streng bewachten Inseln ausführte, dem wurde die Hand abgeschlagen oder er wurde hingerichtet. Im Jahre 1772 gelang dem französischen Statthalter von Mauritius, Pierre Poivre, durch List, einen Muskatbaum auf La Réunion zu pflanzen. Jedoch erst durch die Besatzung der Engländer gelangten die Muskatbäume in andere Länder (Penang, Malaysia, Singapur). Seit 1843 werden die Bäume auch auf der Karibikinsel Grenada kultiviert; die Westindischen Inseln sind heute eines der Hauptanbaugebiete. 1967 wurde die Muskatnuss in deren Nationalflagge integriert.

myrte

Myrtus communis

Das duftende Feuerholz.

Synonym | Brautmyrte

Sprachen | F: Myrte commun I: Mirto E: Myrtle

Botanik | *Myrtengewächs, Myrtaceae* | Immergrüner, 1–3 m hoher Halbstrauch mit verschieden geformten, meist eirunden, zugespitzten, ganzrandigen, glänzenden, lederartigen, bis 20 mm langen dunkelgrünen Blättern. Aus den kleinen, duftenden weißen Blüten bilden sich nach der Befruchtung kleine blauschwarze Beerenfrüchte.

Gewürz | Im Herkunftsgebiet wird meist mit frischen oder getrockneten Blättern gewürzt. Auch die Beeren sind aromatisch und werden manchmal als Gewürz verwendet.

Herkunft / Anbaugebiete | Die Myrte ist vom Mittelmeerraum bis Vorderasien beheimatet und wird auch als Zier- und Heckenpflanze kultiviert.

Geruch / Geschmack | Die Myrtenblätter riechen aromatisch und erfrischend; sie erinnern ein wenig an Weihrauch oder Eukalyptus. Im Geschmack sind sie sehr intensiv und herb-würzig bis bitter.

Verwendung | Die Myrtenblätter finden primär in den Heimatländern zum Würzen von kräftigem Fleisch (Lamm, Schwein, Wild) und für Grillmarinaden Verwendung. Auf den Mittelmeerinseln wird aus den Myrtenfrüchten eine Aromaessenz für alkoholische Getränke gewonnen, etwa für den korsischen Likör Myrtéi oder auch für bestimmte griechische Weine.

Inhaltsstoffe | Myrtenblätter enthalten 0,1–0,8 % ätherisches Öl, das hauptsächlich aus Monoterpenen besteht: ca. 5 % Myrtenol, bis 30 % Myrtenylacetat, 23 % Limonen, 20 % Linalool, 14 % Pinen, 11 % Cineol und weitere. Die Zusammensetzung des Öls kann je nach Herkunft sehr unterschiedlich sein.

Geschichte | Die häufige Erwähnung der Myrte im Alten Testament zeugt von ihrer Bedeutung für die alten Völker Westasiens. Die Pflanze war bei den Griechen der Göttin Aphrodite und bei den Römern der Göttin Venus geweiht. Die Myrte galt seit dem Mittelalter als Symbol für Reinheit, Unschuld und Unvergänglichkeit.

Heilkunde | Über die Heilkraft der Myrte ist nur wenig bekannt. In der Homöopathie wird sie bei Brust- und Atemwegsbeschwerden eingesetzt.

Spezielles | Getrocknete Myrtenblätter sind in vielen Ländern erhältlich. Beim Grillen über Holzkohle, was im Mittelmeerraum sehr verbreitet ist, können sie dem Fleisch besondere Würze geben. Dazu streut man während des Grillens immer wieder einige Blätter auf die Glut. Auch Rosmarin- und Thymianzweige und Eukalyptuslaub eignen sich dafür sehr gut.

orange

Citrus sinensis

Süßer Saft und aromatische Schale.

Synonym | Apfelsine

Sprachen | F: Orange I: Arancia E: Orange

Botanik | *Rautengewächs, Rutaceae* | Der Orangenbaum wird 6–10 m hoch. Das Fruchtfleisch kann gelb, orange bis dunkelrot sein, die Früchte oval bis kugelig und bis über 10 cm groß.

Gewürz | Als Gewürz wird die frische (geriebene) oder getrocknete, zerkleinerte Fruchtschale (Perikarp) verwendet. Auch der Fruchtsaft ist ein wichtiges Würzmittel. Aus den aromatischen Blüten wird ein Extrakt für die Parfümerie gewonnen. Das wässrige Destillat (Orangenblütenwasser) wird zum Aromatisieren verschiedenster Speisen verwendet.

Herkunft / Anbaugebiete | Der Orangenbaum ist in Süd- und Ostasien heimisch. Er wird vor allem in den Mittelmeerländern, im Süden der USA (Florida), auf Kuba, in Südamerika, in Israel, in Australien und auch in Südafrika angebaut.

Geruch / Geschmack | Die Schale ist stark aromatisch und hat einen angenehmen, süßlichen Geruch, aber bitteren Geschmack. Der Fruchtsaft ist mild und aromatisch und hat eine ausgewogene Säure und Süße. Der Duft von Orangenblütenwasser erinnert zwar nicht an reife Orangen, ist aber sehr angenehm.

Verwendung | Orangensaft ist in Südamerika ein häufig verwendetes Gewürz, das in anderen Teilen der Welt weniger verwendet wird. Eine Ausnahme sind einige britische Rezepte. Wichtiger ist die abgeriebene Schale, die man in Europa gern für Cremes, Eisspezialitäten, Torten und vieles mehr verwendet. In der asiatischen Küche findet man die Schale in Fleisch-, Geflügel- und Fischgerichten.

Inhaltsstoffe | Das ätherische Öl in der Schale besteht zum größten Teil aus Limonen und Citral. Weiter enthalten sind Flavonoide, Limonoide und Carotinoide (sie geben der Schale die Farbe). Der berühmteste Inhaltsstoff ist aber mit etwa 0,1 % die Ascorbinsäure, besser bekannt als Vitamin C.

Geschichte | Wie alle Zitrusfrüchte gelangte auch die Orange vor rund 2000 Jahren von Persien über Griechenland ins Römische Reich. Als die Orange aus China im 16. Jh. erstmals in Mitteleuropa Einzug hielt, nannten die Holländer die Frucht «Apfelsine», was so viel bedeutet wie «Apfel aus China». Die ersten Plantagen wurden Ende des 17. Jh. in Spanien angelegt.

Heilkunde | Orangen und Mandarinen sind aufgrund ihres hohen Vitamin-C-Gehalts eine wertvolle Nahrungsergänzung.

Spezielles | Das in der Frucht enthaltene Triterpenderivat Limonin ist zunächst ein geschmackloses Monolacto. Die langsame Reaktion zu einem bitteren Dilacton ist der Grund, weshalb der Saft bei längerem Stehen bitter wird. Aus der kultivierten Art der Bitterorange (Citrus aurantium), auch Pomeranze genannt, wird nicht nur die berühmte englische Bittermarmelade, sondern wegen der etwas dickeren Schale auch Orangeat (kandierte Fruchtschalen) hergestellt.

oregano

Origanum vulgare

Das Aroma der Pizza.

Synonyme | Wilder Majoran, Dost, Kostets, Origano

Sprachen | F: Origan, Marjolaine sauvage I: Oregano, Erba acciuga E: Wild marjoram, Oregan

Botanik | *Lippenblütengewächs, Lamiaceae, syn. Labiatae* | Mehrjährige, anspruchslose Staude mit aufrechtem, etwas kantigem, 20–60 cm hohem, rötlich bis braunrot überlaufenem, verzweigtem Stängel mit eiförmigen, ganzrandigen oder schwach gekerbten, unterseits drüsig punktierten, 1–4 cm langen Blättern. Die hellpurpurnen, seltener weißen, duftenden Blüten sind zu köpfchenförmigen Scheinähren vereinigt.

Gewürz | Das blühende, frische und getrocknete Kraut findet Verwendung.

Herkunft / Anbaugebiete | Der Oregano ist in Südeuropa beheimatet und heute in ganz Eurasien verbreitet. In Nordamerika gedeiht er wild und wird nur selten angebaut.

Geruch / Geschmack | Der Oregano riecht kräftig aromatisch und erinnert an Majoran. Der Geschmack ist aromatisch, warm bis pfeffrig und ein wenig bitter.

Verwendung | Der Oregano wird vor allem in der italienischen Küche für Tomatensaucen, gebratenes Gemüse und gegrilltes Fleisch verwendet. Zusammen mit Basilikum bestimmt er den Charakter vieler italienischer Gerichte, etwa von Pizzas und Salaten.

Inhaltsstoffe | Maximal 4 % ätherisches Öl mit variablen Mengen der Phenole Carvacrol und Thymon. Außerdem konnten eine Reihe von Monoterpenkohlenwasserstoffen (unter anderem Limonen, Terpinen, Ocimen, Caryophyllen) und Monoterpenalkoholen (Linalool, 4-Terpineol) nachgewiesen werden.

Geschichte | Oregano ist eine alte Gewürz- und Heilpflanze, die bereits im Altertum und in der Mythologie eine große Rolle spielte. Im 16. und 17. Jh. findet man ihn in Kochbüchern häufig. Im Laufe der Zeit geriet er in Mitteleuropa fast in Vergessenheit, bis er Mitte 20. Jh. durch italienische Immigranten und Pizzerias wieder an Popularität gewann.

Heilkunde | Der Oregano wird in Form von Tee bei Beschwerden und zur Stärkung des Magen- und Darmbereichs eingesetzt. Er ist auch als schleimlösendes Hustenmittel (Expektorans) bekannt.

Spezielles | Klima, Jahreszeit und Boden haben auf die Zusammensetzung des ätherischen Öls mehr Einfluss als die Sorte. Oft haben die in Mitteleuropa gezogenen Pflanzen weniger Aroma als diejenigen in südlichen Gefilden.

paprika

Capsicum annuum

Das feuerrote Temperament Ungarns.

Synonyme | Gewürzpaprika, Beißbeere, spanischer Pfeffer, indianischer Pfeffer, türkischer Pfeffer

Sprachen | F: Paprika, Piment doux (d'Espagne) I: Paprica, Peperone E: Paprika, Bell pepper, Sweet pepper

Botanik | *Nachtschattengewächs, Solanaceae* | 30–50 cm (bis 1 m) hohe, einjährige, buschige Pflanze mit lanzettlich bis eiförmigen, ganzrandigen, gestielten, teilweise zugespitzten mittel- bis dunkelgrünen Blättern. Aus den oberen Blattachseln bilden sich 1 bis 3, meist 5-strahlige weißliche Blüten. Die Früchte sind 5–15 cm lang, an der Basis bis 4 cm breit, länglich, zylindrisch-gerundet oder kegel-, herz- oder eiförmig aufgeblasen, mit glatter, meist glänzender roter bis rötlichbrauner, seltener gelber oder dunkelvioletter Oberfläche. Im Innern der Frucht befinden sich mehrere ledrig-glatte Scheidewände mit zahlreichen kleinen, scheibenförmigen, hellgelben Samen von 3–5 mm Länge und 0,5–1 mm Breite.

Gewürz | Als Gewürz werden die Früchte (botanisch Beeren) verwendet. Dazu werden Samen und Scheidewände entfernt, um so ein milderes und stärker gefärbtes Produkt zu erhalten. Die anfallenden Pflanzenteile werden teilweise billigeren (Rosenpaprika) und vor allem schärferen Sorten wieder zugesetzt.

Herkunft / Anbaugebiete | Heimat der zahlreichen Paprikasorten ist Mittelamerika (Mexiko bis Kolumbien). Die Pflanzen gedeihen in jedem Klima und werden daher fast überall auf der Welt angebaut. Ein starkes Aroma bilden sie aber nur in einem warmen Klima aus. In Europa hat neben dem spanischen der ungarische Paprika den besten Ruf. Weitere Hauptanbaugebiete sind Brasilien, die USA (Kalifornien) und Israel.

Geruch / Geschmack | Das Paprikapulver ist fast geruchlos, hat aber je nach Sorte einen milden, fruchtig-süßen bis brennend würzig scharfen Geschmack. Die gebräuchlichsten Bezeichnungen für den Schärfegrad sind in aufsteigender Reihenfolge: Delikatess, Edelsüß, Halbsüß, Rosen und Scharf/Hot.

Verwendung | Das Paprikapulver ist nebst dem Pfeffer eines der beliebtesten Gewürze und wird zum Würzen von Saucen und Suppen, Fleisch- und Fischspeisen, Wurstwaren, Käse und Marinaden verwendet. Es ist im Tomatenketchup und in Gewürzmischungen (z. B. Curry), in Gewürzgurken und Mixed Pickles enthalten.

Inhaltsstoffe | Zu den wichtigsten Inhaltsstoffen zählen die Carotinoide (Farbstoff). Capsaicin (Scharfstoff) ist in sehr unterschiedlichen Mengen enthalten: in milden Sorten 0,001 bis 0,005 %, in schärferen bis 0,1 %. Der Gehalt an ätherischem Öl beträgt 0,05– 0,6 %. Weiter sind ca. 30 % fette Öle (Samen), 4 % Eiweiß, bis 6 % Zuckerderivate und 0,1 % Vitamin C enthalten.

Geschichte | Die Paprikapflanze gehört mit zu den ältesten Kulturpflanzen Mittelamerikas. Die ersten Beschreibungen und die Pflanze selbst kamen nach der Entdeckung Amerikas durch Kolumbus nach Spanien (1514), wo sie nach erfolgreicher Kultivierung später über Griechenland und die Türkei vermutlich im 18. Jh. nach Ungarn gelangte.

Heilkunde | Das im Paprika enthaltene Capsaicin (Chili) reizt die Haut und fördert die Durchblutung. Als Tinktur wird es deshalb zur Herstellung von Capsicumpflastern oder Salben gegen Rheumatismus, Ischias und ähnliche Beschwerden verwendet. In der Volksmedizin wird dem capsaicinarmen Paprika eine anregende Wirkung auf Verdauung, Herz und Kreislauf attestiert. Erwähnt werden muss auch der relativ hohe Gehalt an Vitamin C.

Spezielles | Gemahlenen Paprika nicht starker Hitze (heißem Öl) aussetzen, da einerseits das milde Aroma zerstört und anderseits durch Karamellisierung der Zuckerderivate Bitterstoffe entstehen.

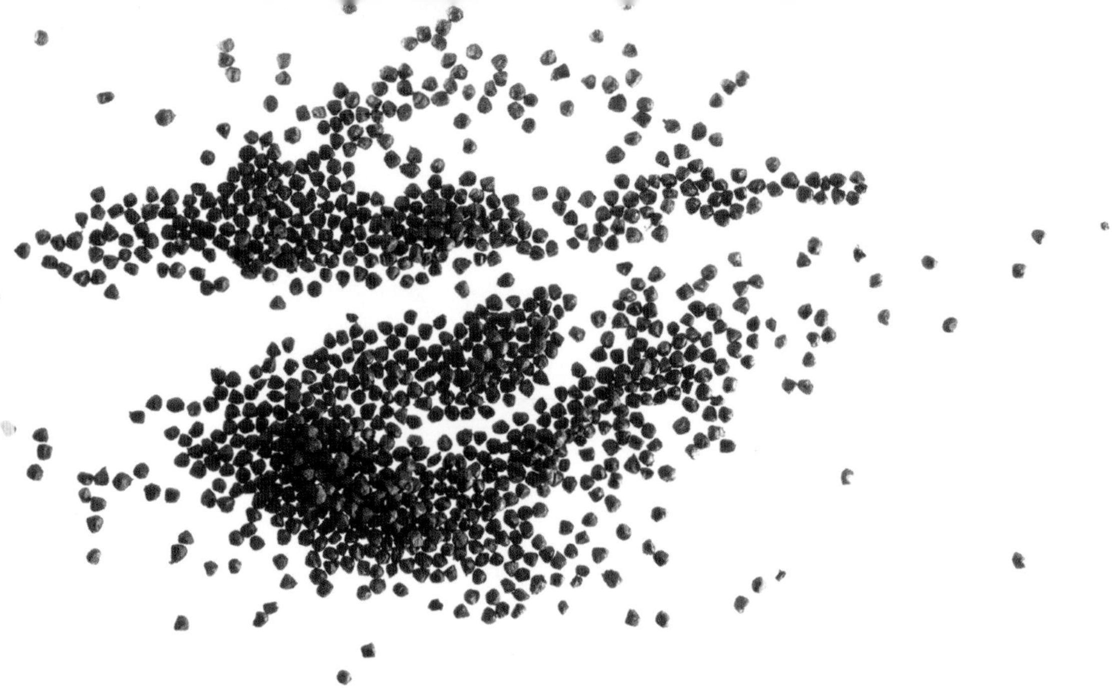

paradieskörner

Aframomum melegueta

Die pfeffrigen Körner von der Westküste Afrikas.

Synonyme | Guineapfeffer, Guinea-Kardamom, Meleguetapfeffer, Malagettapfeffer, Alligatorpfeffer

Sprachen | F: Graines de paradis, Malaguette, Poivre de Guinée, Maniguette I: Grani de Meleguetta, Grani paradisi E: Grains of paradise, Guinea grains, Melegueta pepper, Alligator pepper

Botanik | *Ingwergewächs, Zingiberaeae* | Bis 2 m hohe, buschige Pflanze mit lanzettlichen Blättern und leuchtend gelben, orchideenähnlichen, rispenartigen Blütenständen. Die Früchte sind im Querschnitt birnenförmig, 2–4,5 cm lang und 1,5–3 cm breit, kurzgestielt und oben abgeplattet, mit einer dicht längsstreifigen Fruchtschale. In den durch mehrere Scheidewände getrennten Fächern der Früchte befinden sich jeweils 20 bis 60 hell- bis rötlichbraune, kantige, 2–3 cm kleine Samen.

Gewürz | Als Gewürz werden die getrockneten Samen verwendet.

Herkunft / Anbau | Paradieskörner sind an der Westküste Afrikas heimisch. Das Verbreitungsgebiet umfasst Sierra Leone, Liberia, Ghana, Elfenbeinküste, Togo und Nigeria, wo sie seit langem angebaut werden. Ghana ist der Hauptexporteur.

Geruch / Geschmack | Der Geruch der Paradieskörner ist aromatisch, dem Kardamom ähnlich, der Geschmack ist scharf pfefferartig, gewürzhaft.

Verwendung | In der westafrikanischen Küche werden Paradieskörner wie Pfeffer zum Würzen eingesetzt (Ras el Hanout). In nördlichen Ländern braucht man sie für alte Rezepte und zum Teil für Wurst- und Glühwein-Gewürzmischungen. Sie können auch viele Alltagsgerichte verfeinern, etwa einen Lammeintopf, Kartoffeln, Kürbis, Auberginen oder Fisch.

Inhaltsstoffe | 0,3–0,75 % ätherisches Öl, das zu 83 % aus Sesquiterpen-Kohlenwasserstoffen (Caryophyllen) und zu 9 % aus deren Oxiden besteht. Die Schärfe wird bestimmt durch Paradol, Gingerol und Shogaol. Ferner enthalten sind: Harze, Gerbstoffe, Stärke, fettes Öl.

Geschichte | Paradieskörner fanden im 15. Jh. als preiswerter Pfefferersatz breite Verwendung, gerieten jedoch mit dem Direktimport von Pfeffer praktisch in Vergessenheit. Eine Renaissance erlebten sie während der Weltkriege. Dass die Paradieskörner eine große Vergangenheit hatten, davon zeugt die Pfefferküste im Golf von Guinea.

Heilkunde | In den Herkunftsländern werden die Paradieskörner als verdauungsförderndes und harntreibendes Mittel eingesetzt. Auch zur Behandlung von Migräne und als Stimulans werden sie verabreicht.

Spezielles | Die Samen werden in den Heimatländern nicht nur zum Kochen verwendet, sondern als wärmendes Mittel gekaut.

petersilie

Petroselinum crispum

Das beliebeste Würzkraut.

Synonyme | Petersil, Peterwurz(el), Peterlein, Peterling, Blattpetersilie, Schnittpetersilie, Silk

Sprachen | F: Persil I: Prezzemolo E: Parsley

Botanik | *Doldenblütengewächs, Apiaceae, syn. Umbelliferae* | Zweijährige, 20 cm–1 m hohe Pflanze mit rübenförmiger Pfahlwurzel und einem aufrechten, runden, von der Mitte an verzweigten Stängel. Die doldigen Blütenstände entwickeln sich erst im 2. Jahr. Die dunkelgrünen, oben glänzenden, 3-fach gefiederten Blätter sitzen oben direkt auf den Blattscheiden. Es gibt glattblättrige und krausblättrige Formen.

Gewürz | Zum Würzen wird frische, gefriergetrocknete und luftgetrocknete abgezupfte Petersilie und deren Wurzeln verwendet.

Herkunft / Anbaugebiete | Die Petersilie stammt vermutlich aus der westlichen Mittelmeerregion und wird heute in ganz Eurasien kultiviert. Hauptanbauländer sind Deutschland, Frankreich, die GUS-Staaten, Nordafrika, ferner Chile, Argentinien und Brasilien.

Geruch / Geschmack | Alle Pflanzenteile haben das gleiche starke, würzig-bittere, charakteristische Aroma, dasjenige der Wurzel ist am intensivsten. Getrocknete Petersilie hat deutlich weniger Aroma und Würzkraft.

Verwendung | Die frische Petersilie wird als Würzkraut breit geschätzt. Es gibt kaum ein Gericht, für das sie als Würzkraut nicht verwendet werden könnte. Sie passt zu Fleisch-, Fisch-, Geflügel-, Gemüse- und Kartoffelgerichten, zu Reis, Pasta, Hülsenfrüchten. Was die Petersilie in unseren Breitengraden, ist der Koriander im Fernen Osten.

Inhaltsstoffe | Bis 0,9 % ätherisches Öl mit den Hauptkomponenten Myristicin, Apiol und 1,3,8-p-Menthatrien, ferner Flavonoide sowie bis 0,4 % Ascorbinsäure (Vitamin C). Die krausen Sorten enthalten allgemein mehr Myristicin, der Gesamtgehalt an ätherischem Öl ist jedoch geringer als bei den glattblättrigen Sorten.

Geschichte | Die Petersilie ist seit über 2000 Jahren als Gewürz- und Heilpflanze bekannt. Der griechische Arzt Hippokrates empfahl die Pflanze als Diuretikum. Die Römer brachten sie nach Mitteleuropa. In der Landgüterverordnung «Capitulare de villis» Karls des Großen (Ende des 7. Jh.) wurde ihr Anbau angeordnet.

Heilkunde | Das Kraut und vor allem die Wurzeln sind reich an den Vitaminen A, B_1, B_2, C und E sowie den Mineralstoffen Magnesium und Eisen. In der Volksmedizin wird die Pflanze bei Blähungen, Blasenleiden, Harngrieß und Menstruationsbeschwerden eingesetzt.

Spezielles | Es werden zwei verschiedene Arten von Petersilie gezüchtet. Wurzelpetersilie hat eine weiche, schmackhafte Wurzel, die als aromatisches Gemüse verzehrt wird. Blattpetersilie wird nur wegen der Blätter angebaut, ihre Wurzel ist klein, hart und holzig. Petersilienkraut verliert beim Kochen sehr viel von seinem Geruch und Geschmack. Deshalb die Blätter möglichst frisch und im Gegensatz zur Wurzel erst nach dem Kochen zugeben. Die Früchte (Samen) sollten wegen des hohen Gehalts an toxisch wirkenden Phenylpropanderivaten in der Küche nicht verwendet werden.

pfeffer, grün

Piper nigrum

Der jüngste und frischeste Pfeffer.

Sprachen | F: Poivre vert I: Pepe verde E: Green pepper

Botanik | *Pfeffergewächs, Piperaceae* | Immergrüner, bis 9 m hoher, rankender Strauch, in Kulturen an einer Stange oder einer Hilfspflanze auf 3,5–4 m Höhe gehalten, mit ledrigen, dunkelgrünen, ovalen, ganzrandigen, zugespitzten, 7–15 cm langen Blättern. Aus den unauffälligen weißen Blüten, die in ährigen Blütenständen angeordnet sind, entwickeln sich einsamige, kugelige oder runzelige, 3–6 mm große Steinfrüchte, die sich während der Reife von einem Grün in ein kräftiges Orangerot verfärben. Jeder der 5–10 cm langen Blütenstände (Rispe/Ähre) trägt 20 bis 30 erbsengroße Beerenfrüchte.

Gewürz | Die ausgebildeten, aber noch unreifen Beerenfrüchte (siehe Pfeffer, schwarz) dienen als Gewürz. Sie werden entweder sofort in Salz- oder Essiglake eingelegt oder in einem besonders schonenden Verfahren luft- und vermehrt auch gefriergetrocknet.

Herkunft / Anbau | Der Pfeffer stammt aus Malabar (Westküste Südindiens). In Thailand, Malaysia, Indonesien, Vietnam, China, Sri Lanka, Brasilien und auf Madagaskar sind Kulturen entstanden, mit denen die Weltproduktion gesteigert werden konnte. Die größten Produzenten sind heute Indien, Indonesien, Vietnam und Malaysia, auf die über 50 % der Welternte entfällt.

Geruch / Geschmack | Der Geruch von grünem Pfeffer ist leicht aromatisch, der Geschmack mäßig scharf, dabei warm und hoch aromatisch bis fruchtig.

Verwendung | Der Pfeffer gilt als König der Gewürze und ist ein Universalgewürz. Der grüne Pfeffer wird meist ganz, zum Teil auch geschrotet zum Würzen von Fleisch- und Fischgerichten, vor allem aber als Zutat für Saucen (Pfeffersteak) und Marinaden verwendet. Die getrockneten Körner sind in zahlreichen Gewürzmischungen enthalten.

Inhaltsstoffe | Ausschlaggebend für das Aroma und die Schärfe sind je nach klimatischen und geographischen Bedingungen das Piperin (5–8 %) und das ätherische Öl (1–3,5 %) mit den Hauptkomponenten Beta-Caryophyllen (bis 40 %), Alpha- und Beta-Pinen (bis 25 %), Sabinen (bis 20 %), Limonen (bis 20 %) und Delta-3-Caren (bis 20 %) sowie zahlreichen weiteren Verbindungen. Pfeffer enthält etwa 50 % Stärke und 6–10 % fettes Öl.

Geschichte | (siehe Pfeffer, schwarz). Der grüne Pfeffer ist in Europa ein relativ junges Gewürz. Grund dafür war die lange Transportzeit auf dem Seeweg. Erst Anfang 19. Jh. gelang es, ihn in Lake zu konservieren und damit seine Haltbarkeit zu verlängern.

Heilkunde | (siehe Pfeffer, weiß)

Spezielles | Die Pflanze gedeiht nur unter speziellen klimatischen Bedingungen in den Tropen. Sie ist bezüglich Anbau und Ernte sehr arbeitsintensiv. Erste Früchte trägt sie nach 3 bis 4 Jahren, den vollen Ertrag erreicht sie ab dem 7. Jahr. Versuche, die Pflanze in gemäßigteren Klimazonen zu kultivieren, sind bislang gescheitert.

pfeffer, schwarz

Piper nigrum

Der unbestrittene König der Gewürze.

Sprachen | F: Poivre noir I: Pepe nero E: Black pepper

Botanik | *Pfeffergewächs, Piperaceae* | Immergrüner, bis 9 m hoher, rankender Strauch, in Kulturen an einer Stange oder an einer Hilfspflanze auf 3,5–4 m Höhe gehalten, mit ledrigen, dunkelgrünen, ovalen, ganzrandigen, zugespitzten, 7–15 cm langen Blättern. Aus den unauffälligen weißen Blüten, die in ährigen Blütenständen angeordnet sind, entwickeln sich einsamige, kugelige oder runzelige, 3–6 mm große Steinfrüchte, die sich während der Reife von einem Grün in ein kräftiges Orangerot verfärben. Jeder der 5–10 cm langen Blütenstände (Rispe/Ähre) trägt 20 bis 30 erbsengroße Beerenfrüchte.

Gewürz | Als Gewürz werden die durch Fermentation schwarz und runzelig gewordenen Beeren verwendet. Die ausgebildeten Früchte müssen unreif geerntet werden, sobald sich die ersten Beeren zu röten beginnen. Mit einfachen Maschinen oder Schlagstöcken werden die Beeren von der Rispe getrennt und auf Matten ausgebreitet, um während 3 Tagen an der Sonne zu trocknen (Fermentation).

Herkunft / Anbau | Der Pfeffer stammt aus Malabar (Westküste Südindiens). In Thailand, Malaysia, Indonesien, Vietnam, China, Sri Lanka und auf Madagaskar sind Kulturen entstanden, mit denen die Weltproduktion gesteigert werden konnte. Auch Brasilien produziert beachtliche Mengen. Größte Anbauländer sind Indien, Indonesien, Vietnam und Malaysia (insgesamt 50 % der Welternte).

Geruch / Geschmack | Der Geruch ist hoch aromatisch bis leicht reizend, der Geschmack beißend scharf, warm und fast genauso vielschichtig aromatisch wie der von grünem Pfeffer, bisweilen leicht holzig. Um das volle Aroma genießen zu können, sollte er nach Möglichkeit immer frisch und leicht körnig gemahlen oder zerstoßen werden.

Verwendung | Die primäre Funktion von schwarzem Pfeffer ist das Schärfen und Aromatisieren von salzigen wie süßen Speisen. Schwarzer Pfeffer ist ein Universalgewürz par excellence. Er wird ganz, geschrotet oder gemahlen zum Würzen von Fleisch-/Fischgerichten, Wurstwaren, Marinaden, Salaten, Saucen, Suppen, Gemüse, Pizzas, Früchten, Konfitüren, Früchtebrot und Gebäck verwendet und ist Bestandteil zahlreicher Gewürzmischungen.

Inhaltsstoffe | (siehe Pfeffer, weiß)

Geschichte | Der Pfeffer wird schon in über 3000 Jahre alten altindischen und in den Sanskrit-Schriften erwähnt. Er gelangte durch arabische und phönizische Händler nach Europa. In der Antike war der Pfeffer ein begehrtes und kostbares Gewürz, das den Gewürzhändlern Wohlstand brachte. Das einträgliche Geschäft mit dem Pfeffer ließ Ende des 14. Jh. auch die großen Seefahrernationen Portugal und Spanien die besten Kapitäne mit modernsten Schiffen losschicken, damit sie den direkten Seeweg nach Indien und zu den sagenumwobenen «Gewürzinseln» finden. Spanien unterstützte die Idee des aus Genua stammenden Cristoforo Colombo, immer nach Westen zu segeln und so irgendwann auf der «anderen Seite der Erde» auf Indien zu stoßen. Kolumbus fand zwar die Pfefferinseln nicht, entdeckte aber 1492 Amerika. Die vorgelagerte Inselgruppe (die heutige Karibik) bezeichnete er irrtümlicherweise als Westindische Inseln und die Ureinwohner als Indianer. Immerhin kam auf diese Weise ein anderes scharfes Gewürz nach Europa: die Chilis. Besser erging es dem Portugiesen Vasco da Gama, der systematisch der Küste von Afrika entlangsegelte und anstelle vom Ende der Welt als südlichen Wendepunkt «nur» das Kap der Guten Hoffnung und damit auch den weiteren Seeweg nach Indien fand. 1498 traf er in Kalikut an der Westküste Indiens ein und kehrte mit einer reichen Ladung kostbarer Gewürze nach Portugal zurück.

Heilkunde | (siehe Pfeffer, weiß)

Spezielles | (siehe Pfeffer, weiß)

pfeffer, weiß

Piper nigrum

Der hautlose Pfeffer.

Sprachen | F: Poivre blanc I: Pepe bianco E: White pepper

Botanik | *Pfeffergewächs, Piperaceae* | Immergrüner, bis 9 m hoher, rankender Strauch, in Kulturen an einer Stange oder einer Hilfspflanze auf 3,5–4 m Höhe gehalten, mit ledrigen, ovalen, ganzrandigen, zugespitzten, 7–15 cm langen dunkelgrünen Blättern. Aus den unauffälligen weißen Blüten, die in ährigen Blütenständen angeordnet sind, entwickeln sich einsamige, kuglige oder runzelige, 3–6 mm große Steinfrüchte, die sich während der Reife von einem Grün in ein kräftiges Orangerot verfärben. Jeder der 5–10 cm langen Blütenstände (Rispe/Ähre) trägt 20 bis 30 erbsengroße Beerenfrüchte.

Gewürz | Als Gewürz werden die vom Fruchtfleisch getrennten Samenkörner verwendet. Man gewinnt sie aus den vollreifen, rot gefärbten Früchten, welche von der Rispe gelöst, in Säcke oder spezielle Behälter abgefüllt und 10 bis 12 Tage in fließendem Wasser «eingeweicht» werden. Danach wird mechanisch durch einfaches Treten oder mittels Schälmaschine die aufgeweichte Haut respektive das Fruchtfleisch entfernt. Die nun glatten, hellbeigen, kugelrunden Samenkörner werden an der Sonne nachgetrocknet.

Herkunft / Anbaugebiete | Der Pfeffer stammt aus Malabar (Westküste Südindiens). In Thailand, Malaysia, Indonesien, Vietnam, China, Sri Lanka und auf Madagaskar sind Kulturen entstanden, mit denen die Weltproduktion gesteigert werden konnte. Auch in Brasilien werden erhebliche Mengen Pfeffer produziert. Der noch immer größte Produzent von weißem Pfeffer ist Indonesien, gefolgt von Malaysia.

Geruch / Geschmack | Der Geruch und Geschmack von weißem Pfeffer ist beißend scharf, warm und aromatisch. Die Schärfe ist im weißen Pfeffer am ausgeprägtesten, dafür ist das Aroma etwas schwächer als beim schwarzen Pfeffer.

Verwendung | (siehe Pfeffer, schwarz) Wegen der hellen Farbe wird weißes Fleisch (Geflügel, Kalbfleisch), Fisch und helle Saucen gerne mit weißem Pfeffer gewürzt. Er ist auch ein wichtiges Wurstgewürz.

Inhaltsstoffe | Ausschlaggebend für das Aroma und die Schärfe sind je nach klimatischen und geographischen Bedingungen das Piperin (5–8 %) und das ätherische Öl (1–3,5 %) mit den Hauptkomponenten Beta-Caryophyllen (bis 40 %), Alpha- und Beta-Pinen (bis 25 %), Sabinen (bis 20 %), Limonen (bis 20 %) und Delta-3-Caren (bis 20 %) und vielen weiteren Verbindungen. Pfeffer enthält etwa 50 % Stärke und 6–10 % fettes Öl.

Geschichte | (siehe Pfeffer, schwarz).

Heilkunde | Pfeffer hat eine antibakterielle Wirkung. Früher wurde er äußerlich in Form von Pfeffersalben bei Hauterkrankungen eingesetzt. Er regt die Verdauungssäfte und damit auch die Magen-Darm-Funktion an.

Spezielles | Weißer Pfeffer ist umso wertvoller, je heller und gleichmäßiger die Körner sind. Besonders hohe Qualitäten kommen aus Sarawak/Malaysia. Wie wichtig und kostbar der Pfeffer schon zu Zeiten der alten Ägypter war, belegen Funde von Mumien, deren Atemwege bei der Mumifizierung teils mit Pfefferkörnern gefüllt waren. Bis ins späte 18. Jh. wurde am Pfeffer gut verdient. Eine Handelsmarge von bis zu 1000 % war nicht selten. Daher auch die Bezeichnung «Pfeffersack» für schnell reich gewordene Händler.

piment

Pimenta dioica

Nelken, Zimt und Pfeffer in einem?

Synonyme | Neugewürz, Allgewürz, Nelkenpfeffer, Jamaicapfeffer, Englisches Gewürz

Sprachen | F: Poivre de la Jamaïque, Toute-épice, Poivre aromatique, Piment Jamaïque I: Pimento, Pepe di Giamaica E: Allspice, Newspice, Jamaica pepper

Botanik | *Myrtengewächs, Myrtaceae* | Ein immergrüner, 6–13 m hoher, schlankwüchsiger Baum, mit schwach silbriggrauer bis graubrauner Rinde und dichter Belaubung. Die dunkelgrünen, ovallanzettlichen, zugespitzten, lederartigen, bis 15 cm langen und bis 4 cm breiten, gestielten Blätter sind drüsig punktiert. Die kleinen weißen Blüten sind zu traubigen Scheindolden angeordnet. Die Früchte sind 2-samige purpurrote Beeren mit süßem Fruchtfleisch.

Gewürz | Als Gewürz werden die unreifen, getrockneten, kugeligen, 4–8 mm großen dunkelbraunen bis rötlichbraunen Früchte verwendet.

Herkunft / Anbaugebiete | Herkunftsland und auch heute noch das wichtigste Exportland ist Jamaika. Piment wird auch in anderen mittelamerikanischen Staaten (z. B. Mexiko und Honduras) sowie in Brasilien und La Réunion angebaut. Die dort erzeugten Qualitäten sind oft kleiner und von etwas geringerem Wert.

Geruch / Geschmack | Der Geruch von Piment ist sehr stark und aromatisch, wie Gewürznelken mit einem Hauch von Zimt und Muskat. Der Geschmack ist ähnlich, aber mit einer leichten Pfefferschärfe.

Verwendung | Die Pimentfrucht dient zum Würzen von Feinbackwaren und verschiedenen Wurstwaren und Saucen. Besonders in Nordeuropa werden mit Piment Fleisch- und Fischgerichte, Marinaden, Gemüse und Salat gewürzt. Viele Gewürzmischungen, z. B. für Glühwein, Weihnachtsgebäck und Curry, enthalten Piment.

Inhaltsstoffe | Frucht: 2–5 % ätherisches Öl mit 60–80 % Eugenol, 9–10 % Eugenolmethylether, 1,8-Cineol und Alpha-Phellandren. Blätter: etwas weniger ätherisches Öl in ähnlicher Zusammensetzung wie das in der Frucht; es findet in der Nahrungsmittelindustrie breite Verwendung. Die Menge an ätherischem Öl hängt stark von der Provenienz und dem Erntezeitpunkt ab und ist unmittelbar vor der Reife am höchsten.

Geschichte | Pimentfrüchte dienten bereits den Ureinwohnern Zentralamerikas als Gewürz (u.a. für Schokoladengetränke). In Europa wurden sie nach der zweiten Reise von Kolumbus bekannt. Die Spanier begannen auf Jamaika Plantagen zu errichten, die sie 1655 an die englischen Eroberer verloren. Die Engländer förderten den Handel und sorgten für eine Verbreitung auf der ganzen Welt.

Heilkunde | Pimentöl besitzt aufgrund des Eugenolgehalts (ähnlich wie die Gewürznelke) eine antibakterielle und pilzhemmende Wirkung und soll bei Koliken und Blähungen Linderung bringen. Bei Rheuma und neuralgischen Schmerzen werden gekochte und zerdrückte Samen auf ein Tuch aufgetragen und dieses auf die schmerzende Stelle gelegt.

Spezielles | Den spanischen Name «Pimienta» (Pfeffer) gaben die Seefahrer der Frucht im Glauben, es handle sich um eine der gesuchten Pfefferarten. Das aus den Pimentblättern gewonnene ätherische Öl wird in der Nahrungsmittelindustrie breit verwendet.

quendel

Thymus serpyllum

Der kleine, leichte Thymian.

Synonyme | Wilder Thymian, Feldthymian, Sandthymian, Chölm

Sprachen | F: Serpolet, Thym serpolet I: Timo comune
E: Mother of thyme, Shepard's thyme

Botanik | *Lippenblütengewächs, Lamiaceae syn. Labiatae* | 15–25 cm hohe Pflanze (der Echte Thymian wird bis 40 cm hoch) mit einem teilweise stielrunden oder undeutlich vierkantigen, ringsum behaarten Stängel und Zweigen mit lanzettlich, ovalen, 5–10 mm langen und 4–6 mm breiten grünen Blättern, kleine Blütenstände mit rosafarbenen Blüten.

Gewürz | Das frische und getrocknete Kraut wird in der Küche als Gewürz verwendet.

Herkunft / Anbaugebiete | Die Pflanze ist in ganz Europa heimisch und wird hauptsächlich in der Ukraine, auf dem Balkan und in Spanien kultiviert.

Geruch / Geschmack | Quendel hat einen würzigen Geruch und einen leicht brennenden Geschmack.

Verwendung | Quendel findet ähnlich dem Thymiankraut besonders in den Mittelmeerländern zum Würzen von speziellen Fleischspeisen, Rohkost und gebratenen Kartoffeln Verwendung.

Inhaltsstoffe | 0,1–1,5 % ätherisches Öl (Quendelöl) mit Thymol, Carvacrol, p-Cymol, Linalool, 1,8-Cineol, Terpineol und Alpha-Pinen. Ferner sind bis 7 % Gerb- und Bitterstoffe (Serphyllin) enthalten. Aufgrund des geringen Gehaltes an ätherischem Öl ist der Quendel weniger aromatisch als Echter Thymian.

Heilkunde | Der Quendel wirkt antimikrobiell und spasmolytisch (krampflösend) sowohl auf die Atemwege (bei Husten) als auch auf den Verdauungsapparat.

Spezielles | Der Quendel war in altgermanischer Zeit der Liebesgöttin Freyja und später der Jungfrau Maria geweiht. Nach früherem Aberglauben wurde er in Ställen und Stuben aufgehängt, um die bösen Geister zu vertreiben.

rosa pfeffer

Schinus terebinthifolius
Schinus molle

Ein junger Pfeffer und doch keiner ...

Synonyme | Brasilianischer Pfeffer, Rosé-Pfeffer, Peruanischer Pfeffer

Sprachen | F: Poivre rose, Baies roses, Poivre de Bourbon
I: Pepe rosa, Schino brasiliano E: Brazil pepper, Pink pepper

Botanik | *Sumachgewächs, Anacardiaceae* | Bis 15 m hoher, immergrüner Baum. Die gefiederten Laubblätter setzen sich aus mehreren, bis 10 cm langen Fiederblättchen zusammen. 10–15 cm lange Rispen mit leuchtend roten bis bräunlichen, 4–5 mm großen, rundlichen, einsamigen Steinbeeren.

Gewürz | Als Gewürz verwendet werden die meist luft-, seltener gefriergetrockneten Früchte (Beeren).

Herkunft / Anbaugebiete | Die Gewürzpflanze stammt ursprünglich aus Brasilien (Schinus terebinthifolius) und Peru (Schinus molle). Sie wird heute in Lateinamerika, Afrika und in den Südstaaten der USA kultiviert. Die in Europa gehandelte brasilianische Qualität stammt größtenteils von den Inseln La Réunion und Mauritius.

Geruch / Geschmack | Der Rosa Pfeffer riecht und schmeckt süß und aromatisch, terpentinartig, ähnlich wie Wacholder, mit leicht pfeffriger Note.

Verwendung | Der Rosa Pfeffer passt zu Fisch, in weiße Saucen und zu gewissen Gemüsen (z. B. Spargel). Er wird mit schwarzem, weißem und grünem Pfeffer für die Pfeffermühle gemischt.

Inhaltsstoffe | 1,5–6 % ätherisches Öl, mit ca. 25 % Alpha-Pinen, bis 25 % Delta-3-Caren, 15–20 % Alpha-Phellandren, 15–19 % Limonen, bis 7 % Beta-Pinen, die Samen enthalten 25–60 % fettes Öl.

Geschichte | Im 16. Jh. gelangten die ersten Pflanzen nach Europa. Stärkere Verbreitung fand der Rosa Pfeffer aber erst im 19. Jh. als Zusatz in Pfeffermischungen oder als einzeln verwendetes Gewürz. Vereinzelt diente er auch zur Verfälschung von Pfeffer.

Heilkunde | Die Beeren werden bei Genuss in hohen Dosen für Übelkeit, Atembeschwerden und auch Schleimhautreizungen verantwortlich gemacht. In den Ursprungsländern werden Aufgüsse von der Frucht als harntreibendes Mittel eingesetzt.

Spezielles | Rosa Pfeffer trägt seinen Namen eigentlich zu Unrecht, denn er besitzt keinerlei Pfefferschärfe. Die beiden Arten brasilianischer und peruanischer Rosa Pfeffer unterscheiden sich kaum, weder optisch noch geschmacklich, weshalb es immer wieder zu Verwechslungen kommt.

rosmarin

Rosmarinus officinalis

Der mediterrane Duft.

Sprachen | F: Romarin I: Rosmarino, Ramerino E: Rosmary, Old man

Botanik | *Lippenblütengewächs, Lamiaceae, syn. Labiatae* | Immergrüner, buschig verzweigter 0,5–1, 5 m hoher holziger Halbstrauch, mit stumpfvierkantigen, flaumig behaarten Stängeln. Die nadelförmigen Blätter sind kreuzgegenständig sitzend, bis 35 mm lang und 2–4 mm breit, am Rande nach unten eingerollt, auf der Unterseite hellgrün, auf der Oberseite dunkelgrün und glänzend. Die Blätter werden nach 2 bis 3 Jahren abgestoßen. Die 5–10 kleinen hell-blauvioletten, seltener weißen Blüten bilden endständige Scheintrauben.

Gewürz | Als Gewürz werden die kleinen, nadelähnlichen Blätter bevorzugt frisch, aber auch getrocknet verwendet.

Herkunft / Anbaugebiete | Der Rosmarin kommt aus dem Mittelmeergebiet. Heute wird er außer in den Mittelmeerländern auch in Indien, in Australien, in den USA und in Mexiko kultiviert.

Geruch / Geschmack | Der Geruch von Rosmarin ist stark aromatisch, ein wenig an Eukalyptus, Kiefern und Kampfer erinnernd. Sein Geschmack ist würzig, herb, harzig, leicht bitter.

Verwendung | Rosmarin ist ein typisches Gewürz der italienischen und französischen Küche. Er dient zum Würzen von Saucen, Suppen, Salaten, Gemüse, Fleischgerichten (Lamm- und Schweinefleisch, Wild, Geflügel) und mariniertem Fisch. Das Rosmarinöl ist Bestandteil von Spirituosen. Die getrockneten und zerkleinerten Blätter sind in diversen Kräutermischungen unverzichtbar, so in Herbes de Provence, Café de Paris oder italienischen Mischungen.

Inhaltsstoffe | 1–3 % ätherisches Öl, dessen Zusammensetzung stark von der Provenienz und dem Reifegrad abhängig ist: bis 50 % 1,8-Cineol, bis 35 % Camphen und Campher, bis 30 % Alpha-Pinen, 15–20 % Borneol, maximal 2,5 % Rosmarinsäure und bis 8 % Gerbstoffe.

Geschichte | Bereits bei den alten Ägyptern war der Rosmarin bekannt und wurde angebaut. Er fand Einzug in die «Capitulare de villis», der Landgüterverordnung Karls des Großen, und wurde im 9. Jh. von den Benediktinermönchen nach Mitteleuropa gebracht.

Heilkunde | Als Aufguss hilft der Rosmarin bei Verdauungsbeschwerden und Atemwegsinfektionen. Bei äußerlicher Anwendung hat Rosmarinöl antibakterielle und pilzhemmende Eigenschaften und bringt bei rheumatischen Beschwerden Linderung. Es ist auch ein gutes Hautreiz- und Vitalisierungsmittel. In der Aromatherapie und als Zusatz in Bädern trägt das Rosmarinöl zur Entspannung, Beruhigung und Regeneration bei Erschöpfung bei.

Spezielles | Anders als viele andere Blattgewürze entfaltet Rosmarin sein Aroma besonders durch Hitze und verträgt deshalb längeres Kochen problemlos. Da Rosmarin zu den stärksten Blattgewürzen zählt, muss er mit besonders viel Fingerspitzengefühl dosiert werden. Beim Grillen empfiehlt es sich, das Fleisch mit frischen Zweigen einzureiben oder den Rosmarin direkt auf die Kohle zu legen – das gibt noch mehr Aroma.

safran

Crocus sativus

Das teuerste Gewürz der Welt.

Synonyme | Krokus, Safrankrokus

Sprachen | F: Safran I: Zaffarano E: Saffron

Botanik | *Schwertliliengewächs, Iridaceae* | Ausdauernde Knollenpflanze mit einer unterirdischen Sprossachse (Zwiebel), aus der sich mehrere schmale Blätter entwickeln. Aus dem unterständigen Fruchtknoten der violetten Blüte schiebt sich durch die Kronenblattröhre ein etwa 10 cm langer Griffel mit drei purpurnen, 2–3 cm langen Narbenästen, die oft aus der Blüte heraushängen.

Gewürz | Als Gewürz verwendet werden die getrockneten, röhrenförmigen und nach oben trichterförmigen ganzen oder gemahlenen Narben aus der Blüte, im Volksmund auch als Fäden bezeichnet.

Herkunft / Anbaugebiete | Der Safran in wilder Form stammt vermutlich von der Insel Kreta. Er wird heute in einem großen Gebiet vom westlichen Mittelmeer (Spanien) bis ins nördliche Indien (Kaschmir) kultiviert. Spanien und Iran sind die größten Produzenten; auf sie entfallen über 80 % der Welternte. In Europa wird der Safran fast nur im Mittelmeerraum kultiviert (siehe Spezielles).

Geruch / Geschmack | Der Safran hat einen sehr intensiven, an Jod (Jodoform) erinnernden Geruch und einen würzigen, leicht bitteren Geschmack. Weicht man den Safran in warmem Wasser ein, erhält man eine wohlriechende, leuchtend orangerote Lösung.

Verwendung | Vor allem im Mittelmeeraum findet der Safran oft für Fisch und Meeresfrüchte, für Risotti, die französische Fischsuppe «Bouillabaisse», für Paellas usw. Verwendung. Er wird zum Würzen und Färben von Kuchen, Pasta und Reis eingesetzt. In der zentralasiatischen und nordindischen Küche braucht man den Safran für Reisspeisen.

Inhaltsstoffe | 0,5–1,3 % ätherisches Öl mit Terpenaldehyden (Safranal), 10–20 % Carotinoide (intensive Farbstoffe wie Crocetin, Alpha- und Beta-Carotin, Lycopin und Zeaxanthin), bis 10 % Picrocrocin (Bitterstoff), 7–10 % fettes Öl und bis 6 % Terpenen (Pinen, Cineol).

Geschichte | 4000 Jahre alte Wandgemälde auf der Insel Kreta zeigen bereits Safran als Teil des Tributs an mesopotamische Herrscher. Durch die Araber gelangte er nach Europa. In Spanien wird die Pflanze seit dem 10. Jh. kultiviert.

Heilkunde | Wegen des hohen Preises wird der Safran medizinisch kaum genutzt. Es wird ihm eine appetitanregende und verdauungsfödernde Wirkung attestiert. Höhere Dosen können zu Kreislaufstörungen (1–2 g) und zu Organversagen (5–10 g) führen.

Spezielles | Der Safran lässt sich auch im kühleren Klima Mittel- und Westeuropas kultivieren. Seit dem 15. Jh. wurde er immer wieder in Deutschland, in der Schweiz, in Österreich und sogar in England kulturmäßig angebaut. Von all diesen Anbaugebieten ist das kleine Schweizer Dorf Mund im Kanton Wallis wohl das bekannteste. Dort werden auf 1200 m ü. M. pro Jahr 3 bis 5 Kilogramm Safrannarben in Handarbeit gewonnen. Für 1 Kilogramm getrockneten Safran werden etwa 150 000 von Hand gepflückte Blüten benötigt. Billigere Qualitäten (natureller Safran) enthalten zusätzlich die gelben Griffel der Narben und sind je nach Anteil der Griffel in Qualitätsklassen eingeteilt. Safran wurde zu allen Zeiten, selbst als darauf die Todesstrafe stand, verfälscht und gestreckt – und er wird es heute noch. Beim Einkauf sollte man deshalb lieber zu Safranfäden greifen (obwohl auch diese manipuliert sein können) als zu Pulver von nicht genau bezeichneter Herkunft.

salbei

Salvia officinalis

Der Geheimtipp italienischer Köche.

Synonyme | Gartensalbei, Echter Salbei

Sprachen | F: Sauge I: Salvia E: Sage

Botanik | *Lippenblütengewächs, Lamiaceae, syn. Labiatae* | Mehrjähriger, bis 80 cm hoher Halbstrauch mit am Boden verholzten, aufrechten, kreuzgegenständig beblätterten Stängeln, die ab dem 2. Jahr 4–8 rote bis violette, kurzstielige, lappige Blüten tragen, die in Scheinquirlen zusammenstehen. Die Blätter sind 4–10 cm lang und 1–2 cm, selten bis 5 cm breit, beidseitig behaart, silbergrau bis graugrün, gestielt und am Rand leicht gekerbt.

Gewürz | Als Gewürz werden die frischen oder die getrockneten Blätter ganz oder gemahlen verwendet.

Herkunft / Anbaugebiete | Die als Gewürz verwendeten Arten der Gattung «Salvia» stammen aus dem Mittelmeerraum und aus Kleinasien. Sie hat aber auch Vertreter in Mittelamerika, die häufig durch einen milden, fruchtigen Duft auffallen.

Geruch / Geschmack | Der Geruch von Salbei ist charakteristisch aromatisch, der Geschmack leicht bitter, adstringierend.

Verwendung | Salbei wird vorwiegend in den Mittelmeerländern, von Spanien bis Griechenland, speziell aber in Italien, für Fleischgerichte verwendet (z. B. Saltimbocca alla Romana). In Butter oder Olivenöl knusprig gebratene Salbeiblätter krönen Pasta und Gnocchi. Im Ausbackteig frittierte Blätter sind wunderbar zum Aperitif.

Inhaltsstoffe | 1–3,5 % ätherisches Öl mit 35–70 % Thujon, je bis ca. 15 % 1,8-Cineol, Campher und Borneol, ferner Bornylester, Alpha-Pinen und andere. Die Zusammensetzung ist stark abhängig von der Herkunft und der Jahreszeit.

Geschichte | Hinweise auf die Nutzung des Salbeis sind bereits um 6000 v. Chr. in Ägypten zu finden. Als Arznei- und Gewürzpflanze ist der Salbei schon im Altertum kultiviert worden. Im 8./9. Jh. war die Gewürzpflanze in Kloster- und Bauerngärten weit verbreitet, nicht zuletzt durch die Landgüterverordnung «Capitulare de villis» von Karl dem Großen (um 795).

Heilkunde | Das Gurgeln mit einem Aufguss aus Salbeiblättern lindert Halsschmerzen (auch als Tinktur). Salbei hat eine entzündungshemmende Wirkung (Antiseptikum), hilft bei Leber- und Magenbeschwerden sowie bei starker Schweißabsonderung und beim Abstillen.

Spezielles | Aus Mittelamerika stammen auch mildere und fruchtigere Gattungen wie etwa der Frucht-Salbei, der Ananas-Salbei oder der Pfirsich-Salbei, die heute gerne für Tee verwendet werden. Besonders attraktiv ist der Purpur-Salbei. Je sonniger er steht, desto dunkler werden die Blätter. Eine weitere Gattung ist der «Heilige Salbei» oder Azteken-Salbei (Salvia divinorum), welcher Halluzinationen hervorruft und von den Indianern für religiöse Zeremonien verwendet wurde.

salz

NaCl

Häufiges Umpumpen von einem Becken in das nächste erhöht den Salzgehalt.

Synonyme | Speisesalz, Kochsalz, Tafelsalz, Steinsalz, Mineralsalz, Meersalz, Salinensalz, Natriumchlorid

Sprachen | F: Sel de cuisine, Chlorure de sodium I: Sale, Cloruro di sodio E: Salt, Common salt, Sodium chloride

Botanik | *Salz, Natriumchlorid NaCl* | Salz ist das Natriumsalz der Salzsäure. Es kommt in großen Lagerstätten meist in fester, seltener in gelöster Form vor. Lagerstätten entstehen durch das Austrocknen von Salzseen oder Meeresteilen. Die farblosen, würfelförmigen Kristalle sind in Wasser gut löslich.

Gewürz | Als Gewürz verwendet werden die bergmännisch abgebauten oder durch Aussolen oder durch Verdunsten beziehungsweise durch Elektrolyse aus dem Meerwasser gewonnenen und weitgehend von Verunreinigungen befreiten Salzkristalle.

Herkunft / Anbaugebiete | Salzlagerstätten gibt es in Deutschland, Österreich, Polen, Rumänien, Ungarn, Frankreich, Spanien, in den USA, in China und Russland. Salzgärten gibt es an der französischen Atlantikküste, im Süden der Iberischen Halbinsel, an den Küsten Indiens, Japans, Vietnams sowie u. a. in afrikanischen Ländern.

Geruch / Geschmack | Salz hat einen charakteristischen, reinen salzigen Geschmack.

Verwendung | 5 bis 8 Gramm Salz täglich braucht der Mensch – das Salz in Backwaren, Saucen usw. eingerechnet. Salz gilt als Würzmittel schlechthin. Man braucht es zum Konservieren von Lebensmitteln, wie Gurken, geräuchertem Fleisch, Gemüse usw.

Inhaltsstoffe | Bis zu 99,9 % Natriumchlorid, mehr oder weniger stark mit Magnesiumsalzen und Anhydriden verunreinigt, teils jodiert.

Geschichte | Zur regelmäßigen Verwendung von Salz kam es vermutlich schon 10 000 v. Chr., wie archäologische Funde und spätere schriftliche Überlieferungen belegen.

Heilkunde | Aus Salz werden physiologische Kochsalzlösungen hergestellt. Bei Stoffwechselstörungen verwendet man es als Badezusatz (ca. 2 kg Meersalz für ein Vollbad.) Kochsalzlösungen wirken bei Erkältungen schleimlösend und antibakteriell.

Spezielles | Bergmännischer Abbau: Salz kommt in reiner Form in größeren Lagerstätten als sogenanntes Steinsalz vor und wird auf primitive Weise oder mit modernen Mitteln gefördert, verlesen, gebrochen und fein gemahlen. Aussolen: Das Steinsalz wird für einen höheren Reinheitsgrad in sogenannten Löseteichen zu künstlichen Solen aufgelöst. Die mineralischen Verunreinigungen werden durch Zusatz von Ätzkalk und Kaliumchlorid entfernt. Verdunsten: In Salzgärten verdunstet das Meerwasser (enthält ca. 3 % gelöstes NaCl) durch die Sonneneinstrahlung.

sandelholz

Pterocarpus santalinus

Das duftende Mehrzweckholz.

Synonyme | Rotes Sandelholz, Santalholz, Kaliaturholz

Sprachen | F: Bois de santal I: Legno di sandalo
E: Red sanders wood, Red sandal wood

Botanik | *Schmetterlingsblütengewächs, Fabaaceae, syn. Leguminosa* | Der Sandelholzbaum hat gefiederte, breit lanzettliche bis verkehrt eiförmige, 4–16 cm lange Blätter. Das Sandelholz ist hart, außen schwarzbraun, innen blutrot.

Gewürz | Das Holz wird zum Würzen und Färben verwendet.

Herkunft / Anbaugebiete | Rotes Sandelholz stammt aus Ostindien und wird auf den Philippinen, in Sri Lanka, Australien und Afrika kultiviert.

Geruch / Geschmack | Der Geruch von Sandelholz ist schwach zimtähnlich. Der Geschmack ist brennend bitter, zedernholzartig und schwach zusammenziehend.

Verwendung | Das Sandelholz wird zum Würzen und als natürliches Färbemittel (z. B. von Fischkonserven) sowie als Zusatz zu Likör, für Puddingpulver und Konditoreiwaren verwendet. Es hat heute jedoch nur noch eine geringe Bedeutung.

Inhaltsstoffe | Erwähnenswerte Inhaltsstoffe sind Gerbstoffe, Harze, Farbstoffe (Santalin A und B) und ätherisches Öl, das je nach Alter und Farbe des Baumes bis zu 6 % betragen kann. Zu den interessanten Aromakomponenten gehören Caproate, Santalolester, Cinnamate und Isobutyrate.

Geschichte | Etwa seit dem 10. Jh. v. Chr. kennt man das Rote Sandelholz. Marco Polo lernte es Ende des 13. Jh. auf Madagaskar kennen, und seit Mitte des 16. Jh. wird es in Europa gehandelt.

Heilkunde | Das Sandelholz wurde früher als färbender Zusatz Zahnpulver und Mundwässern beigegeben.

Spezielles | Das Rote Sandelholz ist ein wertvolles Möbelholz. Aus dem Holz wird durch Wasserdampfdestillation auch Öl gewonnen, das in der Parfümindustrie häufig verwendet wird.

sassafras

Sassafreas albidum

Aus der Metrople des Jazz.

Synonyme | Fenchelholz, Sassafraslorbeer, Paverne

Sprachen | F: Bois de sassafras I: Sassafrasso
E: Ague tree, Sassafras

Botanik | *Lorbeergewächs, Lauraceae* | Je nach Klima 4–5 m, teilweise bis 30 m hoher Baum. Gestielte, meist 3-, seltener 2- oder 1-lappige (je nach Lichtverhältnissen), etwa 12–18 cm lange und bis 9 cm breite, oben hellgrüne, unten graugrüne, teils rotgeäderte Blätter. Die gelbgrünen Blüten erscheinen vor den Blättern.

Gewürz | Getrocknete, teils gemahlene Blätter (Filé-Pulver) werden als Gewürz verwendet. Die Wurzel enthält zwar viel ätherisches Öl, es ist aber für eine direkte Verwendung als Gewürz viel zu bitter.

Herkunft / Anbaugebiete | Sassafras ist das einzige Gewürz, das aus Nordamerika (Südoststaaten) stammt. Der Sassafrasbaum wird von Kanada bis Florida und im nördlichen Mexiko kultiviert.

Geruch / Geschmack | Die Blätter haben einen schwachen, aber erfrischenden und zitronenähnlichen Geruch und Geschmack. Beim Zerkauen der Blätter fällt der hohe Schleimgehalt sofort auf.

Verwendung | Sassafras wird weltweit nur sehr selten als Gewürz verwendet. Vorwiegend in der Küche der Kreolen und Cajuns im amerikanischen Bundesstaat Louisiana sind die Blätter ein wichtiger Bestandteil und werden zum Würzen von Suppen und Saucen, vor allem wenn sie Meeresfrüchte enthalten, eingesetzt.

Inhaltsstoffe | Das ätherische Öl der Blätter enthält bis 45 % Safrol sowie diverse Monoterpene (Alpha-Pinen, Limonen, Cineol und Campher). Weitere Komponenten sind Gerbstoffe, Harze, Wachse, Schleim- und Zuckerstoffe.

Geschichte | Die Sassafrasblätter wurden von den Ureinwohnern schon lange vor der Entdeckung Amerikas (1492) gekaut. Seither ist der Sassafrasbaum in Europa und seit dem Ende des 16. Jh. auch in Deutschland bekannt.

Heilkunde | Das Wurzelholz wird in der Volksheilkunde als schweißtreibendes Mittel sowie zur Blutreinigung und zur Behandlung von Rheuma eingesetzt. Wegen des Safrol-Gehalts ist die medizinische Anwendung jedoch aus heutiger Sicht abzulehnen.

Spezielles | Sassafras wird in den meisten Ländern außerhalb der USA als Gilftpflanze eingestuft. Der Grund hierfür ist der hohe Gehalt an Safrol, einer leberschädigenden Substanz, die zudem im Verdacht steht, krebserregend zu sein. Die Blätter sind in Europa kaum erhältlich. Zitronenmelisse ist ein guter Ersatz, allerdings ist sie viel stärker und muss deshalb vorsichtig dosiert werden. Safrol ist zwar toxisch, riecht aber sehr angenehm. Es kommt in Spuren in vielen ätherischen Ölen vor, z. B. in Muskatnuss, Sternanis und sogar in schwarzem Peffer.

schnittlauch

Allium schoenoprasum

Mehr als feinwürzige Dekoration.

Synonyme | Binsenlauch, Graslauch, Suppenlauch, Schnittzwiebel

Sprachen | F: Ciboulette, Civette I: Cipollina E: Chives

Botanik | *Liliengewächs, Liliaceae* | Röhrenförmige dunkelgrüne Blätter, 15–30 cm lang. Die Blüten sind hellpurpurn und doldenartig und bilden kleine Zwiebeln.

Gewürz | Zum Würzen werden die langen, röhrenförmigen Blätter verwendet. Frischer Schnittlauch wird ganz angeboten, der luft- und gefriergetrocknete ist fein geschnitten.

Herkunft / Anbaugebiete | Der Schnittlauch stammt vermutlich aus Zentralasien und ist heute eine weltweit verbreitete Kulturpflanze.

Geruch / Geschmack | Der zerkleinerte Schnittlauch hat einen lauchartigen Geruch, der Geschmack ist scharfwürzig und zwiebelartig.

Verwendung | Fein geschnittener Schnittlauch dient zum Würzen und Garnieren insbesondere von rohen Speisen (Salaten und Saucen auf Joghurt- oder Eierbasis). Er sollte nicht mitgekocht, sondern erst am Schluss, z. B. über Suppen, Omelettes, Geflügel oder Fisch, gestreut werden.

Inhaltsstoffe | Schnittlauch hat ähnliche Inhaltsstoffe wie seine Verwandten, die Zwiebel und der Knoblauch. Als flüchtige Bestandteile sind u. a. Dipropyldisulfid, Methylpentyldisulfid, Pentanthiol und Cis/Trans-3,5-Diethyl-1,2,4-Trithiolan nachgewiesen. Ferner enthält Schnittlauch beträchtliche Mengen der Vitamine A und C.

Geschichte | In Zentralasien wird der Schnittlauch bereits seit mehreren Jahrtausenden eingesetzt. Die Römer schätzten eine grüne Sauce mit Schnittlauch zu Eiern und zu gekochtem Fleisch. Im Mittelalter wurde sein Anbau in der Landgüterverordnung «Capitulare de villis» von Karl dem Großen (um 795) sogar befohlen.

Heilkunde | Schnittlauch ist reich an Vitamin B_2 und C, Karotin und den Mineralien Natrium, Calcium, Kalium, Phosphor und Eisen. Wegen des Vitamin-C-Gehalts galt er als Mittel gegen die Vitamin-Mangelkrankheit Skorbut. Es ist anzunehmen, dass er, wenn auch in schwächerer Form, eine ähnliche Wirkung wie andere Lauchöl bildende Pflanzen (Knoblauch, Zwiebeln) hat.

Spezielles | Der Schnittlauch kann während der Vegetationszeit mehrmals geerntet werden. Auch wenn er nicht gebraucht wird, muss er geschnitten werden, um das Wachstum von Blüten und alten, harten Blättern zu verhindern.

schwarzkümmel

Nigella sativa

Der Geschmack des indischen Brotes.

Synonyme | Nigella, Zwiebelsamen, Römischer Koriander

Sprachen | F: Nigelle, Poivrette I: Nigella, Grano nero E: Nigella, Black cumin

Botanik | *Hahnenfußgewächs, Ranunculaceae* | 20–60 cm hohe, einjährige Pflanze mit einem drüsig-rauen Stängel und mehrfach fiederspaltigen Blättern mit linealischen Zipfeln. Die Samen sind dunkelgraubraun oder schwarz, matt, 2–3,5 mm lang und bis 2 mm dick, keil- oder eiförmig und 3- bis 4-kantig.

Gewürz | Als Gewürz werden die reifen, getrockneten Samen ganz oder gemahlen verwendet.

Herkunft / Anbaugebiete | Die Heimat des Schwarzkümmels ist wahrscheinlich Westasien. Heute wird er vom Nahen Osten bis nach Indien angebaut.

Geruch / Geschmack | Die ganzen Samen haben so gut wie keinen Geruch, aber beim Mahlen oder Kauen entwickeln sie ein Aroma, das ganz entfernt an Oregano erinnert. Der Geschmack des Schwarzkümmels ist aromatisch, pfeffrig und ein bisschen bitter.

Verwendung | Der Schwarzkümmel hat in den Anbaugebieten praktisch den gleichen Stellenwert wie der Kümmel. Zur Verstärkung des Aromas werden die Samen oft trocken (ohne Fett) geröstet. Zerstoßener Schwarzkümmel wird auch für Backwaren (Naan-Brot), Süßigkeiten, Quark, Käse, Saucen und Suppen verwendet.

Inhaltsstoffe | 0,5–2,5 % ätherisches Öl, bestehend aus Thymochinon, p-Cymen, Alpha-Pinen, Dithymochinon, Thymohydrochinon sowie Carvon und Limonen. Weiter sind 30–35 % fettes Öl mit diversen ungesättigten Fettsäuren (Linolsäure) und Spuren von Alkaloiden (Nigellin-N-oxid, Nigellon, Nigellimin) enthalten.

Geschichte | Schwarzkümmel wurde bereits im Altertum als Gewürzpflanze angebaut. Er gelangte im Mittelalter nach Mitteleuropa und fand um 795 in der Landgüterverordnung «Capitulare de villis» von Karl dem Großen Erwähnung.

Heilkunde | Der Schwarzkümmel wird bei Lungenbeschwerden, Blähungen, Durchfall, allgemeinen Verdauungsstörungen sowie bei Asthma und Ekzemen (Paste, Öl) eingesetzt. Neuerdings wird das Öl bei Allergien, speziell dem Heuschnupfen, empfohlen.

Spezielles | Das Gewürz trägt verwirrend viele Namen, besonders die englische Bezeichnung «black cumin», die aber mit dem Kreuzkümmel (Cumin) nichts gemein hat. Und auf Deutsch heißt er «Zwiebelsamen» wegen seiner äußerlichen Ähnlichkeit mit dem Samen der Zwiebel. Der botanisch neutrale Name «Nigella» kommt vom Lateinischen «Nigellus» (dem Diminutiv von niger), zu Deutsch «schwarz».

sellerie

Apium graveolens
1 Apium graveolens ssp. secalinum
2 Apium graveolens var. rapaceum
3 Apium graveolens var. dulce

Ein Gewürz «vom Scheitel bis zur Sohle».

Synonyme | Eppich **1** Blattsellerie, Schnittsellerie **2** Knollensellerie, Selleriewurzel, Merk **3** Bleichsellerie, Staudensellerie, Stangensellerie, Stielsellerie, Stängelsellerie

Sprachen | F: Céleri I: Sedano E: Celery

Botanik | *Doldenblütengewächs, Apiaceae, syn. Umbelliferae* | Zweijährige, in Kultur einjährige Pflanze, die 30–100 cm hoch wird, mit ovalen bis breit-eiförmigen, der Anisfrucht ähnlichen, 0,8–1,5 mm langen, hell- bis dunkelbraunen und mit 1 bis 3 Ölstriemen versehenen Spaltfrüchten. Die Pflanze wird in 3 Varietäten angebaut:
1 Etwa 30 cm lange, fiederartige, bis 3-zählige, mit keiligen Abschnitten versehene und am Rande stark gekerbte Blätter mit nur kleinen, dünnen Wurzeln.
2 Eine außen braune, bis 15 cm verdickte, kugelige/halbkugelige, fleischige, innen weißlichgelbliche Sprossrübe (Knolle).
3 Lange, kräftige, essbare Blattstiele.

Gewürz | Die verschiedenen ober- und unterirdischen Teile der Pflanzen werden frisch und getrocknet sowohl als Gewürz wie auch als Gemüse verwendet. Zum Würzen eignen sich auch die getrockneten Samen.

Herkunft / Anbaugebiete | Die Selleriepflanze ist in fast ganz Europa bis Westasien und Indien, in Nord- und Südamerika verbreitet.

Geruch / Geschmack | Alle Pflanzenteile sind stark aromatisch. Der Geruch ist durchdringend, der Geschmack etwas brennend-süßlich und würzig. Die Selleriesamen sind zudem bitter.

Verwendung | 1 Frische und getrocknete Blätter werden zum Würzen von Salaten, Suppen, Quark und Fischspeisen verwendet. Gemahlen sind sie Bestandteil des Selleriesalzes.
2 Die Knollen werden als Salat oder Gemüse gegessen, die Blätter werden wie unter **1** beschrieben verwendet.
3 Die Blattstiele isst man roh als Salat und gekocht als Gemüse.
Aus den Samen werden diverse Gewürzmischungen und Gewürzsalz hergestellt.

Inhaltsstoffe | Ätherisches Öl (Sellerieöl) mit Terpenen (hauptsächlich Limonen, Beta-Selinen, Beta-Pinen, Phthalide) und Furocoumarin (Bergapten). Weiter sind Flavonoide und vor allem in den Selleriefrüchten (Samen) bis 30 % fettes Öl enthalten.

Geschichte | Die Pflanze wird im Mittelmeerraum seit mindestens 3000 Jahren kultiviert und war bei den Römern ein beliebtes Gemüse. Die Knollenart hat sich jedoch erst im 18. Jh. unter dem Einfluss der französischen, deutschen und nordischen Küche richtig durchgesetzt.

Heilkunde | In der Volksmedizin werden zerquetschte Samen für Aufgüsse verwendet und bei Verdauungsbeschwerden und als harntreibendes Mittel eingesetzt. Nicht geeignet für Nierenkranke, weil das im Samen enthaltene ätherische Öl die Nieren reizt. Frisch gepresster Selleriesaft wird bei Schlankheitskuren empfohlen, weil er schädliche Stoffwechselprodukte «ausschwemmt». Der Sellerie ist appetitanregend, allgemein stärkend, fieberhemmend und schleimlösend. Wilder Sellerie enthält eine dem Insulin ähnliche Substanz und gilt als geeignete Würze für Zuckerkranke.

Spezielles | Das Sellerieöl wird aus den Samen, seltener aus den Blättern und den anderen Pflanzenteilen gewonnen. Die Ausbeute an ätherischem Öl liegt bei 2–3 %. Man erhält eine farblose bis gelblichgrüne Flüssigkeit, die in Wasser kaum, in Alkohol aber sehr gut löslich ist. Das Öl dient zur Herstellung von Gewürzessenzen und Gewürzsaucen, zum Aromatisieren von Likören und für Suppenwürzen. Die Römer schätzten den Sellerie vor allem aus kulinarischen Gründen, verbanden aber auch Aberglauben mit ihm. So ist er in vielen Situationen als Unglücksbringer angesehen worden.

senf, braun und schwarz

Brauner Senf: Brassica juncea
Schwarzer Senf: Brassica nigra

Der alte und der neue Senf.

Synonyme | Sareptasenf, Rutensenf, Indischer Senf

Sprachen | F: Moutarde noire, Moutarde brune I: Senape nera E: Black mustard, Brown mustard

Botanik | *Brassicaceae, Kreuzblütengewächs* | Einjährige, in der Regel 50 cm–1 m hohe Pflanze mit rundlichem Stängel, der an der Basis teils verästelt und schwach behaart ist. Die gestielten Blätter sind unten fiederspaltig, bis 12 cm lang und 5 cm breit. Die oberen Stängel- und Achselblätter sind kleiner, eiförmig bis länglich-lanzettlich und spitz zulaufend. Aus den endständigen kleinen gelben Blüten bilden sich beim Schwarzen Senf längliche, aufrecht stehende, glatte, am Stängel anliegende, 10–25 mm lange und 1,5–2 mm breite Schoten mit 4 bis 6 Samen. Beim Braunen Senf stehen die 3–5 cm langen und 2–3 mm dicken Schoten ab, die 16 bis 24 Samen enthalten.

Gewürz | Als Gewürz werden die getrockneten, kleinen, kugeligen bis ovalen, 1–1,6 mm großen, hell- bis dunkelbraunen Samen verwendet.

Herkunft / Anbaugebiete | Der Schwarze Senf stammt vermutlich aus Klein- und Vorderasien. Hauptanbaugebiete sind Indien, Pakistan, China, Kanada, Holland und Ungarn. Brauner Senf eignet sich für die mechanische Ernte besser als Schwarzer Senf, was seit 1950 zu einer Verdrängung des Schwarzen Senfs führt.

Geruch / Geschmack | Getrocknete Samen haben keinen Geruch, sie entwickeln aber bei längerem Kauen einen scharfen Geschmack.

Verwendung | Nur ein kleiner Teil der Welternte von Schwarzem Senf wird zur Herstellung von Speisesenf verwendet, weil sich sein Senföl schneller verflüchtigt als das des Weißen Senfs. Die Samen können auch als Gewürz eingesetzt werden. Senföl wird in Indien gerne zum Würzen verwendet.

Inhaltsstoffe | 1–2 % Sinigrin (Glucosinolat), das Enzym Myrosinase (das für die Abspaltung der flüchtigen, stechend riechenden Allylsenföle verantwortlich ist) und 30–45 % fettes Öl, das außer Glyceriden der Linol- und Linolensäure auch Erucasäure enthält. Da diese als gesundheitlich bedenklich gilt, werden primär erucasäurefreie Sorten gezüchtet und kultiviert.

Geschichte | Im 4. Jh. v. Chr. beschrieb der griechische Philosoph und Naturforscher Theophrastos die Kultivierung der Senfpflanze.

Heilkunde | Als hautreizendes Mittel wird Schwarzer Senf in Form von Pflastern, warmen Breiumschlägen (Kataplasma) und Senfspiritus gegen Rheuma und bei akuter Bronchitis eingesetzt. Da das Allylsenföl rasch auch in tiefere Hautschichten eindringt und die Wirkung bis 24 Stunden anhält, sollten Kataplasmen nach 15 bis 20 Minuten wieder entfernt werden. Ansonsten kann es zu starken Hautreizungen und sogar Verbrennungen kommen.

Spezielles | Der Sareptasenf für die braune Senfart Brassica juncea hat seinen Namen wegen der Stadt Sarepta an der Wolga erhalten, in deren Region Ende des 18. Jh. die großflächige Kultivierung und damit kontinuierliche Verdrängung des schwarzen Brassica nigra begann.

senf, weiß

Sinapis alba

Der vertraute Geschmack aus Glas oder Tube.

Synonyme | Gelbsenf, Englischer Senf

Sprachen | F: Moutarde blanche I: Senape bianca
E: White mustard

Botanik | *Kreuzblütengewächs, Brassicaceae* | Einjährige Pflanze, 50 cm–1 m hoch, mit kantigem, gefurchtem Stängel. Gestielte, länglich eiförmige bis leierförmige, fiederspaltige Blätter. Aus den endständigen, kleinen gelben Blüten bilden sich 20–50 mm lange und 3–7 mm breite, säbelförmige Früchte (Schoten) mit 2 bis 12 kleinen Samen.

Gewürz | Als Würzmittel werden die getrockneten, ganzen oder gemahlenen hellgelben bis -braunen, kugeligen, 1,8–2,5 mm großen Samen verwendet. Ihre Oberfläche ist glatt, teils grubig.

Herkunft / Anbaugebiete | Der Weiße Senf stammt vermutlich aus dem Mittelmeergebiet. Verschiedene Zuchtsorten werden auch in Nord-, Mittel- und Südeuropa angebaut. Wichtigste Produktionsländer sind heute Kanada, Ungarn, ein Teil der GUS-Staaten, Holland, Dänemark und Frankreich.

Geruch / Geschmack | Getrocknete Samen sind geruchlos, entwickeln aber beim Kauen einen scharfen Geschmack.

Verwendung | Der Weiße Senf wird vorwiegend für die Produktion von Speisesenf angebaut. Die ganzen Senfkörner sind in Essiggurken, Mixed Pickles, Fischmarinaden und Wurstwaren (Salami) enthalten. Die gemahlenen Samen werden mit lauwarmem Wasser zu einer Paste gerührt und zum Würzen von Eintöpfen und Saucen verwendet.

Inhaltsstoffe | 30–45 % fettes Öl, 2,5–5 % Sinalbin (Verbindung aus Glucose und p-Hydroxybenzylisothiocyanat), das Enzym Myrosinase, 25–40 % Eiweiß, bis 25 % Schleimstoffe.

Geschichte | Weißer Senf wird seit Jahrtausenden als Würz- und Heilmittel, vor allem auch im alten Rom und im alten Griechenland, verwendet. Die Römer kreierten das erste Rezept für Tafelsenf.

Heilkunde | Der Weiße Senf wirkt hautreizend und antibakteriell. Er findet in der Heilkunde aber kaum Verwendung.

Spezielles | Der Weiße Senf ist besser geeignet zur Speisesenf-Herstellung als Schwarzer Senf, weil sein «Scharfmacher», das p-Hydroxybenzylisothiocyanat, nicht flüchtig und im leicht sauren Milieu vollständig hydrolysebeständig ist, d. h. vom Wasser nicht angegriffen wird. Senf wird in der Regel aus gemahlenen oder zerquetschten Senfkörnern, Essig (um die Schärfe beständig zu machen) und Wein (dessen Auswahl den Geschmack des fertigen Produktes stark beeinflusst) hergestellt. Oft werden zudem noch Zucker oder Honig, frische Kräuter oder getrocknete Gewürze hinzugefügt, um seinen Geschmack zu verfeinern. Als Würzkraut wird am häufigsten Estragon verwendet. Manche Senfsorten enthalten zusätzlich Kurkuma für ein intensiveres Gelb.

sesam

Sesamum indicum

Der vielseitige Ölspender.

Synonym | Orientalischer Sesam

Sprachen | F: Sésame I: Sesamo E: Sesame, Gingelly

Botanik | *Sesamgewächs, Pedaliaceae* | Einjährige, krautige Pflanze, 60 cm–1,2 m hoch, 3–17 cm lange und 1–7 cm breite, kurzgestielte, eiförmige Blätter, je nach Varietät gegen- oder wechselständig angeordnet. Die etwa 3 cm langen Blüten sind weiß bis rötlich gefärbt. Die Samen sind birnenförmig, flach bis rundlich, gelblich, rot, braun oder schwarz, 1,5–4 mm lang, bis 2,1 mm breit und 1 mm dick; sie stammen aus der etwa 2 cm langen, meistens vierfach gefächerten Kapselfrucht.

Gewürz | Zum Würzen werden ganze, getrocknete, geschälte und teilweise geröstete oder gemahlene Samen verwendet.

Herkunft / Anbaugebiete | Der Sesam ist eine uralte Nutzpflanze, die aus Asien stammen dürfte. Er wird heute größtenteils in Indien und im Fernen Osten (China, Korea) und in Mexiko, Guatemala und Nigeria angebaut.

Geruch / Geschmack | Frisch getrocknete Sesamsamen schmecken leicht nussig. Beim Rösten verstärkt sich ihr Aroma um ein Vielfaches. Dunkles Sesamöl hat einen sehr starken bis aufdringlichen, nussigen Geruch.

Verwendung | Aus den Sesamsamen wird ein hochwertiges Speiseöl mit einem hohen Anteil an ungesättigten Fettsäuren gewonnen. Daneben wird Sesam in Asien, im Mittleren Osten, in Europa und Afrika meist in gerösteter Form (Trockenröstung) zum Aromatisieren und Dekorieren von Back- und Süßwaren und zum Würzen vieler, vor allem asiatischer Speisen (Tahina-Paste) und für Saucen und Salate verwendet. In Nordamerika sind die Sesamsamen ein beliebtes Fischgewürz.

Inhaltsstoffe | 40–60 % fettes Öl, bestehend aus der ungesättigten Ölsäure (40–55 %) und der zweifach ungesättigten Linolsäure (45–55 %), etwa 10 % gesättigte Fette (Palmitin-/Stearinsäure). Die Sesamsamen enthalten ca. 25 % Proteine, 15–20 % Stärke, Lecithin, Eisen und Calcium sowie Spuren der Vitamine B, D, E und F.

Geschichte | Funde im Grabe des ägyptischen Pharao Tutenchamun (1337 v. Chr.) belegen die Bedeutung des Sesams als eine der wichtigsten und ältesten Ölpflanzen.

Spezielles | Die Reifezeit der Samen dauert nur 3 bis 4 Monate, sodass zwei Ernten pro Jahr möglich sind.

sternanis

Illicium verum

Das dekorative Gewürz der Chinesen.

Synonyme | Chinesischer Anis, Badian

Sprachen | F: Anis étoilé, Badiane I: Anice stellato E: Star anis, Indian anis, Badian anis

Botanik | *Sternanisgewächs, Illiciaceae* | 4–10 m hoher, immergrüner, zypressenähnlicher Baum mit weißlicher Rinde. Wechselständige, ganzrandige, lederartige, lanzettliche, glänzende Blätter mit unscheinbaren grünlichgelben Einzelblüten. Aus den Blüten entwickeln sich rotbraune, holzige, sternförmige Sammelfrüchte mit 8 oder teilweise 12 um die Mittelachse angeordneten, kahnförmigen, 10–20 mm langen und 6–10 mm hohen Teilfrüchten mit je einem großen, glänzenden, hell- bis mittelbraunen, von der Fruchtwand teilweise vollständig eingeschlossenen glatten Samen.

Gewürz | Als Gewürz verwendet werden die getrockneten, ganzen oder gemahlenen Früchte (inkl. Samen), wobei sich das ätherische Öl primär in der Fruchtwand befindet.

Herkunft / Anbaugebiete | Der Sternanis stammt aus Südchina und Vietnam. Die Pflanze ist nur als Kultur bekannt. Die meisten Importe nach Europa kommen aus China, gefolgt von Vietnam. Der Sternanis wird aber auch in Laos, auf den Philippinen und auf Jamaica angepflanzt.

Geruch / Geschmack | Sternanis riecht und schmeckt wie Anis, jedoch stärker, warm, süß und aromatisch.

Verwendung | Der Sternanis wird meist gemahlen und als Einzelgewürz oder in Gewürzmischungen für Backwaren, Süßspeisen und zum Würzen von Kompott, für Glühwein und Likör sowie als Dekoration (ganz) verwendet. In den Anbaugebieten werden gebratenes Fleisch (z. B. Ente) und Saucen zu Reis-, Eier- und Gemüsespeisen mit Sternanis gewürzt. Der Sternanis ist Bestandteil des Fünf-Gewürze-Pulvers (in Kombination mit Zimt, Nelken, Fenchel und Szechuanpfeffer).

Inhaltsstoffe | 5–8 % ätherisches Öl, aus 85–90 % Anethol, 0,5–6 % Estragol, 0,5–5 % Foeniculin, zudem Linalool, Limonen und Anisaldehyd bestehend.

Geschichte | Die Chinesen kennen den Sternanis seit mehr als 3000 Jahren als Gewürz. Erst 1588 brachte ihn der englische Seefahrer Sir Thomas Cavendish nach Europa.

Heilkunde | Nach dem Essen gekauter Sternanis regt die Verdauung an und sorgt für reinen Atem. Er soll gegen Blähungen, Husten (Hustensirup) und Bronchitis helfen. Das Sternanisöl wird zur Verbesserung des Geschmacks zahlreichen Arzneimitteln beigefügt.

Spezielles | Die Früchte des Sternanis werden vor der unmittelbaren Reife gepflückt und getrocknet. Seinen Namen verdankt das Gewürz vermutlich seinem sternförmigen Aussehen und seinem dem Anissamen sehr ähnlichen Geschmack. In der Vergangenheit ist es zu Fälschungen mit dem giftigen Japanischen Sternanis (Shikkimi-Frucht mit einem kampferartigen Geruch) gekommen, die der Laie nur schwer vom echten Sternanis unterscheiden kann. Von einem Kauf aus unbekannter oder ungeprüfter Quelle (Basar, fliegender Händler) ist deshalb abzuraten.

sumach

Rhus coriaria

Das purpurrote Pulver mit dem sauren Geschmack.

Synonyme | Sumak, Gerwürzsumach, Färberbaum, Gerbersumach, Italienischer Sumach

Sprachen | F: Sumac I: Sommacco E: Sumac, Sicilian sumac, Shumac

Botanik | *Sumachgewächs, Anacardiaceae* | Bis 3 m hoher, grünlichweiß blühender, kleiner Baum mit rundlichen, linsenförmig abgeplatteten, 4–7 mm langen leuchtend rot- oder dunkelbraunen bis dunkelvioletten, fein behaarten und einsamigen Steinfrüchten. Sie enthalten je einen abgeflachten, nierenförmigen, sehr harten Samen.

Gewürz | Als Gewürz werden getrocknete Früchte verwendet, die meist grob gemahlen in Form eines rotbraunen bis purpurroten Pulvers (oft schon mit Salz gemischt) in den Handel kommen.

Herkunft / Anbaugebiete | Das Gewürz stammt von der Insel Sizilien und aus dem östlichen Mittelmeerraum mit den angrenzenden Gebieten Arabiens und Zentralasiens. Die Hauptanbauländer sind die Türkei, der Iran, Afghanistan, Griechenland und Italien.

Geruch / Geschmack | Sumach ist so gut wie geruchlos, hat aber einen fruchtigsauren, adstringierenden Geschmack.

Verwendung | Die gemahlenen Früchte sind im Libanon, in der Türkei und im Iran ein beliebtes Tischgewürz, das man über diverse Gerichte, vor allem Reis und Reiseintöpfe, aber auch Gegrilltes, streut. Im südöstlichen Mittelmeerraum werden die Früchte mit wenig Wasser gekocht. Daraus entsteht ein intensiv saurer, roter Sud, den man verschiedenen Fleisch- und Gemüsegerichten zufügt.

Inhaltsstoffe | Nur geringe Mengen an ätherischem Öl, aber rund 15 % fettes Öl. Etwa 4 % Gerbstoffe (Tannine) sowie Fruchtsäuren (Apfelsäure, Zitronensäure, Bernsteinsäure, Maleinsäure, Fumarsäure, Ascorbinsäure) und Anthocyane (Farbstoffe).

Geschichte | Schon in der Antike war Sumach bei den Griechen und Römern als Säuerungsmittel bekannt. Er gelangte Mitte des 16. Jh. nach Mitteleuropa.

Heilkunde | Der saure Aufguss ist im Mittleren Osten ein appetitanregendes und verdauungsförderndes Getränk.

Spezielles | Blätter und Zweige enthalten 26–30 % Gerbstoffe. Sie werden häufig zum Gerben und Schwarzfärben, die Wurzeln und Früchte zum Rotfärben und die Rinde zum Gelbfärben eingesetzt.

süßholz

Glycyrrhiza glabra

Nicht nur zum Raspeln.

Synonym | Lakritze

Sprachen | F: Bois doux, Bois de réglisse I: Liquirizia, Regolizia E: Liquorice, Spanish juice, Black sugar

Botanik | *Schmetterlingsblütengewächs, Fabaceae, syn. Leguminosa* | 1–1,7 m hoher, dicht verzweigter Strauch, der einen tiefen Wurzelstock bildet. Mit aufrechten, gestreiften, hohlen Stängeln, welche gestielte Blätter mit unpaarig gefiederten, 9 bis 17 eiförmigen, auf der Unterseite leicht klebrige Blättchen und blassblaue bis lila Blüten tragen.

Gewürz | Als Gewürz werden die getrockneten Wurzeln verwendet.

Herkunft / Anbaugebiete | Der Süßholzstrauch stammt aus China. In seiner Heimat und in Indien wird er traditionell als Heil- und Würzpflanze kultiviert. Weitere wichtige Anbaugebiete – vor allem als Zulieferer für die Nahrungs- und Genussmittelindustrie – sind in Russland und in Südeuropa (Spanien).

Geruch / Geschmack | Das Aroma von Süßholz erinnert stark an Anis und Fenchel, ist aber noch stärker. Der Geschmack ist stark süß, erwärmend und medizinisch.

Verwendung | Der Süßholzsaft dient vorwiegend in der Spirituosenindustrie zur Herstellung von Auszugsbitter und in der Süßwarenindustrie zur Herstellung von Lakritze (eingedickter Süßholzsaft, Bärendreck). In der chinesischen Küche ist die Wurzel Bestandteil von klassischen Gewürzmischungen, z. B. vom Fünf-Gewürze-Pulver.

Inhaltsstoffe | Die Wurzel enthält bis 23 % Zucker, etwa 20 % Stärke und bis 4 % Glycyrrhizin, das fünzigmal süßer ist als Rohrohrzucker. Weitere Inhaltsstoffe sind Asparagin, Cumarine und Harze.

Geschichte | Die Süßholzwurzel ist eine der ältesten medizinisch verwendeten Drogen. Zeugnisse davon datieren um 2000 v. Chr. und stammen aus Mesopotamien.

Heilkunde | Das Süßholz ist ein probates Hustenmittel. Es wirkt magenstärkend und krampflösend. Vorsicht ist bei hohem Blutdruck und beim Konsum über einen längeren Zeitraum geboten.

szechuanpfeffer

Zanthoxylum piperitum

Aromatische Schärfe aus Chinas Gebirge.

Synonyme | Fagara, Sichuanpfeffer, Bergpfeffer, Chinesischer Pfeffer, Japanischer Pfeffer, Blütenpfeffer, Anispfeffer, Gelbholzbaum

Sprachen | F: Poivre du Setchuan, Poivre du Sichuan
I: Pepe di Sechuan E: Szechuan pepper, Sichuan pepper, Anise pepper, Chinese pepper, Japanese pepper

Botanik | *Rautengewächs, Rutaeae* | Kleiner, dorniger Baum mit unpaarig gefiederten Laubblättern und vielblütigen Blütenständen. Daraus bilden sich außen rostbraune bis rote, innen gelbliche, einsamige Früchte mit warzig-höckriger Oberfläche (Perikarp), welche sich bei Reife 2-klappig öffnen. Es gibt verschiedene Gattungen (Z. piperitum, Z. alatum, Z. schinofolium), die aber nur schwer abzugrenzen sind und aus diesem Grund gemeinsam beschrieben werden.

Gewürz | Als Würzmittel werden die getrockneten, ganzen oder gemahlenen, oft bereits vom bitteren, wenig aromatischen Samen befreiten kleinen Kapselfrüchte verwendet. In Japan wird auch mit den frischen oder getrockneten Blättern gewürzt oder sie sind Dekoration.

Herkunft / Anbaugebiete | Der Szechuanpfeffer ist im Norden Chinas (Provinz Szechuan), in Korea, Japan und in der Mongolei beheimatet. Er wird selten kultiviert und gelangt hauptsächlich aus japanischen Wildbeständen nach Europa.

Geruch / Geschmack | Sämtliche Szechuanpfeffer-Arten riechen erfrischend zitronenartig, mit einem etwas holzigen Unterton. Der Geschmack ist leicht scharf, bisweilen «prickelnd» aromatisch und hinterlässt im Mund ein eigenartiges Gefühl von leichter Taubheit. Frische Blätter haben einen frischen Geschmack, der zwischen Minze und Limette liegt.

Verwendung | Szechuanpfeffer dient in den Heimatländern zum Würzen von Geflügel, Fleisch und Fisch, von Suppen und Saucen, aber auch für Konditoreiwaren und Süßspeisen. Er ist ein wichtiger Bestandteil des Fünf-Gewürze-Pulvers.

Inhaltsstoffe | Bis zu 7% ätherisches Öl aus Terpenen (Geraniol, Linalool, Cineol, Citral, Citronellal), bis 3% ungesättigte Amide (die «Scharfmacher»), geringe Mengen an Alkaloiden und Gerbstoffen.

Geschichte | Szechuanpfeffer war schon im frühen chinesischen Kaiserreich (1600 v. Chr.) als Gewürz bekannt und beliebt. Nach Europa gelangte er vermutlich aber erst zur Zeit des Kolonialismus.

Heilkunde | In der Volksmedizin wurde der Szechuanpfeffer bei Verdauungsbeschwerden und als blutreinigendes Mittel eingesetzt.

Spezielles | Die Aromastoffe des Szechuanpfeffers sind hauptsächlich in den Fruchtwänden, nicht aber in den Samen selbst enthalten. Um den Geschmack zu intensivieren, können die Spaltfrüchte bei mittlerer Hitze kurz trocken geröstet werden.

tamarinde

Tamarindus indica

Das Geheimnis der Worcestersauce.

Synonyme | Indische Dattel, Sauerdattel, Tamarindenmus

Sprachen | F: Tamarin I: Tamarindo E: Tamarinde, Indian date

Botanik | *Cassiengewächs, Caesalpiniaceae, Schmetterlingsblütler, Leguminosae* | Immergrüner, bis 25 m hoher Baum mit fein gefiederten Blättern und in Trauben stehenden, wohlriechenden gelblichweißen Blüten. Die Früchte haben ein von Fasern durchzogenes dunkelbraunschwarzes, zähes Mark (Fruchtmus, Pulpa) und eine 10–20 cm lange, bis 3 cm breite, graubraune, leicht gekrümmte Hülse (Schote) mit 3 bis 12 rundlich-viereckigen von Mesokarp umgebenen Samen.

Gewürz | Als Gewürz kommen das Fruchtmus und die in Blöcke gepressten Samen der reifen Hülsen als Paste (Konzentrat), als getrocknete Früchte (ganz oder in Scheiben) sowie als gezuckerte Kugeln auf den Markt.

Herkunft / Anbaugebiete | Die Tamarinde stammt aus Ostafrika, sie ist heute aber rund um den Indischen Ozean verbreitet.

Geruch / Geschmack | Das Aroma ist fruchtig, der Geschmack ausgesprochen sauer und herb.

Verwendung | In Indien kombiniert man Tamarinde mit Fleisch oder Hülsenfrüchten. Auf Java dient sie als Grundlage für pikante süßsaure Marinaden für Fleisch oder Tofu. In Vietnam und in Thailand werden die noch unreifen Hülsen für Suppen verwendet. Und in England gibt das Tamarindenkonzentrat der Worcestersauce den typischen Geschmack.

Inhaltsstoffe | Enthält bis 40 % Glucose (Traubenzucker), rund 20 % Fruchtsäuren, Pektine und geringe Mengen an Aromastoffen.

Geschichte | Das Tamarindenmus war bereits im alten Indien (sanskritische Schriften) beliebt. Die Tamarinde gelangte vermutlich im Mittelalter durch Kreuzritter nach Europa.

Heilkunde | 10–40 g Tamarindenmus haben eine abführende Wirkung. Einige mildere Abführmittel enthalten Bestandteile aus der Tamarinde.

Spezielles | Gepresstes Fruchtfleisch, getrocknete Tamarindenscheiben oder gepresste Blöcke müssen für die Gewinnung des Extraktes zuerst in heißem Wasser eingeweicht und dann abgesiebt werden. Wesentlich bequemer ist Tamarindenextrakt, der im Geschmack gleichwertig ist.

tasmanischer pfeffer

Tasmannia lanceolata

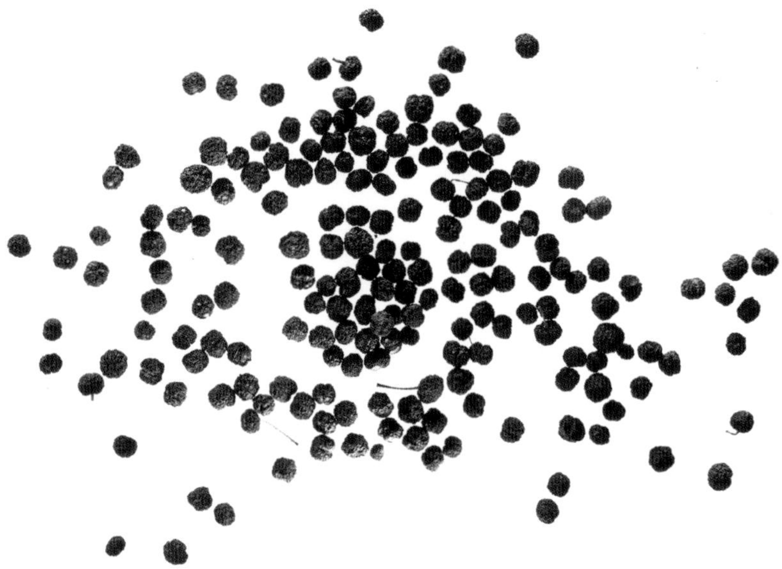

Der australische Pfeffer.

Synonym | Australischer Pfeffer

Sprachen | F: Poivre indigène I: Pepe australiano
E: Tasmanian pepper, Mountain pepper

Botanik | *Winteraceae, Magnoliengewächs* | Immergrünes, verholztes Gewächs mit rundlichen, 3–5 mm großen und glänzend schwarzen, genarbten Früchten. Die getrockneten Früchte erinnern in Farbe und Größe an Schwarzen Pfeffer.

Gewürz | Als Gewürz werden frische oder getrocknete Beeren verwendet, seltener getrocknete und pulverisierte Blätter.

Herkunft / Anbaugebiete | Der Tasmanische Pfeffer stammt aus Australien. Die Pflanze wächst auf Tasmanien und im Südwesten Australiens (Victoria, New South Wales) wild.

Geruch / Geschmack | Die Beeren schmecken im ersten Moment etwas süßlich, dann aber sehr scharf. Die Schärfe hält aber nicht lange an, sie weicht ähnlich wie beim Szechuanpfeffer einem eigenartigen und leicht tauben Gefühl im Mund.

Verwendung | Tasmanischer Pfeffer wird vor allem in Australien für die Ethno-Küche «Bush Food» verwendet. Üblicherweise werden Fleischstücke, vor allem von typischen einheimischen Tieren wie Laufvogel, Emu oder Känguru, mit Tasmanischem Pfeffer und Öl mariniert und kurz gebraten oder gegrillt. Man würzt aber auch Eintöpfe vor dem Servieren mit frisch gemahlenem Pfeffer.

Inhaltsstoffe | Schärfe gibt dem Tasmanischen Pfeffer Polygodial, ein Dialdehyd mit bicyclischem Sesquiterpengerüst. Diese Verbindung kommt auch im Wasserpfeffer vor, die beiden sind aber botanisch nicht miteinander verwandt. Im ätherischen Öl wurden vor allem Mono- und Sesquiterpen-Kohlenwasserstoffe gefunden.

Spezielles | Der Tasmanische Pfeffer ist außerhalb Australiens nur sehr schwer zu bekommen und deshalb entsprechend teuer. Durch den ständig wachsenden Australien-Tourismus und die steigende Popularität der authentischen «Buschküche» auch bei uns dürfte das Gewürz künftig verstärkt den Weg nach Europa finden. Tasmanischer Pfeffer wird aufgrund der englischen Bezeichnung fälschlicherweise auch «Bergpfeffer» genannt. Er darf aber nicht mit den giftigen Seidelbastfrüchten des gleichnamigen Zierstrauchs verwechselt werden.

thymian

Thymus vulgaris

Südfranzösische Träume.

Synonyme | Römischer Quendel, Echter Thymian, Kuttelkraut, Gartenthymian

Sprachen | F: Thym I: Timo E: Thyme, Common thyme, Garden thyme

Botanik | *Lippenblütengewächs, Lamiaceae, syn. Labiatae* | Ein- oder mehrjähriger, 20–45 cm hoher, dicht verästelter Halbstrauch mit vierkantigen, graubraunen bis purpurroten, markigen Stängeln und Zweigen sowie einer bis 20 cm langen Pfahlwurzel. Die Blätter können ei- bis lanzettlich-elliptisch sein, 5–12 mm lang und 3–4 mm breit, ungestielt oder kurzgestielt und mit verlängerten Blütenständen oder linealisch-lanzettlich, 4–5 mm lang und 1–2 mm breit, auf beiden Seiten behaart und mit rundlichen Blütenständen. Die kleinen Blüten sind hellrosa bis violett gefärbt.

Gewürz | Frische und getrocknete Blätter werden als Gewürz verwendet. Im Handel wird oft das ganze Kraut (Blätter mit dem etwas holzigen Stamm) verkauft.

Herkunft / Anbaugebiete | Die Heimat der Thymianpflanze ist das westliche Mittelmeergebiet. Das Kraut wird hauptsächlich in Süd- und Osteuropa, aber auch in Nordafrika, Argentinien und Nordamerika angebaut.

Geruch / Geschmack | Die Thymianblätter haben einen stark aromatischen Geruch und einen würzigen, leicht bitteren und entfernt rauchigen Geschmack.

Verwendung | Thymian ist in der mediterranen und in der lateinamerikanischen Küche eines der meist verwendeten Würzkräuter (unter anderem Bestandteil der Kräuter der Provence). Damit werden Fleisch- und Wurstwaren, Eintöpfe, Suppen, Pizzas und Salate gewürzt. Thymian wird zum Einlegen von Gurken verwendet, für Kräuteressig, in kleinen Mengen zum Aromatisieren von Kräuterlikör, aus dem Kraut wird auch ätherisches Öl gewonnen.

Inhaltsstoffe | Der Anteil an ätherischem Öl schwankt je nach Lage, Erntezeit und Sorte von 1–6,5 %, davon 20–60 % Thymol, 20–50 % Carvacrol, bis 40 % p-Cymen sowie Monoterpene und zahlreiche andere Stoffe.

Geschichte | Thymian ist in den Ursprungsländern seit der Antike bekannt. Durch die Römer gelangte das Kraut auch in die nördlichen Regionen Europas. Im 16./17. Jh. wird die Pflanze in vielen Arzneibüchern beschrieben.

Heilkunde | Thymian ist in Form von Sirup und Aufgüssen hustenlindernd und wird bei Bronchitis, Keuchhusten und Katarrh eingesetzt. Der Extrakt aus dem Kraut wird in der Volksmedizin als Badezusatz und für Umschläge bei Atemwegserkrankungen empfohlen.

Spezielles | Im Winterthymian ist der Gesamtphenolgehalt im ätherischen Öl; es enthält fast nur Thymol, was ein schwächeres, aber auch feineres Aroma ergibt. Der Sommerthymian enthält dagegen sehr viel Phenole (bis zu 70 %) mit bedeutenden Carvacrol-Anteilen. Er ist dadurch im Aroma stärker und ausgiebiger, aber auch etwas herber und rustikaler.

tonkasamen

Dipteryx odorata

Das verbotene Gewürz.

Synonym | Tonkabohnen

Sprachen | F: Fèves de tonka I: Faba di tonka
E: Tonka, Tonquin bean

Botanik | *Schmetterlingsblütengewächs, Fabaceae, syn. Leguminosa* | Immergrüner, 20–25 m hoher Baum mit glatter weißgrauer Rinde. Die reifen Samen sind länglich bis oval, etwas abgeplattet, 3–5 cm lang und 1–2 cm breit und 8–10 mm dick.

Gewürz | Zum Würzen werden die getrockneten Tonkasamen verwendet, die fälschlicherweise auch Bohnen genannt werden.

Herkunft / Anbaugebiete | Der Tonkabaum ist im nördlichen Südamerika (Guayana, Orinoko-Quellgebiet) beheimatet. Wichtigste Produzenten sind heute Venezuela und Nigeria.

Geruch / Geschmack | Die Tonkasamen haben einen angenehm süßen, aromatischen (Vanille, Waldmeister), sehr starken Geruch und einen leicht bitteren Geschmack.

Verwendung | Aufgrund des Cumaringehalts sind die Tonkasamen per Gesetz in der Küche nicht mehr zugelassen. Allerdings spielten die Samen als Gewürz noch nie eine große Rolle. In den Ursprungsländern dienen sie zum Aromatisieren von Kräuter- und Bitterlikören, für Bowlen, Vanilleeis, für Tabak und auch als Vanilleersatz.

Inhaltsstoffe | In den frischen Tonkasamen ist Cumarin glycosidisch gebunden. Um es freizusetzen, werden die Samen 24 Stunden in Rum eingelegt und danach getrocknet. Dabei kommt es zu einem Fermentationsprozess. Der freie Cumarin-Gehalt kann so bis zu 10 % betragen, wobei das Cumarin teilweise auf der Oberfläche der Samen auskristallisiert.

Geschichte | Im Jahre 1820 berichtete der Forscher und Chemiker H. A. von Vogel zum ersten Mal über das Vorkommen von Cumarin in Tonkasamen.

Spezielles | Cumarin, besser bekannt als isolierter Geruchsstoff des Waldmeisters, steht seit 1974 im Verdacht, leberschädigend und krebserregend zu sein. Da die Tonkasamen bis 10 % Cumarin enthalten, wurden sie in den meisten europäischen Ländern für die Herstellung und Aromatisierung von Nahrungsmitteln verboten. Als Ersatz für Bowlen, Likör usw. bietet sich der Waldmeister an, der einen viel geringeren Cumarin-Gehalt hat.

vanille

Vanilla planifolia

Das Vermächtnis der Azteken.

Sprachen | F: Vanille, Gousse de vanille I: Vaniglia E: Vanilla

Botanik | *Orchideengewächs, Orchidaceae* | Mehrjährige, immergrüne Kletterpflanze, die mit ihren 2–3 cm dicken Sprossen in Zickzackform 10–15 m hoch an Schatten spendenden Bäumen rankt. In Kulturen wird sie auf 1,5–2 m Höhe gehalten. Die wechselständigen, fleischigen, bis 15 cm langen und bis 6 cm breiten, ovalen bis lanzettlichen dunkelgrünen Blätter haben auf der Unterseite eine ausgeprägte Mittelrippe. Aus den Blattachseln entwickeln sich Blütenstände mit 10–15 gelbgrünen Einzelblüten, die nur einen Tag lang blühen. Daraus wachsen nach der Bestäubung Früchte.

Gewürz | Als Gewürz verwendet werden die kurz vor der Reife geernteten Früchte (botanisch eine Kapsel, aber in der Umgangssprache als Schote bezeichnet), die einem Fermentations- und Trocknungsprozess unterzogen werden. Das Aroma befindet sich im Fruchtmark und in der Fruchtwand. Bei guten Qualitäten mit hohem Vanillingehalt bilden sich auf der Oberfläche gerne raureifähnliche, weiße Vanillinkristalle.

Herkunft / Anbaugebiete | Die Vanille stammt aus Südostmexiko und Guatemala. Heute sind Madagaskar und La Réunion (Bourbon) noch vor Mexiko die Hauptproduzenten. Auch Indonesien gewinnt immer mehr an Bedeutung.

Geruch / Geschmack | Vanille riecht und schmeckt betörend süß, aromatisch und unverwechselbar.

Verwendung | Für Süßspeisen allgemein. Vanille wird in der Schokoladen-, Süßwaren-, Milch- und Getränkeindustrie eingesetzt und als Essenz auch in der Parfumherstellung.

Inhaltsstoffe | Das Vanillearoma setzt sich aus über 180 verschiedenen Inhaltsstoffen zusammen. Die fermentierte Frucht enthält 2 %–4 % Vanillin, das zu 85 % das Aroma bestimmt. Weitere Aroma-Komponenten sind p-Hydroxybenzaldehyd (bis 10 %), P-Hydroxybenzylmethylether (1 %) sowie Phenole, Alkohole, Benzoesäuren und Ester. Daneben besteht die Frucht aus 20–40 % Mono- und Oligosacchariden sowie aus 25–30 % Wasser.

Geschichte | Die Vanillefrucht wurde schon lange vor der Entdeckung Amerikas von den Azteken angebaut und zum Aromatisieren verwendet. 1510 wurde die Vanille erstmals nach Spanien gebracht.

Heilkunde | Die Indianer schrieben der Vanille eine vitalisierende, Herz und Psyche stärkende Wirkung zu. Mit starkem Kakao zusammen diente sie als Euphorikum, früher galt die Vanille auch als Aphrodisiakum.

Spezielles | Im Unterschied zu den meisten anderen Gewürzen ist die Verarbeitung von Vanille nach dem Pflücken der unreifen, fast geschmacklosen Stängel sehr aufwändig. Das Vanillin ist glycosidisch gebunden und muss durch eine enzymatische Reaktion freigesetzt werden. Dazu werden die noch grünen Früchte Heißwasser- oder Wasserdampfbehandlungen unterzogen und müssen anschließend bis 4 Wochen trocknen. Der große Aufwand sowie die künstliche Bestäubung (außer in Mexiko) machen Vanille zu einem der teuersten Gewürze überhaupt. Mexiko war bis Mitte des 19. Jh. der einzige Vanille-Lieferant der Welt, da die natürlichen Bestäuber (Kolibris und gewisse Insektenarten) nur dort vorkommen. Erst 1841 gelang die künstliche Bestäubung und damit die Kultivierung außerhalb Mexikos.

wacholder

Juniperus communis

Gin und Sauerkraut.

Synonyme | Machandel, Kranawitt, Kaddigbeere

Sprachen | F: Genièvre, Baies de genièvre
I: Ginepro, Coccola di ginepro E: Juniper berries

Botanik | *Zypressengewächs, Cupressaceae* | Immergrüner, säulenförmiger, 2–5 m, seltener 12 m hoher zypressenähnlicher Strauch oder Baum mit feinen, nadelförmigen, blaugrünen, 5–10 mm langen und 1–2 mm breiten Blättern, die in Büscheln an den Zweigen stehen. Aus den kleinen unansehnlichen Blüten entwickeln sich kugelige Früchte, die erst im 3. Jahr vollreif sind. Die Scheinbeeren (Beerenzapfen) sind grün (unreif) bis schwarzbraun, bläulich bereift, fleischig und erbsengroß (reif). Das Fruchtfleisch ist hellbräunlich bis gelblichgrün und enthält 3 harte, dreikantige Samen.

Gewürz | Als Gewürz werden die ausgereiften und getrockneten Scheinbeeren verwendet.

Herkunft / Anbaugebiete | Etliche Arten der Gattung Juniperus wachsen in gemäßigten Zonen Europas, Nordamerikas und Asiens.

Geruch / Geschmack | Der Geruch ist süßlich-aromatisch, mit einer Terpentin-Note. Der Geschmack ist süß und aromatisch würzig, später leicht bitter.

Verwendung | Wacholderbeeren dienen zum Würzen von Fleisch, besonders Wildfleisch, von Fisch, Saucen, Marinaden, Beizen, Gemüse, Sauerkraut, Süßspeisen. Man braucht die Beeren als Einlegegewürz und für die Gewinnung von Wacholderöl. Größere Mengen gelangen in die Getränkeindustrie für die Herstellung von Spirituosen (Gin).

Inhaltsstoffe | Nebst bis 30 % Zucker und 10 % Harz enthalten die Beeren ein ätherisches Öl (0,5–3 %, je nach Herkunft), das sich fast nur aus Monoterpenen zusammensetzt: 30–70 % Alpha- sowie Beta-Pinen, 1–50 % Sabinen, zudem Terpinenol-4 und Citronellol.

Geschichte | Wacholderbeeren fanden vermutlich schon in der Steinzeit Verwendung, um das erlegte Wild schmackhafter zu machen.

Heilkunde | Schon zu Beginn des Mittelalters wurden Wacholderbeeren bei Verdauungsbeschwerden sowie bei Nieren- und Blasenschwäche eingesetzt. In der Volksmedizin werden zerstoßene Beeren in Form von Aufgüssen, Extrakten und Auszügen bei Sodbrennen, Aufstoßen sowie Völlegefühl angewendet. Bei Nierenkrankheit und in der Schwangerschaft ist von einer Anwendung abzuraten. In der Veterinärmedizin werden die Wacholderbeeren als Zusatz in Fresspulver sowie als Diuretikum verwendet.

Spezielles | Der Gin ist ein Branntwein aus mehrmals destillierter vergorener Maische aus Mais und anderen Getreidearten. Das Destillat wird mit angequetschten Wacholderbeeren und zusätzlichen Aromastoffen versetzt und nochmals destilliert.

wasabi

Wasabi japonica

Japans «grüner Meerrettich» für rohen Fisch.

Synonyme | Japanischer Meerrettich, Japanischer Kren

Sprachen | F: Raifort du Japon I: Barbaforte giapponese E: Japanese horsradish

Botanik | *Kreuzblütengewächs, Brassicaceae* | Bis 80 cm hohe, mehrjährige Staude mit herzförmigen, bis 10 cm großen und langgestielten Blättern. Das zylindrische, gekurvte, punktierte Rhizom (Wurzel) kann in Kultur 10–30 cm lang und 2–5 cm breit werden, es ist außen hell- bis dunkelgrün. Da die Pflanze vor allem in fließenden, nativen Gewässern gedeiht, ist ihre Kultivierung sehr aufwändig.

Gewürz | Als Gewürz werden die Wurzel und der untere Teil des Stängels verwendet. In Japan wird Wasabi oft frisch genossen. Außerhalb der Insel ist er nur getrocknet (als blassgrünes Pulver) oder als grüne Paste erhältlich.

Herkunft / Anbaugebiete | Die Wasabipflanze ist in Japan heimisch, und hier besonders auf der Hauptinsel Honshu. Außerhalb Japans wird sie nur noch in Ostsibieren und neuerdings auch in Neuseeland kultiviert.

Geruch / Geschmack | Wasabi ist sehr scharf und reizt zu Tränen, wie Meerrettich, aber mit einem frischen Beigeschmack. Der frische Geschmack des Wasabipulvers entwickelt sich erst beim Anrühren mit lauwarmem Wasser nach ein paar Minuten (Fermentation). Trockenes Pulver schmeckt unangenehm bitter.

Verwendung | Wasabi – als Paste oder frisch in feine Scheiben geschnitten – wird vor allem zu rohem Fisch (Sashimi) und Fischgerichten (Sushi) gegessen. Mit Sojasauce kombiniert, passt Wasabi hervorragend zu asiatischen Gemüsezubereitungen.

Inhaltsstoffe | Sein Aroma verdankt der Wasabi stechend riechenden Senfölen. Aus Glucosinolaten (Glucocochlearin und Sinigrin) werden enzymatisch mehrere Senföle freigesetzt. Als charakteristische Komponenten sind in Spuren 6-Methylthiohexyl-isothiocyanat, 7-Methylthioheptyl-isothiocyanat und 8-Methylthiooctylisothiocyanat enthalten.

Geschichte | Die Nutzung der Wasabistaude ist seit mehr als 1000 Jahren belegt. In Europa kam das Gewürz jedoch erst Mitte des 19. Jh. – durch die zunehmende Popularität der japanischen Küche – in Mode.

Spezielles | Aufgrund der besonderen Bedingungen für seinen Anbau ist Wasabi ein relativ rares und teures Produkt. Da die Nachfrage das Angebot übersteigt, gibt es im Handel oft Fälschungen in Form von grün gefärbter Meerrettichpaste. Diese sind aber allein schon an ihrem niedrigen Preis zu erkennen.

wasserpfeffer

Polygonum hydropiper

Ein pfeffriges Kraut für die Japaner.

Synonym | Pfefferknöterich

Sprachen | F: Poivre d'eau, Renouée I: Poligono pepe d'acqua E: Water pepper, Smartweed

Botanik | *Knöterichgewächs, Polygonaceae* | Einjährige Pflanze, 30–90 cm hoch, mit 5–15 cm langen, bis 2,5 cm breiten, lanzettlichen, ganzrandigen und leicht gewellten Blättern mit kahlen, am Rande bewimperten Blattscheiden. Die 3–4 mm langen rötlichen Blüten sind drüsig punktiert und befinden sich an ästigen Stängeln in Form von teilweise überhängenden Scheinähren.

Gewürz | Hauptsächlich die frischen, seltener die getrockneten Blätter der Pflanze werden als Würzkraut verwendet. Der Geschmack getrockneter Samen ist noch stärker, ihre Verwendung ist allerdings unbekannt.

Herkunft / Anbaugebiete | Der Wasserpfeffer wächst an Feuchtstandorten in gemäßigten bis tropischen Klimazonen Eurasiens, Nordafrikas und Nordamerikas.

Geruch / Geschmack | Der Wasserpfeffer hat einen schwach aromatischen Geruch, der Geschmack ist am Anfang etwas bitter, er entwickelt aber eine prickelnde und lang anhaltende Schärfe, ähnlich dem Szechuanpfeffer.

Verwendung | Wasserpfeffer wird nur in Japan in der Küche verwendet. In Japan schätzen ihn viele Köche in Suppen und Salaten, denen er eine gewisse Schärfe gibt, ohne dabei aber den zarten Eigengeschmack von Tang oder frischem Fisch zu überdecken. Er wird deshalb auch gern als Garnitur für Fischgerichte verwendet.

Inhaltsstoffe | Die Blätter enthalten geringe Mengen ätherisches Öl und den Scharfstoff Tadeonal, ferner Gerb- und Bitterstoffe wie Rutin, aber auch Carbonsäuren (Ameisen-, Essig, Zimt-, Valerian- sowie Capronsäure) und ihre Ester.

Heilkunde | Wasserpfefferblätter wurden in der Antike zur Blutstillung verwendet.

Ysop

Hyssopus officinalis

Von den Mönchen geliebt.

Synonyme | Eisop, Isop, Josefskraut

Sprachen | F: Hysope I: Issopo, Ossopo E: Hyssop

Botanik | *Lippenblütengewächs, Lamiaceae, syn. Labiatae* | Mehrjährige, 30–60 cm hohe Pflanze mit mehrköpfiger Pfahlwurzel und einem an der Basis verholzten, vierkantigen Stängel. Die bis 35 mm langen und bis 10 mm breiten, gegenständigen Blätter sind linealisch-lanzettlich, glänzend und ganzrandig. Blauviolette, seltener rosa Blüten stehen in Scheinquirlen dicht in den Achseln der Blätter.

Gewürz | Das frische und getrocknete Kraut (geschnitten oder verrieben) mit Blüten und Zweigspitzen wird als Gewürz verwendet. Getrocknet verliert die Pflanze viel von ihrem Aroma.

Herkunft / Anbaugebiete | Ysop ist im Mittelmeerraum heimisch. Er wird von Mitteleuropa über den Kaukasus bis nach Westsibirien in Kulturen angebaut. Teilweise wächst die Pflanze auch wild.

Geruch / Geschmack | Der Geruch ist balsamisch-würzig, kampferartig. Der Geschmack ist aromatisch und leicht bitter.

Verwendung | Ysop wird vor allem im südlichen Europa und im Nahen Osten verwendet. Mit Ysop werden Fleisch, Gemüse, Suppen und Salate gewürzt. Das ätherische Öl wird zur Herstellung bekannter Kräuterliköre verwendet.

Inhaltsstoffe | 0,3–1 % ätherisches Öl (Pinocamphon, Isopinocamphon, Beta-Pinen und Limonen), bitter schmeckende Flavonoide (bis 6 % Diosmin und bis 5 % Hesperidin), Säuren und Gerbstoffe (Rosmarin- und Kaffeesäure). Das Kraut enthält auch Vitamin C.

Geschichte | Der Ysop ist eine alte, bereits in der Antike bei den Römern und Griechen bekannte Heil- und Gewürzpflanze. Im 12. Jh. wurde sie von Benediktinermönchen in Mitteleuropa verbreitet.

Heilkunde | In Form von Aufgüssen und Tinkturen wirkt Ysop harntreibend, bei Husten und Heiserkeit schleimlösend. Aufgrund der antibakteriellen und desinfizierenden Wirkung wird er zum Gurgeln bei Angina eingesetzt. In höheren Dosen kann Pinocamphon Nebenwirkungen wie Krämpfe und epileptische Anfälle auslösen. Vor allem Schwangere sollten auf eine Einnahme verzichten.

Spezielles | Auf den Blättern wächst ein Pilz der Gattung Penicillum (ein dem Penicillin verwandter Wirkstoff). Der Pilz dürfte für die Heilkraft von Ysop-Bädern bei Lepra verantwortlich sein, da er eine starke antibiotische Wirkung hat.

zimt

1 Cinnamomum verum
2 Cinnamomum cassia

Begehrt wie eh und je.

Synonyme | **1** Zimt, Ceylon-Zimt, Quillings, Kaneel
2 Kassia, Zimtkassia, Chinesischer Zimt

Sprachen | F: **1** Cannelle, **2** Casse I: **1** Cannella, **2** Cassia
E: **1** Cinnamon, **2** Cassia

Botanik | *Lorbeergewächs, Lauraceae* | **1** Immergrüner, bis 12 m hoher Baum mit eiförmgien bis lanzettlichen, zugespitzten, ledrigen, gegenständigen, 10–20 cm langen, gestielten, dreinervigen Blättern mit glänzender Oberfläche. Aus den oberen Blattwechseln treiben langgestielte Blütenstände als aufrechte, behaarte Rispen. Aus kleinen, weißlichgrünen, unscheinbaren Blüten entwickeln sich etwa 15 mm große, an Eicheln erinnernde Steinfrüchte (Zimtblüte). **2** Wie **1**, jedoch bis 17 m hoher Baum, der nur 4–6 mm große, runde Früchte (Kassiaknospen) bildet.

Gewürz | Junge, dünne, abgelöste, getrocknete Rinde von jungen Zweigtrieben oder Stockausschlägen. Im Handel gibt es sie meist in Stangenform gerollt oder gemahlen. Die unreifen, getrockneten Früchte – Zimtblüte (1) und Kassiaknospe (2) – und die Blätter des Kassiabaumes werden vor allem in den Heimatländern zum Würzen verwendet.

Herkunft / Anbaugebiete | **1** Auf Sri Lanka (Ceylon) und in Indien, in kleinen Mengen in China, auf Madagaskar, in Indonesien. **2** In China, Vietnam, Laos beheimat; auch in Indonesien kultiviert.

Geruch / Geschmack | **1** Der Geruch von Ceylon-Zimt ist aromatisch süß, der Geschmack unverwechselbar süßscharf, warm, leicht holzig. **2** Der Geruch von Kassia ist herber und stärker als der von Ceylon-Zimt, auch im Geschmack ist er deutlich «bissiger» und feurig.

Verwendung | In der orientalischen, arabischen und asiatischen Küche werden mit Zimt vor allem pikante Speisen wie Rindercurry, Lamm- und Schweinefleisch gewürzt. In der westlichen Küche wird er bis auf wenige Ausnahmen (Fleischeintöpfe) nur für Süßspeisen (Milchreis, Pudding, Kompott), Backwaren und zum Aromatisieren von Getränken (Tee, Glühwein, Punsch, Cappuccino) verwendet.

Inhaltsstoffe | Die Zimtrinde enthält max. 4 % ätherisches Öl, wovon 65–75 % Zimtaldehyd und 5–10 % Eugenol, Zimtalkohol, Zimtsäure und Ester sowie u. a. Safrol. Zudem enthält sie 5–10 % Stärke und 2–4 % Schleimstoffe. Das ätherische Öl der Blätter hat als Hauptinhaltsstoff bis 90 % Eugenol und weniger Zimtaldehyd.

Geschichte | Die Zimtrinden gehören mitunter zu den ältesten Gewürzen der Welt. Seit etwa 5000 Jahren ist Kassia in China bekannt. Nach Europa ist der Ceylon-Zimt Ende des 14. Jh. durch die Portugiesen gelangt. Diese mussten im 16. Jh. die Herrschaft über Ceylon an die Holländer abgeben, ehe Ende des 17. Jh. der Zimthandel unter die Oberhoheit der Engländer kam.

Heilkunde | Ceylon-Zimt wirkt antibakteriell und pilzhemmend. Er regt den Appetit an und fördert die Verdauung. Das Zimtöl wird in der Volksmedizin innerlich bei Erkältungen und bei Durchfall und äußerlich zur Wundbehandlung eingesetzt. Höhere Dosen von Zimtöl können zu Tachykardie (stark beschleunigter Herztätigkeit), erhöhter Atemfrequenz und erhöhter Darmtätigkeit sowie äußerlich zu Hautentzündungen führen. Deshalb ist bei Schwangerschaft und Erkrankungen im Magen-Darm-Bereich das Zimtöl zu meiden. Kassia hat ähnliche Eigenschaften, wegen seines Cumarin-Gehaltes sollte jedoch von einer therapeutischen Anwendung von Kassiaextrakten abgesehen werden.

Spezielles | Bei den Inhaltsstoffen sind die Werte für Ceylon-Zimt angegeben. Im Vergleich dazu enthält Kassia deutlich mehr Schleimstoffe (11 %). Das ätherische Öl von Kassia besteht hauptsächlich aus Zimtaldehyd (bis 90 %) und enthält weder Eugenol noch Linalool, dafür aber das gesundheitlich bedenkliche Cumarin (bis 1 %). Im Gegensatz zu Ceylon-Zimt besteht auch das Blattöl des Kassia überwiegend aus Zimtaldehyd.

zitrone

Citrus limon

Als Frucht und Gewürz unverzichtbar.

Sprachen | F: Citron I: Limone E: Lemon

Botanik | *Rautengewächs, Rutaceae* | 3–6 m hoher, immergrüner Baum, mit eiförmig-lanzettlichen, ledrigen Blättern und mit blattachselständigen Blüten. Die Beerenfrüchte sind länglich-ellipsoid, 7–12 cm lang und bis 8 cm dick, gefüllt mit Saftschläuchen und umhüllt von einem weißen, 2–5 mm dicken Mesokarp und der an ätherischen Ölen reichen hell- bis goldgelben Außenschale (Perikarp).

Gewürz | Als Gewürz wird meist die frische, geraspelte Fruchtschale von unbehandelten Zitronen und der ausgepresste Fruchtsaft verwendet. Fruchtschalen sind auch kandiert oder getrocknet erhältlich.

Herkunft / Anbaugebiete | Die Citrus-Arten stammen vermutlich aus Südostasien. Heute werden über 100 Sorten in vielen Ländern mit subtropischem oder tropischem Klima kultiviert. Zu den größten Erzeugern zählen die USA (Kalifornien), Mexiko und Nordafrika. In Europa kommen die Zitronen mehrheitlich aus Spanien, Italien und Griechenland. Sie werden mehrmals pro Jahr geerntet.

Geruch / Geschmack | Die Zitronen haben ein charakteristisches, erfrischendes und säuerliches Aroma. Der Fruchtsaft ist sehr sauer.

Verwendung | Mit abgeriebener Zitronenschale und Zitronensaft können süße und pikante Speisen gewürzt werden: Backwaren, Desserts, Kompotts, Meeresfrüchte und Fisch, Fleisch, Suppen, Gemüse und Pasta, Saucen und Marinaden. Ganze Früchte werden zur Gewinnung von Zitronenöl verwendet.

Inhaltsstoffe | Der Zitronensaft enthält hauptsächlich Zucker sowie Fruchtsäuren (bis 8 % Zitronensäure) und bis 0,08 % L-Ascorbinsäure (Vitamin C). Die äußere Schicht des Perikarp (Schale) ist reich an ätherischem Öl (bis 4 %), bestehend aus 90 % Limonen und 5 % Citral, Citronellal, Alpha-Terpineol sowie Gamma-Terpinen.

Geschichte | Bereits im 6. Jh. hat man in Persien mit der Züchtung des Zitronenbaums begonnen. Die Perser gaben ihr Wissen an die Griechen weiter, welche die Pflanze nach Europa brachten. Erste Plantagen gab es 1792 in Spanien und rund 80 Jahre später auch in Italien.

Heilkunde | Der verdünnte Zitronensaft – mit etwas Honig gesüßt – dient warm getrunken zur Prophylaxe und Linderung bei grippalen Infekten. Ihr Vitamin-C-Gehalt und ihre gute Haltbarkeit machten die Frucht in früherer Zeit, vor allem auf hoher See, zu einem wirksamen Mittel gegen Skorbut, eine Vitamin-C-Mangelkrankheit.

Spezielles | Wenn man angeschnittenes Gemüse und Früchte (Avocado, Artischocke, Apfel, Birne usw.) mit wenig Zitronensaft bepinselt, kann eine Braunfärbung der Schnittfläche verhindert werden.

zitronengras

Cymbopogon citratus

Kein Gras ist erfrischender.

Synonyme | Lemongras, Indisches Zitronengras, Serehgras

Sprachen | F: Verveine des Indes I: Cimbopogone, Erba di limone E: Lemon grass

Botanik | *Süßgrasgewächs, Poaceae* | Ausdauernde, am Boden zwiebelartig verdickte Pflanze mit schmalen, 1,2–1,5 m langen und 1–2 cm breiten Blattspreiten und -scheiden, deren Rand mit starren, feinen, spitzen und scharfen Haaren besetzt ist und deutlich sichtbare Ölzellen aufweist.

Gewürz | Der frische Stamm (seltener der getrocknete) sowie die Blätter werden als Gewürz verwendet.

Herkunft / Anbaugebiete | Das Zitronengras hat seinen Ursprung vermutlich in Westindien, Indonesien und Malaysia. Heute wird die Pflanze fast in allen tropischen Gebieten der Welt kultiviert. Die Hauptanbaugebiete sind aber noch immer Malaysia, gefolgt von Indien, Vietnam, China, Sri Lanka und Brasilien.

Geruch / Geschmack | Geruch und Geschmack von Zitronengras sind frisch und zitronenatrig, mit einem Hauch von Rosenduft.

Verwendung | Das zerstoßene, gehackte oder in Streifen geschnittene Zitronengras dient vor allem in der asiatischen Küche zum Würzen von Fisch und Meeresfrüchten, von Fleisch (Poulet, Rind Schwein), Suppen, Gemüse und Wokspeisen allgemein. Das getrocknete Zitronengras ist Bestandteil verschiedener Gewürzmischungen. Das aus dem Gras gewonnene Öl wird für die Herstellung von Getränken sowie Parfums verwendet.

Inhaltsstoffe | 0,2–0,5 % ätherisches Öl, hauptsächlich bestehend aus Citral (Gemisch aus Geranial und Neral) sowie aus Myrcen, Limonen und weiteren Terpenderivaten.

Geschichte | Der römische Historiker und Schriftsteller Plinius der Ältere beschrieb bereits im 1. Jh. in seiner «Naturalis historia» das Gras als ein Kochgewürz. Erst im 19. Jh. konnte sich das Zitronengras aber mit steigender Popularität der asiatischen Küche auch in Europa etablieren.

Spezielles | Zwei weitere Arten der Gattung haben in der Parfumindustrie eine große Bedeutung. Das Palmarosa-Öl wird aus Palmarosagras (beheimatet in Indien, angebaut auch in Java) gewonnen und enthält vor allem Geraniol (75 %) und Geranylacetat (15 %). Die zweite Art ist das ebenfalls aus Indien stammende und in den ganzen Tropen angebaute Citronell(a)gras mit den Hauptkomponenten Geraniol (35 %), Citronellal (20 %), Limonen (10 %).

zitronenmelisse

Melissa officinalis

Bienenweide und Zitronenduft.

Synonyme | Melisse, Bienenkraut, Honigblume, Zitronenkraut

Sprachen | F: Mélisse citronnelle, Herbe citronnelle I: Melissa, Cedronella, Erba limone E: Lemon balm, Sweet balm, Balm mint

Botanik | *Lippenblütengewächs, Lamiaceae, syn. Labiatae* | Aus den Rhizomausläufern entwickeln sich 20–80 cm hohe, vierkantige, raue, behaarte Stängel, an denen sich kreuzgegenständig raue, behaarte, herz- bis eiförmgie, langgestielte Blätter von 2–6 cm Länge und bis 4 cm Breite mit einem grob gesägten Rand befinden. In den Blattachseln bilden sich zum Teil kleine Blattsprossen oder ab dem zweiten Standjahr weißlichgelbe Blüten in 3- bis 5-blütigen Scheinquirlen.

Gewürz | Die frischen und getrockneten Blätter werden als Gewürz verwendet.

Herkunft / Anbaugebiete | Die Zitronenmelisse stammt vermutlich aus Westasien. Sie wird heute vor allem in Europa (Deutschland, Spanien, Frankreich) und in Marokko, Mexiko und Peru kultiviert.

Geruch / Geschmack | Die frische Zitronenmelisse riecht und schmeckt erfrischend aromatisch und erinnert an Zitrone. Getrocknete Blätter verlieren ihr Aroma sehr schnell.

Verwendung | Zitronenmelissenblätter dienen vor allem zum Aromatisieren von kalten Speisen (Salat), von Saucen und Rohkost sowie von speziellen Fischgerichten. Sie passen aber auch gut zu fruchtigen Desserts wie Obstsalat und Kompott und zu Milchprodukten (Joghurt, Frischkäse, Quark). Sie sind eine Bereicherung für Bowlen und Erfrischungsgetränke. Das Kraut wird zur Herstellung von Kräuteressig verwendet und ist in bekannten Likören wie Bénédictine und Chartreuse enthalten.

Inhaltsstoffe | 0,1–0,3 % ätherisches Öl von komplexer, variabler Zusammensetzung. Es konnten über 50 Aromakomponenten nachgewiesen werden, von denen Citronellal, Citral (Neral und Geranial), Beta-Carophyllen, Citronellol, Geraniol sowie Nerol (zusammen 70 %) die wichtigsten sind.

Geschichte | Schon im Altertum war die Zitronenmelisse bekannt. Sie wurde im 10 Jh. von den Arabern in Spanien eingebürgert und dank Benediktinermönchen im 16. Jh. in mehreren europäischen Ländern als Heil- und Gewürzpflanze kultiviert.

Heilkunde | Aufgüsse von Zitronenmelisse haben eine beruhigende, krampflösende Wirkung und sind deshalb bei nervös bedingten Einschlafstörungen hilfreich. Die Zitronenmelisse ist magenstärkend und lindert allgemein bei funktionellen Magen-Darm-Beschwerden. Das Kraut wirkt zudem schweißtreibend.

Spezielles | Die Pflanze wird heute noch vor allem für die Parfumindustrie zur Gewinnung des ätherischen Öles angebaut, das einen hohen Anteil an Citral hat. Aufgrund des sehr hohen Preises dürfte es jedoch teilweise durch das günstigere Zitronengrasöl ersetzt werden.

zitronenverbene

Aloysia triphylla

Zitronenblätter aus Südamerika.

Synonyme | Zitronenstrauch, Mexikanischer Oregano

Sprachen | F: Verveine citronelle, Verveine odorante I: Verbena limone E: Lemon verbena

Botanik | *Eisenkrautgewächs, Verbenaceae* | Mehrjähriger, laubabwerfender, 1–2 m hoher Strauch mit weißen Blüten und kurzstieligen, länglich-lanzettlichen Blättern, welche meist zu dritt in Quirlen wachsen.

Gewürz | Als Gewürz werden frische, seltener getrocknete Blätter verwendet.

Herkunft / Anbaugebiete | Die Heimat der Zitronenverbene ist Südamerika. Sie wird heute hauptsächlich in Chile, Peru, Mexiko, aber auch im Mittelmeerraum (Marokko, Israel) angebaut.

Geruch / Geschmack | Die Zitronenverbene hat einen sehr reinen, zitronenartigen Geruch und einen leicht scharfen Geschmack. Ihr Aroma ist stärker als das der meisten andern nach Zitrone riechenden Pflanzen.

Verwendung | Der schon fast göttliche Duft verzaubert buchstäblich alles. Verwendung in der süßen Küche: frische und getrocknete Blätter für Fruchpuddings, Guetzli, Cakes, Apfelgelle und Siurp. Verwendung in der pikanten Küche: Fisch im Zitronenverbenewasser pochieren, Poulet mit frischem Kraut füllen und im Ofen braten, Grilladen in eine zitronige Kräutermarinade einlegen, Kräuterbutter mit viel Zitronenverbene.

Inhaltsstoffe | Das ätherische Öl (0,2–0,7%) enthält als Hauptbestandteil Citral (Neral und Geranial) sowie weitere Monoterpene respektive Monoterpenabkömmlinge (Limonen, Carvon, Dipenten, Linalool, Nerol und Geraniol).

Geschichte | Die Zitronenverbene kam im 17. Jh. mit spanischen Seefahrern nach Europa, wo sie bis heute vor allem eine Zierpflanze ist.

Heilkunde | Die Blätter werden laufend gepflückt und frisch oder getrocknet verwendet. Ein Zitronenverbenetee wird mit vor Vorliebe vor dem Schlafengehen zur Beruhigung getrunken. Auch bei bronchialen und fiebrigen Erkältungen bringt er Linderung. Das Kraut hilft rasch bei Blähungen, Magenkrämpfen, Brechreiz und Verdauungsstörungen. Wenn man die Blätter in Mandelöl einlegt, bekommt man ein wohltuendes Massageöl.

Spezielles | Die Pflanze wird wegen ihrer Zuordnung in unterschiedliche Gattungen (Aloysia, Lippia, Verbana, Zapania) des Öftern verwechselt. Die volkstümliche Bezeichnung «Mexikanischer Oregano» sorgt ebenfalls gelegentlich für Verwirrung. Mit dem Oregano (Origanum vulgare) ist die Zitronenverbene aber weder verwandt noch vergleichbar.

zwiebel

Allium cepa

Trotz tränender Augen weltweit beliebt.

Synonyme | Küchenzwiebel, Sommerzwiebel, Bolle, Speisezwiebel, Zipolle, Zippel

Sprachen | F: Oignon I: Cipolla E: Onion

Botanik | *Lauchgewächs, Alliaceae* | Zweijährige, krautige Pflanze mit einer Zwiebel als kugeligem Speicherorgan aus unterirdischen Blättern. Die Zwiebel ist von 2–3 trockenen Hüllblättern umgeben. In der Achsel der oberen fleischigen Zwiebelblätter bilden sich Knospen, aus denen Tochterzwiebeln oder generative Triebe entstehen. Die röhrigen grünen Blätter und Stängel werden 15 cm–1,2 m hoch. Aus den Stängeln entwickelt sich der Blütenstand in Form einer zusammengesetzten, kugeligen weißlichen bis hellvioletten Scheindolde mit vielen Einzelblüten.

Gewürz | Zwiebeln kommen in der Küche frisch oder auch getrocknet (in Form von Ringen, Flocken, Granulat, gemahlen, in Fett geröstet) zum Einsatz. Die oberirdischen, röhrenförmigen Blätter sind Gewürz oder Ersatz von Schnittlauch.

Herkunft / Anbaugebiete | Die Zwiebel dürfte in West- oder Zentralasien beheimatet sein. Sie ist heute nur noch in Kultur bekannt und auf der ganzen Welt verbreitet. Wichtigste Exportländer sind die USA, China, Ägypten, Deutschland, Holland, Italien, Spanien und Polen.

Geruch / Geschmack | Unverletzte Zwiebeln sind praktisch geruchlos. Sie entwickeln aber bei der Verarbeitung einen stechenden, zu Tränen reizenden Geruch. Im Geschmack sind sie mild bis scharf, frisch und würzig. Geröstete Zwiebeln sind süßlich-würzig, während getrocknete einen aromatischen, knoblauchartigen Geruch und einen milden Geschmack haben.

Verwendung | Zwiebeln sind ein beliebtes Küchengewürz, das je nach gewünschtem Geschmack und Rezept roh, gekocht, gedünstet oder gebraten wird. Die erste Geige spielen sie in Zwiebelkuchen und Zwiebelsuppe oder wenn sie mit Hackfleisch gefüllt werden. Vor allem kleine Zwiebeln gibt man gern zu Eintopf- und Schmorgerichten. Frisch in Ringe geschnitten, werden Zwiebeln reichlich auf italienische und griechische Salate gegeben.

Inhaltsstoffe | Frische Zwiebeln bestehen bis zu 90 % aus Wasser sowie aus Pektin, Eiweiß und Zucker (Polysaccharide). Der Gehalt an ätherischem Öl beträgt je nach Sorte 0,05–0,2 %, mit vorwiegend organischen Schwefelverbindungen wie Alliine, Vinylsulfid, Dialylsulfid und weiteren Sulfiden, welche für den typischen und scharfen Geruch beziehungsweise Geschmack verantwortlich sind. Die tränenreizenden Komponenten sind Thiopropanal-1-oxid und 1-Propenylsulfensäure (Lauchöle), die bei Zellverletzung (zerkleinerte Zwiebel) ein Enzym aus den Alliinen und deren Spaltprodukten bilden.

Geschichte | Im alten Ägypten wurde die Zwiebel bereits 3000 Jahre v. Chr. kultiviert, kurz nach dem Knoblauch. Bei den Pharaonen galt sie als heilig. Die Römer verbreiteten die Zwiebel später im Süden Deutschlands, die Spanier in Amerika, die Engländer in Australien.

Heilkunde | Die Zwiebel wirkt antibakteriell, entzündungshemmend, fibrinolytisch, lipid- und blutdrucksenkend und hemmt die Thrombocytenaggregation (vorbeugend bei altersbedingter Gefäßveränderung). In der Volksmedizin wird sie als Sud bei Husten und Bronchitis und äußerlich bei Insektenstichen und kleinen Wunden sowie als Wickel bei Mittelohr- und bei Stirnhöhlenentzündungen verwendet.

Spezielles | Von der Zwiebel gibt es viele Varietäten und Unterarten. Bekannteste Vertreter sind Winterzwiebel, Schalotte und Etagenzwiebel.

gewürze in der praxis

einkaufen

Gewürze einkaufen – moderner Gewürzbazar

Die Auswahl an Gewürzen ist riesig. Nicht wenigen «Exoten» ist sogar der Sprung vom Spezialitätengeschäft in den Supermarkt geglückt. Aber auch der Laden um die Ecke hat ein ansprechendes Sortiment. Und wenn das traditionelle Lebensmittelgeschäft nicht weiterhelfen kann, lohnt sich der Gang zum «Thailänder», «Inder», «Türken» ... Auch in vielen Apotheken findet man ein großes Sortiment an getrockneten Gewürzen. Und wenn eines nicht vorrätig ist, wird man es in kurzer Zeit beschaffen können.

Und wer auf ein gestyltes Äußeres Wert legt, findet hübsche Gewürzgebinde in gut sortierten Küchenfachgeschäften.

In größeren Städten ist die Delikatessabteilung in Warenhäusern auch eine gute Adresse für Gewürze – sie sind meist sehr gut assortiert.

Der Einkauf von Gewürzen ist Vertrauenssache. Wichtig ist in jedem Fall, dass das Geschäft gut frequentiert wird und die Gewürze entsprechend häufig über den Ladentisch gehen: je frischer, desto besser, lautet auch hier die Devise. Nicht dass es sich bei getrockneten Gewürzen um eine leicht verderbliche Ware handelt, aber unbeschränkt haltbar sind sie gleichwohl nicht. Sie verlieren bei langer Lagerung an Aroma und Würzkraft.

Einkauftipps

- Gewürze immer in kleinen Mengen einkaufen, es sei denn, man verwende sie häufig.
- Ganze Gewürze sind 1 Jahr und länger haltbar. Zerkleinerte/gemahlene Gewürze nicht länger als 6 Monate aufbewahren.
- Gewürze nach Möglichkeit frisch mahlen.
- Pfefferkörner stets frisch mahlen, da der Aromaverlust rasch eintritt.
- Gewürze regelmäßig auf das Verfalldatum kontrollieren.
- Sehr praktisch sind Gewürzgläser mit aufgeschraubter Einweg-Gewürzmühle für Gewürzkörner wie Pfeffer, Piment und Koriander.

Grundausstattung

Die ideale Bestückung eines Gewürzregals umfasst etwa 20 Gewürze. Nachstehend eine mögliche Auswahl in alphabetischer Reihenfolge. Die Grundausstattung kann je nach persönlichen Vorlieben/Kochgewohnheiten erweitert werden.

Cayennepfeffer, *gemahlen*
Currypaste, rot, thailändisch
Curry, Madras
Gewürznelken, *ganz und gemahlen*
Ingwer, *frisch (im Gemüsefach des Kühlschranks längere Zeit haltbar; oder in Alufolie einwickeln und tiefkühlen)*
Knoblauch, *frisch*
Korianderkörner
Kräuter der Provence, *getrocknete Kräutermischung*
Kreuzkümmelsamen
Kümmelsamen
Lorbeerblätter, *getrocknet*
Muskatnuss, *ganz*
Paprikapulver, edelsüß
Pfefferkörner, schwarze
Safranfäden
Salz, *ein möglichst feines Meersalz*
Senf, *am besten den scharfen aus Dijon*
Vanilleschote und Bourbon-Vanillezucker
Zimt, *ganze Stangen und gemahlen*
Zwiebel, *frisch*

lagern

Gewürze richtig lagern – der ideale Ort

Getrocknete Gewürze

Die in Kaufhäusern erhältlichen Gewürzregale zum Aufhängen sehen recht hübsch aus, zum Lagern von Gewürzen können sie leider nicht empfohlen werden. Dies aus zwei Gründen. Es ist zwar praktisch, die Gewürze in der Nähe der Kochstelle zu haben, würden Kochdampf und Licht das nicht verbieten. Auch der oft benutzte Stauraum oberhalb der Abzugshaube ist kein idealer Ort. Gewürze sollten dunkel, kühl und trocken gelagert werden.

Selbst bei gut schließenden Gläsern und Vorratsdosen verströmen die Gewürze ihr Aroma. Aus diesem Grund geruchsabsorbierende Lebensmittel wie Reis, Hülsenfrüchte und Schokolade nicht in ihrer Nähe lagern.

Frische Gewürze

Frische Gewürze – im Gegensatz zu getrockneten – stets im Kühlschrank aufbewahren. Jedes Gewürz einzeln in einen Plastikbeutel legen, diesen mit Luft aufblasen und gut verschließen. Je nach Sorte und Frische beim Kauf sind sie mehrere Tage oder bis zu 2 Wochen haltbar.

Knoblauch

Im Handel gibt es für eine optimale Lagerung Tongefäße. Auch die Lagerung in einem luftdurchlässigen Drahtgitterkorb ist möglich. Kein direktes Sonnenlicht. Austreibenden Knoblauch (der Sproß ist bitter) nicht mehr verwenden. Er kann jedoch während der Vegetationszeit in den Garten gepflanzt werden, wo er schon bald hellrosa blüht. Die Blüten sind eine schöne Garnitur.

Zwiebel

Im Handel findet man für eine optimale Lagerung Tongefäße. Auch die Lagerung in einem luftdurchlässigen Drahtgitterkorb ist möglich. Direktes Sonnenlicht vermeiden. Zwiebeln nie in der Nähe von Kartoffeln lagern, da die Feuchtigkeit sie vorzeitig verderben lässt.

Ingwer

Noch idealer als das Aufbewahren in einem Plastikbeutel/in einer Vorratsdose im Kühlschrank ist das Tiefkühlen. Dazu sollte ein möglichst saftiges, großes Stück Ingwer geschält und luftdicht in gefrierfeste Klarsichtfolie eingewickelt werden. Zum Würzen einfach wenig von der gefrorenen Wurzel auf einer scharfen, feinen Reibe abreiben.

Kaffernlimettenblätter und Zitronengras

Noch idealer als das Aufbewahren in einem Plastikbeutel/in einer Vorratsdose im Kühlschrank ist das Tiefkühlen. Dazu Blätter oder Stängel locker in einen Gefrierbeutel füllen, am besten in einen mit wiederverschließbarem Zipp-Verschluss, und tiefkühlen. Blätter und Stängel können einzeln entnommen, kurz angetaut und wie frisch verwendet werden.

Gewürzpasten und Gewürzsaucen

Pasten und Saucen nach dem Öffnen im Kühlschrank in einem geeigneten Gefäß aufbewahren. Ebenfalls frisch zubereitete Pasten/Saucen unmittelbar nach der Zubereitung kühl stellen. Senf und Tabascosauce sind nach dem Öffnen im Kühlschrank max. 1 Jahr haltbar, alle anderen Pasten/Saucen innert 2 Monaten aufbrauchen.

Für Pasten und Saucen ist eine dünne Schicht Öl eine ideale Konservierungsmethode. Einfach etwas neutrales Öl, z. B. Sonnenblumenöl, auf die Gewürzpaste gießen. Für Gewürzpasten mit Öl auch zum Abdecken das gleiche Öl verwenden.

Die Lagerdauer

Gemahlene Gewürze

Gemahlene Gewürze verlieren kontinuierlich an Aroma und sie sind selbst in einem gut schließenden Gefäß nach maximal 6 Monaten fade. Einzige Ausnahme ist das Senfpulver, es behält sein Aroma bis zu einem Jahr.

Es müssen aber nicht alle Gewürze nach 6 Monaten ausgetauscht werden. Man versuche es mit ein paar Prisen mehr, um die gleiche Würzkraft zu erzielen. Bei einer farblichen Veränderung ist ein Austausch zwingend.

Ganze Gewürze

Bei ganzen Gewürzen ist der Aromaverlust weit geringer, weil sich ätherische Öle weniger rasch verflüchtigen respektive verdunsten. Ganze Gewürze sind deshalb doppelt so lange haltbar wie gemahlene, also etwa 12 Monate. Aber ganze Gewürze sind ebenfalls zu ersetzen, wenn die Würzkraft nachlässt und die Farbe an Intensität abnimmt.

Das ideale Gebinde

Die Mehrzahl der Gewürze wird in kleinen Glasgebinden mit luftdicht schließendem Deckel angeboten. In fremdländischen Lebensmittelläden sind sie häufig nur in Kunststoffbeutel abgepackt und sollten zu Hause zum Lagern umgefüllt werden. Auch für selbst hergestellte Gewürzmischungen wird meist ein geeignetes Gefäß benötigt.

Glas

Kleine Glasgebinde mit luftdicht schließendem Deckel sind erste Wahl zum Lagern von getrockneten Gewürzen sowie Gewürzpasten und -saucen.

Metall

Metalldosen sehen nicht nur hübsch aus, sie schützen die Gewürze auch vor Lichteinfluss. Geeignet sind allerdings nur Dosen aus Chromstahl, denn Blechdosen geben einen metallischen Geruch ab und haben häufig einen schlecht schließenden Deckel. Zudem ist Blech anfällig auf Rost.

Chromstahldosen mit luftdicht schließenden Kunststoffdeckeln eignen sich für getrocknete Gewürze wie für Gewürzpasten und Gewürzsaucen. Da auch ein Kunststoffdeckel Gerüche aufnehmen kann, sollte in einer Dose immer das gleiche Gewürz gelagert werden.

Plastik

In Plastikdosen aus Kunststoff mit einem luftdicht schließenden Deckel können Gewürze sehr gut aufbewahrt werden. Ein Nachteil hat aber Kunststoff: Er nimmt Gerüche und Farbstoffe extrem gut auf, gibt sie aber auch entsprechend leicht an die Umwelt ab. Selbst im Geschirrspüler ist dem nicht beizukommen. Deshalb stets das gleiche Gewürz in der gleichen Plastikdose aufbewahren.

Als Übergangslösung eignen sich zum Aufbewahren von Gewürzen auch kleinere Plastikbeutel mit einem Zipp-Verschluss. Wichtig: Es sollte möglichst wenig oder gar keine Luft mit eingeschlossen werden.

scharf und färbend

Frische Chilis und Peperoncini
Je nach Alkaloid-/Capsaicingehalt können Chilischoten schmerzhafte Hautverbrennungen auslösen. Einweg-Latexhandschuhe schützen hier die Hände optimal. Augenkontakt unbedingt meiden.

Chilipulver und Gewürzmischungen mit Chilipulver
Aus dem gleichen Grund wie bei frischen Chilis ist auch hier Haut- und Augenkontakt zu meiden.

Safran, Curry, Kurkuma
Sie färben Hände, Arbeitsfläche und Stoff intensiv gelb. Deshalb raschmöglichst reinigen/abwaschen.

Knoblauch
Wer auf Knoblauch empfindlich reagiert, sollte bei seiner Verarbeitung Einweg-Latexhandschuhe tragen. Größere Mengen «parfümieren» nachhaltig. Tipp: Die Hände unter kaltem Wasser an einem Chromstahltopf reiben, so wird dem Knoblauchgeruch der Garaus gemacht. Die gleiche Wirkung haben auch im Handel erhältliche «Chromstahl-Seifen».

Zwiebel
In der Nähe einer Gasflamme (innerer Ring) verbrennen die tränentreibenden Stoffe, bevor sie die Augen irritieren können.

Wer keinen Gasherd hat, versuche es mit zwei, drei Teelichtern in der Nähe des Arbeitsplatzes.

was tun, wenn ...

... das Gericht zu scharf ist?

Was der eine als scharf empfindet, ist für den anderen möglicherweise fad. Unterwürzung ist kein Problem, Überwürzung schon.

Zucker versüßt nicht nur das Leben – er kann auch Schärfe mildern! Dazu kann Honig, raffinierter Zucker oder Rohrohrzucker verwendet werden. Aus der Speise sollte aber kein scharfes Dessert werden. Zucker mildert nicht nicht nur Schärfe, sondern auch Säure.

Schmorgerichte enthalten oft Tomaten. In diesem Fall 1 bis 2 Dosen gehackte Tomaten – je nach Menge – zugeben und weitere 20 Minuten köcheln lassen. Die Säure der Tomaten sollte die Schärfe neutralisiert haben.

Damit bei einer starken Überwürzung nicht alles verloren ist, kann man die gleiche Portion, ohne die scharfen Zutaten, nochmals zubereiten. Nach dem Mischen ist das Gericht hoffentlich wieder angenehm scharf. Nun vorsichtig abschmecken.

Dem Schmorgericht, z. B. Gulasch oder Ragout, eine Handvoll Kartoffelwürfelchen zugeben und diese 10 bis 20 Minuten mitkochen. Sie mildern nicht nur die Schärfe, sondern geben dem Gericht auch mehr Volumen. Auch bei leicht angebrannten Speisen sind Kartoffelwürfelchen hilfreich, da sie den Brandgeschmack neutralisieren.

... das Gericht zu fad ist?

Darf von den rezeptierten Gewürzmengen abgewichen werden? Ja und nein. Bei einer Speise mit kurzer Garzeit kann nach Gutdünken gewürzt werden. Anders bei Schmorgerichten mit langer Garzeit, denn da ist die «Entwicklung» der Gewürze nicht voraussehbar. Auch erfahrene Köchinnen und Köche bekommen diese Sicherheit nur durch mehrmaliges Ausprobieren.

Nicht immer sind die Gewürze für ein fades Gericht verantwortlich. Man kann auch mit dem Salz zu sparsam umgehen. Das Salz hat die Aufgabe, die Aromen zum «Blühen» zu bringen und zu einem harmonischen Ganzen zu verbinden. Deshalb kann eine Prise Salz Wunder wirken.

Schmorgerichte
Die Sauce nach halber Garzeit probieren, eventuell leicht salzen. Wenn das Gericht viel zu fad ist, kann jetzt noch nachgewürzt werden.

Curry niemals trocken der Speise zufügen, sondern für ein volles Aroma zuerst in wenig Butter oder Öl rösten, bis es kräftig duftet.

Kurzgebratene und gegrillte Fleisch- und Fischstücke
Hier sorgt eine Prise frisch gemahlener Pfeffer, wenig Würzsauce, z. B. Tabasco, oder ein Stückchen würzige Butter oder wenig Kräuteröl für mehr Würze. Und eine kleine Prise Salz bewirkt vielleicht auch hier ein Wunder.

Kuchen, Kleingebäck ...
Wenn die Gewürze vergessen oder zu niedrig dosiert worden sind, ist nach dem Backprozess nichts mehr gutzumachen. Ein Lebkuchen ohne die entsprechenden Gewürze ist kein Lebkuchen. Eine kleine Korrektur ist möglich, wenn man das Gebäck glasiert oder mit aromatisiertem Puderzucker (Vanillezucker oder Zimtpulver) bestäubt.

Gewürzglasur (Grundrezept)
50 g Puderzucker
2 TL Wasser
1–2 Prisen Gewürze,
z. B. Lebkuchengewürz, Zimtpulver

... Gewürze verbrannt sind?

Da gibt es leider keine Rettung. Die Gewürze und die übrigen Zutaten müssen ersetzt und es muss nochmals von vorn begonnen werden.

Das Rösten und Dünsten von Zwiebeln und Knoblauch stets überwachen, ab und zu rühren. Verbrannt schmecken beide unangenehm und können ein Gericht verderben.

Ausnahmen: Bei Grilladen und allenfalls auch bei gebackenem Brot können verbrannte Gewürze das geschmackliche Gesamtbild abrunden.

... das Gericht versalzen ist?

Eine Überdosis Salz ist einer der häufigsten Kochfehler. Davor sind weder Profis noch Hobbyköche gefeit. Das braucht aber nicht immer in einem Desaster zu enden.

Vorbeugende Tipps
Feines Meersalz anstelle des gewöhnlichen Kochsalzes verwenden. Es ist weniger aufdringlich und auch einfacher zu dosieren. Salz keinesfalls löffelweise, sondern in Prisen zugeben. Ausnahme: Teigrezepte. Hier wird das Salz mit einem genormten Tee- oder Esslöffel abgemessen.

Wer sich beim Salzen unsicher fühlt, der salzt lieber zu wenig als zu viel. Das Nachsalzen ist auch am Tisch möglich.

Rettende Tipps
Wenn ein Ragout, ein Curry oder eine Suppe zu salzig ist, einige Kartoffeln (festkochende Sorte) schälen und längs vierteln, dem Gericht zufügen und mitkochen. Die Kartoffeln nehmen einen Teil des Salzes auf. Kartoffeln später wegwerfen.

Eine Prise weißen Zucker oder Rohrohrzucker oder auch ein wenig Honig mildern die salzige Wirkung. Nicht überdosieren! Wenn 1 bis 4 Prisen nicht die gewünschte Wirkung zeigen, sollte ein anderer Tipp probiert werden.

Reis und Pasta, die in zu salzhaltigem Wasser gekocht worden sind, können unter fließendem heißem Wasser gut gespült und später wieder erhitzt werden.

Stark versalzene Gerichte können durch «Verlängern» wieder genießbar gemacht werden. Gleiche Menge ohne Salz nochmals kochen und mit dem versalzenen Gericht mischen. Vorsichtig abschmecken. Überschüssige Portionen bei Eignung tiefkühlen.

rösten und anbraten

Gewürze rösten

Das Rösten verstärkt das Aroma von ganzen Gewürzen wesentlich. In vielen Regionalküchen der Welt erhalten die Gerichte so ihr typisches Aroma.

Step by step

1 | Gewürze zugeben, unter Rühren mit dem Holzlöffel 1 bis 2 Minuten rösten, bis sie kräftig duften und ein wenig Farbe angenommen haben.

2 | Die Gewürze sofort auf einem Blech ausbreiten und vollständig auskühlen lassen.

3 | Die gerösteten Gewürze können nun z. B. im Mörser zerstoßen oder nach Rezept weiterverarbeitet werden.

Ajowansamen
Anissamen
Bockshornkleesamen
Chilischote
Dillsamen
Fenchelsamen
Gewürznelken
Kardamomkapsel
Korianderkörner
Kreuzkümmelsamen
Kubebenpfefferkörner
Kümmelsamen
Langer Pfeffer, *Körner*
Macissamenmantel
Mohnsamen
Mönchspfefferkörner
Paprikapulver
Paradieskörner
Pfefferkörner, schwarz und weiß
Pimentkörner
Schwarzkümmelsamen
Selleriesamen
Senfkörner, schwarz, braun, weiß
Sesamsamen
Sternanis
Szechuanpfefferkörner
Tasmanischer Pfeffer, *Körner*
Tonkasamen
Wacholderbeeren
Zimtstange

Gewürze anbraten

Für Gerichte wie Currys Gewürze zuerst in wenig Butter, Bratbutter/Butterschmalz oder Öl anbraten, damit sie ihr Aroma entfalten können. Die Gewürze können dazu ganz, gehackt, gemahlen, trocken oder frisch sein. Oft werden gleichzeitig Zutaten wie Fleisch, Fisch oder Gemüse angebraten.

Step by step

1 | Weite Bratpfanne, weiten Topf oder Wok bei mittlerer Hitze aufheizen.

2 | Zuerst das Fett (Butter, Bratbutter/Butterschmalz, Öl) und dann die Gewürze und weitere Zutaten zugeben und unter Rühren mit dem Holzlöffel 1 bis 2 Minuten braten, bis alles kräftig duftet und ein wenig Farbe angenommen hat.

3 | Bratvorgang stoppen, indem man die rezeptierte Flüssigkeit zufügt. Nach Rezept weiterfahren.

Anmerkung

Verbrannte Gewürze wegwerfen und neu beginnen.

mahlen

Ajowansamen
Anissamen
Bockshornkleesamen
Chilischoten
Dillsamen
Fenchelsamen
Gewürznelken
Kardamomkapsel
Knoblauch, *frisch*
Korianderkörner
Kreuzkümmelsamen
Kubebenpfefferkörner
Kümmelsamen
Langer Pfeffer, *Körner*
Lauch, *frisch*
Lorbeerblatt, *frisch*
Macissamenmantel
Mohnsamen
Mönchspfefferkörner
Paprika
Paradieskörner
Petersilie, *frisch*
Pfefferkörner, schwarz
Pfefferkörner, weiß
Pimentkörner
Rosa Pfeffer, *Körner*
Rosmarinnadeln, *frisch*
Safranfäden
Salbeiblätter, *frisch*
Schwarzkümmelsamen
Selleriesamen
Senfkörner, schwarz und braun
Senfkörner, weiß
Sesamsamen
Sternanis
Szechuanpfefferkörner
Tasmanischer Pfeffer, *Körner*
Thymianblätter, *frisch*
Tonkasamen
Wacholderbeeren
Zimtstange
Zitronengrasstängel
Zwiebel, *frisch*

Gewürze mahlen

Harte Gewürze und getrocknete Blätter können nur in zerkleinerter Form – durch das Mahlen – ihr Aroma entfalten. Auch geröstete Gewürze können gemahlen werden.

Handbetriebene Gewürzmühle
Die wohl bekannteste Gewürzmühle ist die Pfeffermühle. Neu werden Gewürzgläser auch mit einer Einwegmühle angeboten.

Mörser
Er eignet sich zum Zerstoßen von kleinen Gewürzmengen (1 bis 2 Esslöffel).

Elektrische Gewürzmühle
Leidenschaftliche Hobbyköche möchten und können nicht darauf verzichten. Wer Currypulver selber herstellt, weiß die Kraftersparnis zu schätzen.

Größere Gewürzmengen (mehr als 5 EL) sollten nicht in der elektrischen Gewürzmühle gemahlen werden, da die Hitze zu einem Aromaverlust führt.

Cutter
Das sonst unverzichtbare Küchengerät ist zum Mahlen von Gewürzen nicht geeignet. Messer und auch Fassungsvolumen sind zu groß, als dass sich die Gewürze zu einem genügend feinen Pulver verarbeiten ließen.

raspeln und reiben

Es gibt einige wenige Gewürze, die für ein volles Aroma geraspelt/gerieben werden müssen. Für Muskatnuss und Ingwerwurzel gibt es sogar spezielle Reiben. Man braucht aber nicht zwingend die ganze Palette. Wichtig ist, dass die Reibe scharf genug ist.

Wurzeln und Früchte raspeln – step by step

1 | Wurzeln schälen. Früchte wie Orangen oder Zitronen heiß abwaschen, trocknen. Getrocknete Gewürze wie Muskatnuss oder Sandelholz müssen nicht vorbereitet werden.

2 | Das Gewürz an der Reibe reiben. Bei Zitrusfrüchten nur den farbigen Teil der Schale abreiben. Vorsicht: Die Finger nicht mitreiben.

Anmerkung
Immer nur so viel vom Gewürz reiben, wie gerade benötigt wird.

Fingerwurz, *frisch*
Galgant, *frisch*
Ingwer, *frisch*
Kaffernlimette, *Schale*
Knoblauch, *frisch*
Meerrettich, *frisch*
Muskatnuss
Orange, *Schale*
Petersilie, *Wurzel*
Sandelholz
Sellerie, *Wurzel*
Süßholz
Wasabi, *frisch*
Zitrone, *Schale*
Zwiebel, *frisch*

zerquetschen

Durch das Zerquetschen können die Gewürze ihr Aroma optimal entfalten.

Wurzeln und Stängel zerquetschen – step by step

1 | Wurzeln wie Galgant und Ingwer oder Stängel wie Zitronengras auf schlagfeste Unterlage legen, z. B. ein dickes Holzbrett, und mit Klarsichtfolie zudecken.

2 | Gewürz mit einem Hammer vorsichtig zerquetschen, ohne dass es auseinanderfällt.

3 | Gewürz der Speise zufügen, nach dem Garen wieder entfernen.

Blätter zerquetschen – step by step

1 | Frische Blätter wie Kaffernlimetten- oder Curryblätter von den Stielen zupfen.

2 | Blätter zwischen den Fingern zerquetschen, eventuell in kleine Stücke zupfen.

3 | Blätter der Speise zufügen, große Stücke vor dem Servieren entfernen.

Anmerkung

Meist werden aus rein praktischen Gründen die ganzen Blätter zugefügt, da sie leichter wieder entfernt werden können. Klein gezupfte oder auch sehr kleine Blätter, z. B. Curryblätter, in der Speise belassen.

Körner und Zehen zerdrücken – step by step

1 | Körner (Pfefferkörner) oder geschälte Knoblauchzehen getrennt auf die mit Backtrennpapier belegte Arbeitsfläche legen, mit Klarsichtfolie bedecken.

2 | Einen kleinen Kochtopf auf die Gewürze stellen, diesen fest nach unten drücken, bis das Gewürz gut zerstoßen ist.

3 | Zerdrückte Körner/Zehen vom Papier in den Kochtopf gleiten lassen.

Bockshornkleesamen
Chilischote, *getrocknet*
Curryblätter, *frisch*
Fingerwurz, *frisch*
Galgant, *frisch*
Kaffernlimettenblätter
Kardamomkapsel
Knoblauch, *frisch, geschält*
Korianderkörner
Kubebenpfefferkörner
Langer Pfeffer, *Körner*
Lorbeerblätter, *frisch*
Macissamenmantel
Mönchspfefferkörner
Paprikaschote, *getrocknet*
Paradieskörner
Pfefferkörner, schwarz
Pfefferkörner, weiß
Pimentkörner
Rosa Pfeffer, *Körner*
Szechuanpfefferkörner
Tasmanischer Pfeffer, *Körner*
Wacholderbeeren
Zitronengrasstängel

auszug und tee

Fleisch, Geflügel, Fisch, Gemüse und auch Früchte bekommen durch das Pochieren im Gewürzauszug/-tee ein wunderbares Aroma. Als Flüssigkeit eignen sich nebst Wasser auch Milch, Kokosnussmilch, Rahm/Sahne, Gemüsebrühe, Essig oder Zuckersirup. Auch bei den Gewürzen ist vieles möglich, je nach Rezept.

Grundrezept – step by step

1 | Flüssigkeit in Kochtopf geben.

2 | Flüssigkeit bei mittlerer Temperatur vor den Siedepunkt erhitzen, bis sich auf dem Topfboden kleine Bläschen bilden.

3 | Kochtopf von der Wärmequelle nehmen, Gewürze 5 bis 30 Minuten ziehen lassen, je nach Rezept.

4 | Flüssigkeit durch ein feines Sieb oder einen Papier-Kaffeefilter absieben.

5 | Gewürzauszug rasch verwenden oder auskühlen lassen und bis zum Gebrauch gut verschlossen im Kühlschrank aufbewahren. Nicht länger als 14 Tage lagern.

Tipp | Gewürze in ein Leinenstofftüchlein binden oder in eine Gewürzkugel füllen, dann muss die Flüssigkeit nicht gesiebt werden.

Pochierflüssigkeit für Geflügel
1 Zwiebel, halbiert
10 schwarze Pfefferkörner
2 Zweige Rosmarin
1 Knoblauchzehe, halbiert
1 Lorbeerblatt
Salz, nach Bedarf

Pochierflüssigkeit für Fleisch
1 Zwiebel, halbiert
2 Lorbeerblätter
1 Lauch, grob geschnitten
2 Gewürznelken
8 schwarze Pfefferkörner, zerdrückt
Salz, nach Bedarf

Pochierflüssigkeit für Fisch
1 Zwiebel, halbiert
5 Dillzweiglein
1 Zitrone, in Scheiben
1 Lauch, grob geschnitten
10 schwarze Pfefferkörner, zerdrückt
Salz, nach Bedarf

Pochierflüssigkeit für Früchte
1 Vanilleschote, längs aufgeschnitten
1 Zitrone, dünn abgeschälte Schale und Saft
Zucker, nach Belieben

Brauner Fleischjus
500 g Knochen (vom Metzger zerkleinert) und Parüren (Fleischabschnitte)
30 g Erdnussöl
¼ Karotte, gewürfelt
½ Zwiebel, in Scheiben
¼ Knollensellerie, gewürfelt
¼ Kohlrabi, gewürfelt
1 Knoblauchzehe, grob gewürfelt
1 EL Tomatenmark
Petersilienstiele, nach Belieben
5 schwarze Pfefferkörner, zerdrückt
2–3 dl/200–300 ml Rotwein
ca. 1 l Wasser
1 Lorbeerblatt
2 Gewürznelken

hacken und schneiden

Frische Gewürze werden gehackt, fein geschnitten oder klein gewürfelt. Das Zerkleinern hat zwei Aufgaben. Einesteils geben zerkleinerte Gewürze mehr Aroma ab, und andernteils sieht klein Geschnittenes – je nach Rezept – gefälliger aus oder verschwindet durch den Garprozess ganz.

Blätter
Große, zarte Blätter wie Basilikum klein schneiden, indem man etwa 5 gleich große Blätter aufeinanderlegt, satt aufrollt und dann in feine Streifen schneidet. Streifen je nach Gewürz eventuell noch hacken.

Große, feste Blätter wie Kaffernlimettenblätter einzeln aufrollen und in feine Streifen schneiden. Bei zähen Blättern ist ein feiner Schnitt für das kulinarische Erlebnis besonders wichtig.

Zum Hacken die Blätter von den Stielen zupfen und auf dem Schneidebrett mit einem großen, abgerundeten Küchenmesser zerkleinern. Der Messergriff liegt in der rechten Hand und wird auf und ab bewegt, während die linke Hand ausgespreizt auf dem vorderen Teil der Klinge ruht und das Messer während der Bewegung leicht nach unten drückt. Das schützt vor Verletzungen.

Schoten
Chili-/Peperoncini-/Gewürzpaprikaschoten werden in den meisten Fällen längs aufgeschnitten, entkernt und dann fein gehackt oder klein gewürfelt. Bei Chilis Einweg-Latexhandschuhe tragen, weil der Inhaltsstoff Alkaloid-Capsaicin zu schmerzhaften Hautverbrennungen führen kann. Auch ein Augenkontakt ist zu vermeiden.

Vanilleschoten längs aufschneiden, Mark/Samen mit einem Messer abstreifen, mit Schotenhälften dem Kochgut beifügen. Schoten später wieder entfernen.

Wurzeln
Gewürzwurzeln werden in der Regel mit einem Rüstmesser oder bei glatter Oberfläche mit einem Sparschäler geschält. Wurzeln in feine Scheiben und diese in Streifchen oder Würfelchen schneiden oder fein hacken.

Zwiebeln

Große Zwiebeln lassen sich am besten schälen, wenn sie zuerst längs halbiert werden. Schale oben fassen und gegen den Wurzelansatz ziehen und abschneiden.

Das Schälen von kleinen Zwiebeln ist sehr arbeitsintensiv. Bei größeren Mengen die trockenen Schalen in heißem Wasser quellen lassen. Dazu in einem Topf reichlich Wasser erhitzen, Zwiebeln zufügen, aufkochen und anschließend in einem Sieb unter fließendem kaltem Wasser abkühlen. Mit einem kleinen Messer den Wurzelansatz abschneiden; jetzt kann das Zwiebelchen aus der Schale gedrückt werden.

Hacken – step by step

1 | Zwiebelhälfte mit der Schnittfläche nach unten auf ein Schneidebrett legen und gegen den Wurzelansatz hin in feine Scheiben schneiden, den Wurzelansatz nicht durchschneiden.

2 | Die Zwiebel je nach Größe 1- bis 2-mal horizontal durchschneiden.

3 | Zwiebel im rechten Winkel zum ersten Schnitt in Scheiben schneiden, d.h. klein würfeln.

Knoblauch

Die Zehen von der Knolle abbrechen und schälen. Die Zehen auf eine feste Unterlage legen, mit der Handfläche leicht quetschen; die Schale reißt und kann normalerweise problemlos abgezogen werden. Wer keine Knoblauch-Hände mag, legt die Zehen am besten in einen Knoblauchschäler (weicher, kurzer Schlauch), der im Handel zu kaufen ist. Knoblauchzehen auf fester Unterlage mit leichtem Druck rollen, bis die Schale abfällt.

Hacken – step by step
Gleich wie bei der Zwiebel vorgehen, aber die Zehe ganz lassen.

Stängel
Vertrocknete Blätter vor dem Schneiden entfernen. Bei Verschmutzung Stängel längs halbieren und unter fließendem kaltem Wasser gründlich waschen.

Schale
Schale der unbehandelten Zitrusfrucht mit Sparschäler möglichst dünn abschälen. Je nach Rezept ganz lassen, in Streifchen schneiden oder hacken.

Körner
Eingelegte, weiche Körner hüpfen unter der Messerklinge leicht weg. Auf einer dicken Lage Küchenpapier ist die Arbeit leichter zu bewältigen. Die zerkleinerten Körner vom Papier direkt in den Kochtopf befördern.

Blätter
Bärlauch
Basilikum
Bohnenkraut
Boldoblatt
Borretsch
Curryblatt
Dill
Eberraute
Estragon
Jesuitentee
Kaffernlimette
Kerbel
Koriander
Kresse
Liebstöckel
Lorbeer
Majoran
Oregano
Petersilie
Pfefferminze
Quendel
Rosmarin
Salbei
Schnittlauch
Thymian
Wasserpfeffer
Ysop
Zitronenmelisse
Zitronenverbene

Schoten
Chili
Peperoncini/Gewürzpaprika
Vanille

Wurzeln
Galgant
Ingwer
Sellerie
Wasabi

Zwiebeln und Zehen
Knoblauch
Zwiebel

Stängel
Lauch
Zitronengras

Schale
Limette
Orange
Zitrone

Körner, eingelegt
Pfeffer, grüner
Rosa Pfeffer

kräutersalz

Die wohl beste Methode, das himmlische Aroma erntefrischer Kräuter einzufangen und zu konservieren.

Gewürze in Salz einlegen – step by step

1 | Die frisch geernteten Kräuter von den Stielen zupfen, lagenweise zwischen Meersalz (Salzschichten von etwa 1 cm Höhe) legen. Mit Salz beginnen und mit Salz abschließen. Das Salz absorbiert nicht nur die Feuchtigkeit, es nimmt auch das Aroma der Gewürze auf und wird als Kräutersalz verwendet.

2 | Das Gefäß luftdicht verschließen, an einem kühlen, dunklen und trockenen Ort aufbewahren.

Kräutersalz – step by step

1 | Die frisch geernteten Kräuter fein schneiden und mit Meersalz mischen. Auf 1 kg Kräuter kommen 250 g Meersalz.

2 | Das Gefäß luftdicht verschließen und an einem kühlen, dunklen, trockenen Ort aufbewahren.

3 | Die Gewürze sind etwa 9 Monate haltbar, so lang, bis die neue Ernte vor der Tür steht.

Bärlauch
Basilikum
Bohnenkraut
Boldoblatt
Borretsch
Chili
Curryblatt
Dill
Eberraute
Estragon
Jesuitentee
Kaffernlimette, *Schale und Blätter*
Kerbel
Koriander
Kresse
Liebstöckel
Limette, *nur Schale*
Majoran
Minze
Orange, *nur Schale*
Oregano
Petersilie
Quendel
Rosmarin
Salbei
Schnittlauch
Thymian
Wasserpfeffer
Weinraute
Ysop
Zitrone, *nur Schale*
Zitronenmelisse
Zitronenverbene

trocknen

Kräuter bei schönem Wetter und mit Vorteil zwischen 10 und 18 Uhr ernten, immer mit der Schere abschneiden (nicht brechen). Kräuter locker in einen Korb legen, keinesfalls in einen Plastikbeutel.

Step by step

1 | Zum Trocknen junge Triebe ernten.

2 | Kräuter wenn immer möglich nicht waschen, weil sie vom Aroma verlieren und zusammenkleben. Zudem ist die Gefahr des Schimmelns groß.

3 | Kräuter sofort an einem schattigen, warmen Ort dünn auslegen und trocknen lassen.

4 | Getrocknete ganze Kräuter in Baumwollstoffbeuteln aufbewahren. Erst bei Verwendung zerkleinern (das verhindert einen Aromaverlust).

5 | Je unbehandelter die Kräuter, umso aromatischer sind sie!

Künstliche Wärmequellen

Kräuter nie einer elektrischen Wärmequelle aussetzen, weil sich bei einer Temperatur von über 30 °C die wertvollen ätherischen Öle verflüchtigen und die Blätter sich zudem bräunlich verfärben.

Bärlauch
Basilikum
Bohnenkraut
Boldoblatt
Borretsch
Curryblatt
Dill
Eberraute
Estragon
Jesuitentee
Kaffernlimette
Kerbel
Koriander
Kresse
Liebstöckel
Lorbeer
Majoran
Minze
Oregano
Petersilie
Quendel
Rosmarin
Salbei
Schnittlauch
Thymian
Wasserpfeffer
Weinraute
Ysop
Zitronenmelisse
Zitronenverbene

frittieren

Durch das Frittieren wird nicht nur die grüne Farbe intensiver, sondern auch der Geschmack. Die Kräuter werden wunderbar knusprig! Sie ergeben auch eine dekorative Garnitur.

Step by step

1 | Kräuter wenn immer möglich nicht waschen. Und sollte dies notwendig sein, sie gut trocknen lassen. Wasser bringt das Öl zum Spritzen!

2 | Ein geschmacksneutrales Öl oder ein gutes Olivenöl etwa 2 cm hoch in einen Kochtopf füllen und erhitzen. Das Öl darf nicht zu heiß sein oder gar rauchen. Die Temperatur ist optimal, wenn sich beim Eintauchen eines trockenen Holzlöffels Perlen bilden.

3 | Gewürzkräuter in kleinen Portionen in den Topf geben, während 1 bis 2 Minuten knusprig frittieren. Mit Schaumlöffel herausnehmen, auf Küchenpapier abtropfen lassen.

Bärlauch
Basilikum
Bohnenkraut
Boldoblatt
Borretsch
Curryblatt
Dill
Eberraute
Estragon
Jesuitentee
Kerbel
Koriander
Kresse
Liebstöckel
Majoran
Oregano
Petersilie
Pfefferminze
Quendel
Salbei
Schnittlauch
Thymian
Wasserpfeffer
Weinraute
Ysop
Zitronenmelisse
Zitronenverbene

mischungen

In Gewürzmischungen können die Anzahl Gewürze und deren prozentualer Anteil erheblich variieren. So schmeckt ein und dieselbe Gewürzmischung immer wieder anders. Eine Gewürzmischung braucht nicht für jedes Gericht frisch zubereitet zu werden, obwohl dies der Idealfall ist. In jedem Fall sind selber zubereitete Gewürzmischungen aromatischer als gekaufte.

Trockene Gewürzmischungen
Indien ist bekannt für Gewürzmischungen, von denen Curry und Garam Masala sicher die bekanntesten sind. Durch den Gewürzhandel und die Kolonialherrschaft Englands und Frankreichs entstanden in der Karibik, in Mexiko und in Afrika Abwandlungen, welche die regionalen Gewürzmischungen ergänzen. In Europa sind Bouquet garni, Quatre Epis, Kräuter der Provence (Frankreich) und Pudding-spice (Großbritannien) am bekanntesten. Aus der chinesischen Küche kennen wir das 5-Gewürze-Pulver.

In der nordafrikanischen Küche ist das marokkanische Ras el Hanout unverzichtbar. Zusammengesetzt aus nicht weniger als 26 individuellen Gewürzen dürfte es sich hier um eine der komplexesten Gewürzmischungen handeln. Im Jahre 1958 hat die Französin Madame Guineaudeau im Buch «Fès vu par sa cuisine» eine Liste erstellt, die exotische und giftige Substanzen wie Belladonna oder aphrodisierende Zutaten wie Spanische Fliege enthält. Heute wird meist die deutlich reduzierte Version aus Tunesien verkauft, die mindestens Zimt, Gewürznelken, Kubebenpfeffer, Rosenblütenknospen und schwarzen Pfeffer enthält.

Geeignete Gewürzkräuter für Gewürzmischungen

Alle getrockneten Gewürze sind geeignet.

Einfaches indisches Currypulver

5 TL Korianderkörner
2 TL Kreuzkümmelsamen
2 TL schwarze Pfefferkörner
1 TL Bockshornkleesamen
1 TL Fenchelsamen
1 TL schwarze Senfsamen
6 getrocknete rote Chilischoten, zerbrochen
5 cm Zimtstange, fein zerbrochen
2 EL Kurkuma
1 EL Ingwerpulver
15 Curryblätter, getrocknet

1 | Weite Bratpfanne oder weiten Kochtopf mit schwerem Boden bei mittlerer Hitze aufheizen.

2 | Ganze und gebrochene Gewürze bis und mit Chilischoten in die Bratpfanne geben, bei mittlerer Hitze unter Rühren rösten, bis das Potpourri intensiv duftet. Auskühlen lassen.

3 | Gewürze in Gewürzmühle portionenweise fein mahlen oder im Mörser zu einem feinen Pulver zerstoßen. Gelbwurz- und Ingwerpulver sowie Curryblätter unterrühren. In ein luftdicht schließendes Gefäß füllen. Kühl, dunkel und trocken lagern.

Zahtar (Vorderer Orient)

50 g geröstete Sesamsamen
30 g Sumachpulver
30 g Thymianpulver

Gewürze mischen, in luftdicht schließendes Gefäß füllen. Kühl, dunkel und trocken lagern.

Verwendung | Aromatisches Gewürz zum Bestreuen von Fleischkugeln, Brot sowie Gemüse verwenden.

Ras el Hanout

1 EL Kubebenpfefferkörner
1 EL Lavendelblüten
1 EL schwarze Pfefferkörner
12 ganze Macis
12 Zimtstangen, ca. 10 cm lang
2 EL getrocknete Ingwerwurzel
2 getrocknete Galgantwurzeln
2 getrocknete Veilchenwurzeln
2 TL Anissamen
3 Lorbeerblätter
20 getrocknete Rosenblütenknospen
25 grüne Kardamomkapseln
3 getrocknete Chilischoten
30 Pimentkörner
4 ganze Muskatnüsse, mit Hammer grob zertrümmert
8 Gewürznelken
8 schwarze Kardamomkapseln
8 Wurzelstückchen Kurkuma

1 | Gewürze grob zerkleinern und mischen.

2 | Mischung erst kurz vor Gebrauch mahlen. Dazu eignet sich eine Gewürzmühle. Kleinere Mengen können auch im Mörser zerstoßen werden.

Einfaches Garam Masala

1 TL Gewürznelken
15 cm Zimtstange, fein zerbrochen
2 TL schwarze Pfefferkörner
20 grüne Kardamomkapseln, Samen ausgehülst
30 g Korianderkörner
30 g Kreuzkümmelsamen
1 TL Macis, fein zerstoßen
2 Lorbeerblätter, fein zerkrümelt

1 | Weite Bratpfanne oder weiten Kochtopf mit schwerem Boden bei mittlerer Hitze aufheizen.

2 | Alle Gewürze, außer Macis, in der Bratpfanne bei mittlerer Hitze unter Rühren 4 bis 5 Minuten rösten, bis sie stark duften und dunkel sind. Sie dürfen nicht verbrennen. Auskühlen lassen.

3 | Gewürzmischung und Macis mischen, portionsweise in Gewürzmühle oder Mörser zu einem feinen Pulver verarbeiten. In luftdicht schließendes Gefäß füllen. Kühl, dunkel und trocken lagern.

Pfeffermischung für die Pfeffermühle

10 g Szechuanpfefferkörner
10 g Pimentkörner
10 g Rosa-Pfeffer-Körner
30 g schwarze Pfefferkörner
10 g weiße Pfefferkörner

Alle Pfefferkörner mischen.

Tipp | Auch für Käsegerichte geeignet.

Gewürzsalz für vegetarische Gerichte
ergibt 36 g
1 TL Bockshornkleesamen
½ TL Ajowansamen
½ TL Selleriesamen
1 TL Macispulver
1 EL Korianderkörner
10 g fein geschnittenes Zitronengras
5 g gehackter frischer Ingwer
2 TL Fleur de Sel

Alle Zutaten im Mörser zerstoßen.

Wichig | Der frische Ingwer macht das Salz feucht und es sollte deshalb nicht in zu großen Mengen hergestellt werden.

Gewürzsalz für Fisch (mild)
Ideal für pochierten Fisch
ergibt 26 g
2 EL Fenchelsamen
1 EL getrockneter Dill
1 TL Anissamen
1 Hauch Safranfäden
½ TL schwarze Pfefferkörner
1 unbehandelte Zitrone, abgeriebene Schale
1 TL Kardamomsamen
1 TL Fleur de Sel

Alle Zutaten im Mörser zerstoßen.

Gewürzsalz für Fisch (scharf)
ergibt 54 g
3 Kaffernlimettenblätter
2 g Zitronengras
2 TL Korianderkörner
4 g frische rote Chilischote, klein gewürfelt
2 EL Meersalz mit Algen

Alle Zutaten im Mörser zerstoßen.

Wichtig | Die frischen Zutaten machen das Salz feucht. Aber das Salz konserviert das Ganze ausreichend.

Verwendung | Passt nebst Fisch auch zu asiatischen Gerichten.

Gewürzsalz für Rindfleisch
ergibt 30 g
1 TL Kardamomsamen
je 1 TL weiße und schwarze Pfefferkörner
1 TL Pimentkörner
5 g frische rote Chilischote, klein gewürfelt
1 TL Sumachpulver
1 TL Senfkörner
2 TL Fleur de Sel

Alle Zutaten im Mörser zerstoßen.

Variante | Die Mischung kann auch mit Olivenöl gemischt werden. Rindfleisch zum Kurzbraten damit einstreichen, mindestens einen Tag zugedeckt im Kühlschrank marinieren.

Aphrodisierende Gewürzmischung
ergibt 20 g
1 TL geriebene Muskatnuss
2 TL Korianderkörner
5 grüne Kardamomsamen
1 TL Kreuzkümmel
1 TL schwarze Pfefferkörner
1 cm Zimtstange
TL Kurkuma
4 getrocknete Wildrosenblütenknospen
1 TL Fleur de Sel

Alle Zutaten im Mörser zerstoßen.

Gewürzsalz für Lamm und dunkles Geflügel
ergibt 36 g
2 TL Rosa-Pfeffer-Körner
2 EL getrocknete Rosmarinnadeln
2 EL Sumachpulver
15 Szechuanpfefferkörner
20 Wacholderbeeren
½ TL schwarze Kümmelsamen
2 TL Fleur de Sel

Alle Zutaten im Mörser zerstoßen.

Gewürzsalz für helles Fleisch
ergibt 32 g
½ EL weiße Pfefferkörner
½ TL frischer Galgant
1 TL Bockshornkleesamen
2 TL getrockneter Thymian
1 TL Paprikapulver, edelsüß
2 TL weiße Senfkörner
2 TL Fleur de Sel

Alle Zutaten im Mörser zerstoßen.

Verwendung | Für Poulet/Huhn, Kalb und Kaninchen, Saucenfleisch allgemein.

pasten

Gewürzpasten werden meist aus frischen Zutaten hergestellt. Die thailändische Currypaste und das Sambal Oelek aus Indonesien sind wohl die bei uns verbreitetsten. Aus Nordafrika kommt das Harissa, das sich insbesondere in Frankreich – vor allem wegen der afrikanischen Einwanderer – großer Beliebtheit erfreut.

Gekaufte Gewürzpasten nach dem Öffnen im Kühlschrank aufbewahren. Sie sind nur beschränkt haltbar.

Ein idealer Lagerort für Gewürzpasten, auch für selbstgemachte, ist der Tiefkühler. Ansonsten müssen die Pasten für eine längere Lagerzeit sterilisiert werden. Im Thaishop gekaufte tiefgekühlte Currypasten können auch gefroren problemlos portioniert und wieder in den Tiefkühler gelegt werden.

Nordafrikanisches Harissa

125 g getrocknete rote Chilischoten, entkernt
60 g Bockshornkleesamen
80 g Knoblauchzehen, durchgepresst
25 g Meersalz
etwas Olivenöl

1 | Chilis 4 bis 5 Minuten in lauwarmem Wasser einweichen, Wasser abgießen und Chilis sehr fein hacken.

2 | Bockshornkleesamen, Chilis, Knoblauch und Salz im Mörser zu einer feinen Paste zerstoßen. In ein Gläschen füllen und mit einer Schicht Olivenöl luftdicht verschließen.

Lagerung | Eine kleine Menge kann im Kühlschrank gelagert werden, muss aber bald aufgebraucht werden. Im Tiefkühler ist die Paste bis 6 Monate haltbar.

Thailändische rote Currypaste

1 EL Korianderkörner
1 TL Kreuzkümmelsamen
20 schwarze Pfefferkörner
15 getrocknete rote Thai-Chilis (bird's-eye chilis)
3 Schalotten, klein gewürfelt
4 EL klein gewürfelter Knoblauch
1 EL klein gewürfelte Galgantwurzel
2 EL fein gehacktes Zitronengras
1 EL fein gehackte Kaffernlimettenblätter
1 TL klein gewürfelte Korianderwurzel
1 TL Meersalz
1 TL Krevetten-/Garnelenpaste

1 | Weite Bratpfanne oder Kochtopf mit schwerem Boden bei mittlerer Hitze aufheizen.

2 | Korianderkörner, Kreuzkümmel und Pfefferkörner bei schwacher Hitze unter Rühren 4 bis 5 Minuten rösten. Auskühlen lassen.

3 | Geröstete Gewürze im Mörser zu Pulver zerstoßen. Restliche Zutaten zugeben und zu einer feinen Paste verarbeiten, in luftdicht schließendem Gefäß aufbewahren.

Lagerung | Die Currypaste kann im Kühlschrank maximal 2 Wochen oder im Tiefkühler bis zu 6 Monaten gelagert werden.

Indonesisches Sambal Oelek

300 g frische rote Chilischoten (bird's-eye chilis)
2 EL Tamarindensaft
1 EL Meersalz
3 EL Palm- oder Rohrohrzucker

1 | Chilis entstielen, längs aufschneiden. Je nach gewünschter Schärfe ganz oder teilweise entkernen, fein hacken.

2 | Chilis, Tamarindensaft, Salz und Zucker im Mörser zu einer feinen Paste verstoßen. In einem luftdicht schließenden Gefäß aufbewahren.

Lagerung | Die Paste kann im Kühlschrank maximal 2 Wochen, im Tiefkühler bis zu 6 Monate gelagert werden.

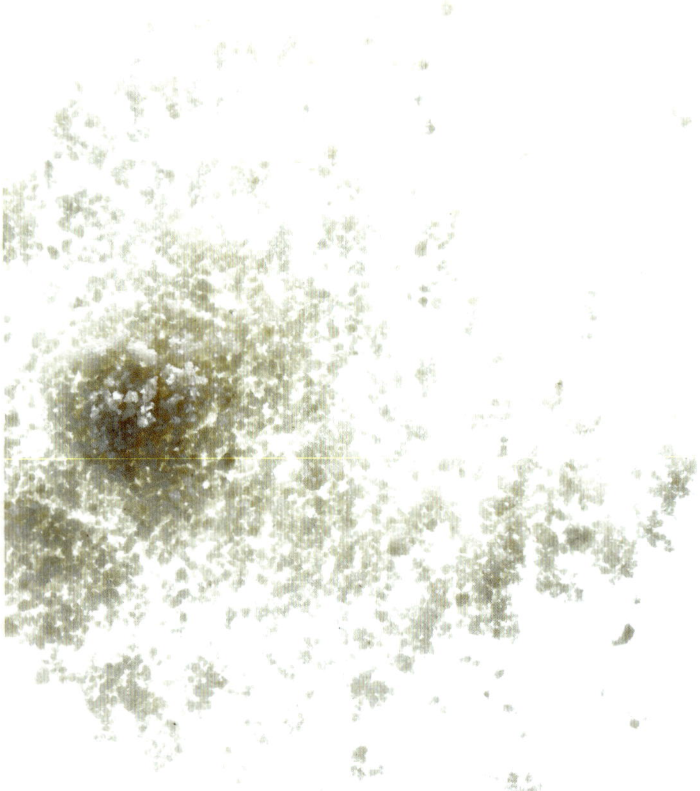

Thailändische grüne Currypaste

1 EL Korianderkörner
1 TL Kreuzkümmelsamen
5 schwarze Pfefferkörner
20 getrocknete grüne Thai-Chilis (bird's-eye chilis)
3 Schalotten,klein gewürfelt
1 EL klein gewürfelter Knoblauch
1 EL klein gewürfelte Galgantwurzel
1 EL fein gehacktes Zitronengras
1 EL fein gehackte Kaffernlimettenblätter
5 EL fein gehacktes Koriandergrün
1 TL Meersalz
1 TL Krevetten-/Garnelenpaste

Zubereitung | siehe Thailändische rote Currypate.

Indonesisches Sambal Badjak

2 EL Öl
2 Zitronengrasstängel
10 frische rote Chilis (bird's-eye chilis)
½ TL Muskatnuss
1 TL Krevetten-/Garnelenpaste
6 Schalotten, klein gewürfelt
6 Knoblauchzehen, durchgepresst
1 TL Meersalz
1 EL Palm- oder Rohrohrzucker
1 EL klein gewürfelte Galgantwurzel
5 EL Tamarindensaft

1 | Chilis entstielen, längs aufschneiden, je nach gewünschter Schärfe teilweise oder ganz entkernen, fein würfeln. Zitronengras mit dem Hammer quetschen.

2 | Bratpfanne oder weiten Kochtopf mit einem schweren Boden bei mittlerer Hitze aufheizen, alle Zutaten, außer Tamarindensaft, zufügen und unter Rühren rösten, bis alles dunkel ist und karamellisiert, aber nicht verbrannt ist. Mit Tamarindensaft ablöschen, von der Wärmequelle nehmen, auskühlen lassen. Zitronengras entfernen.

3 | Gewürzemix im Mörser zu einer feinen Paste zerstoßen. In luftdicht schließendem Gefäß aufbewahren.

Lagerung | Die Paste kann im Kühlschrank maximal 2 Wochen, im Tiefkühler bis zu 6 Monate gelagert werden.

öle – essig

Gewürzöl

Öle lassen sich wunderbar mit beliebigen Kräutern/Gewürzen aromatisieren.

Lagerung | Gewürzöle wie jedes andere Öl an einem kühlen, dunklen Ort aufbewahren.

Step by step

1 | Kräuter/Gewürze in eine Flasche geben und diese mit Öl randvoll füllen.

2 | Gewürzöl an einem kühlen, dunklen Ort einige Tage, besser aber einige Wochen, ziehen lassen. Das Öl auch später an einem kühlen, dunklen Ort aufbewahren.

Wichtig | Kräuter/Gewürze, die nicht mehr mit Öl bedeckt sind, sind zu entfernen. Sobald sie mit Sauerstoff in Kontakt kommen, können sie verderben und das Öl ungenießbar machen.

Pizzaöl
zum Verfeinern von Pizzas
½ l Olivenöl
20 schwarze Pfefferkörner
3 Knoblauchzehen
3 Lorbeerblätter
3 getrocknete Tomaten, klein gewürfelt
2 EL fein gehackter Oregano

Alle Zutaten in eine Flasche füllen und verschließen. An einem kühlen, dunklen Ort ein paar Tage ziehen lassen. Dann am gleichen Ort aufbewahren.

Pikantes Zitronengrasöl
für Geflügel, Fisch und Meeresfrüchte
½ l Olivenöl
5 Zitronengrasstängel, mit Hammer leicht zerquetscht
1 frische rote Chilischote, mit einer Nadel mehrmals eingestochen

Aromatisches Wacholderöl
für Wildfleisch
½ l Sonnenblumenöl
1 kleiner, junger Tannenzweig, 10 cm lang
10 Wacholderbeeren
1 Knoblauchzehe
10 schwarze Pfefferkörner

Provenzalisches Gewürzöl
für mediterrane Gerichte
½ l Olivenöl
3 Zweiglein Rosmarin
2 Knoblauchzehen
3 Lorbeerblätter
4 Lavendelblüten
2 Zweiglein Thymian
1 Zweiglein Salbei
12 schwarze Pfefferkörner

Gewürzessig

Mit Gewürzen aromatisierter Essig bildet die Basis für spezielle Salatsaucen, Saucen und Marinaden.

Jeder Essig kann aromatisiert werden: Reisessig ist ideal für milde asiatische Gewürzkombinationen, Rot- und Weißweinessig ist Basis von mediterranen Varianten. Selbst der Balsamico wird durch Zugabe von Knoblauch, Lorbeer und Pfeffer noch aromatischer. Experimentieren ist erlaubt!

Step by step

1 | Die Gewürze in eine Flasche geben und randvoll mit Essig füllen. Verschließen. An einem kühlen, dunklen Ort mindestens 2 Wochen ziehen lassen.

Wichtig | Sobald die Gewürze nicht mehr mit Essig bedeckt sind, Essig in eine zweite Flasche umfüllen. Wenn die Gewürze, vor allem die Kräuter, mit Sauerstoff in Kontakt kommen, können sie verderben und der Essig wird ungenießbar.

Knoblauch-Lorbeer-Essig
½ l Weißweinessig
6 Knoblauchzehen, geschält
3 frische oder getrocknete Lorbeerblätter
8 schwarze Pfefferkörner

Ingwer-Essig
½ l Reisessig
1 baum-/walnussgroßes Stück Ingwer, in feinen Scheiben

Rosmarin-Essig
½ l Rotweinessig
2 Knoblauchzehen, geschält
4 Zweiglein Rosmarin
5 schwarze Pfefferkörner

Scharfer Chili-Essig
½ l Rotweinessig
2 Antillen-Chilis, mit einer Nadel mehrmals eingestochen

Dill-Essig
½ l Weißweinessig
5 Zweiglein Dill
2 EL Dillsamen
5 weiße Pfefferkörner

Salbei-Apfel-Essig
½ l Apfelessig
3 Zweiglein Salbei
2 TL weiße Senfkörner
5 schwarze Pfefferkörner

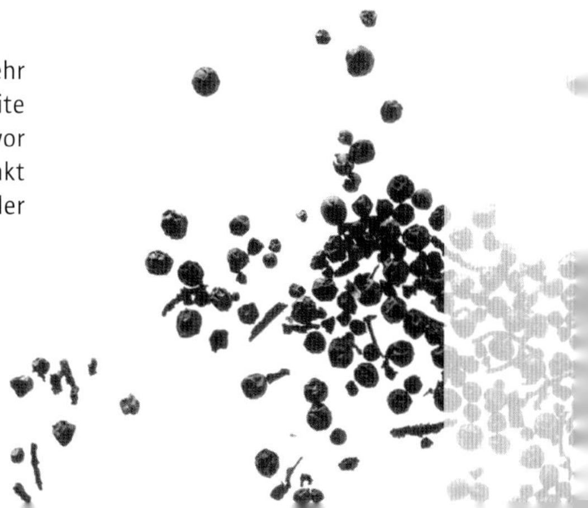

butter

Gewürzbutter verzaubert Gebratenes und Gegrilltes, ob Fischfilet, Rindsteak oder Gemüse. Und wie oft gilt: Erlaubt ist, was schmeckt! Zum Aromatisieren von Butter sind alle Gewürze geeignet.

Grundzubereitung – step by step

100 g zimmerwarme Butter
½ TL Meersalz

1 | Zuerst die Butter mit dem Salz luftig aufschlagen, die würzegebenden Zutaten (eventuell nach Rezept zubereitet) unterrühren.

2 | Die Gewürzbutter auf ein Butterbrotpapier geben, eine Rolle von etwa 3 cm Durchmesser formen, Enden zubinden. Bis zur Verwendung im Kühlschrank oder Tiefkühler lagern.

Wasabi-Butter

1 Portion aufgeschlagene Butter, siehe Grundzubereitung
50 g weißer Rettich, fein gerieben
2 TL Wasabipulver
3 EL Zwiebelsprossen

Karotten-Ingwer-Butter

1 Portion aufgeschlagene Butter, siehe Grundzubereitung
3 dl/300 ml Karottensaft
1 TL fein geriebener Ingwer
1 kräftige Prise schwarzer Pfeffer

Karottensaft mit Ingwer sowie Pfeffer auf 2–3 TL sirupartig einkochen lassen. Auskühlen lassen.

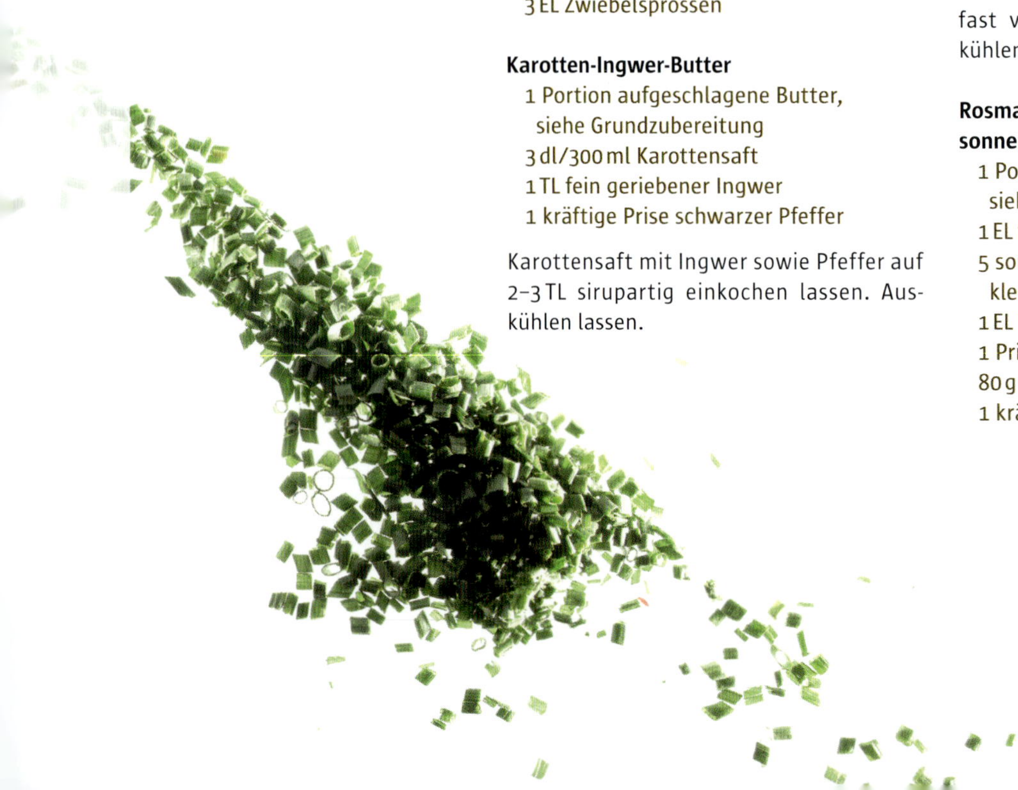

Curry-Butter

1 Portion aufgeschlagene Butter, siehe Grundzubereitung
2 TL mildes Currypulver
½ unbehandelte Orange, abgeriebene Schale und 2 TL Saft
1 EL fein gehacktes Korianderkraut

Limetten-Schnittlauch-Butter

1 Portion aufgeschlagene Butter, siehe Grundzubereitung
2 Limetten, abgeriebene Schale und 1 TL Saft
2 Bund Schnittlauch, fein geschnitten
1 kräftige Prise Cayennepfeffer

Salbei-Schalotten-Butter

1 Portion aufgeschlagene Butter, siehe Grundzubereitung
3 Schalotten, klein gewürfelt
½ dl/50 ml Rotwein
1 Prise Zucker
2 TL fein gehackte Salbeiblätter

Schalotten in 1 TL Butter glasig dünsten, mit Wein ablöschen, Zucker zugeben, Wein fast vollständig einkochen lassen. Auskühlen lassen.

Rosmarin-Butter mit sonnengetrockneten Tomaten

1 Portion aufgeschlagene Butter, siehe Grundzubereitung
1 EL fein gehackte Rosmarinnadeln
5 sonnengetrocknete Tomaten, klein gewürfelt
1 EL Tomatenpüree
1 Prise Zucker
80 g Ziegenfrischkäse, z. B. Chavroux
1 kräftige Prise schwarzer Pfeffer

marinaden

Das Marinieren von Fleisch, Geflügel und Fisch ist eine wunderbare Art zu würzen. Das Gargut hat genug Zeit, die Gewürze einzuziehen, was für das Aroma des Endprodukts das Beste ist.

Zubereitung | Sämtliche Zutaten für die Marinade verrühren, das Gargut damit bestreichen, mindestens 30 Minuten, besser mehrere Stunden, im Kühlschrank marinieren. Wenn die Marinade keine salzigen Zutaten wie Sojasauce enthält, das Gargut unmittelbar vor dem Braten oder Grillen salzen. Dazu den Großteil der Marinade abstreifen und je 600–800 g Gargut mit ½ TL Salz würzen.

Bourbon-Marinade
für Lamm-, Rind- und Schweinefleisch
4 EL Bourbon-Vanille
2 EL Rohrohrzucker
1 TL frisch geriebener Ingwer
1 TL zerstoßene schwarze Pfefferkörner
4 EL Öl

Japanische Teriyaki- Marinade
2 dl/200 ml Sojasauce
1 dl/100 ml Mirin (süßer japanischer Reiswein)
2 EL Sake (japanischer Reiswein)
3 EL Honig
2 Knoblauchzehen, klein gewürfelt
1 baumnuss-/walnussgroßes Stück Ingwer, klein gewürfelt
1 EL Sesamöl

Alle Zutaten in einen kleinen Topf bei mittlerer Hitze rund 3 Minuten erwärmen. Nicht kochen! Auskühlen lassen und bis zur Verwendung in den Kühlschrank stellen.

Ingwer-Minze-Marinade
für Geflügel und Schweinefleisch
3 EL fein geriebener Ingwer
2 EL fein gehackte Minzeblättchen
4 EL Sonnenblumenöl
1 EL Sojasauce
2 EL trockener Sherry
1 Limette, Saft
1 EL Rohrohrzucker

Estragon-Safran-Marinade
für Fisch und Krevetten/Garnelen
2 Limetten, Saft und wenig abgeriebene Schale
1 Brieflein Safranpulver
4 EL Olivenöl
3 EL fein gehackte Estragonblättchen
2 Prisen schwarzer Pfeffer

Zitronen-Thymian-Marinade
für Geflügel und Fisch
1 EL scharfer Senf, z. B. Dijonsenf
1 unbehandelte Zitrone, abgeriebene Schale und Saft
4 EL Olivenöl
1 TL Thymianblättchen
1 Peperoncino, entkernt und klein gewürfelt

Rotweinmarinade
für Rind- und Lammfleisch
5 EL Rotwein
5 EL Olivenöl
3 EL Hot Ketschup
3 Knoblauchzehen, durchgepresst
1 EL fein gehackte Rosmarinnadeln
1 EL Thymianblättchen

Weihnachtliche Marinade – leicht asiatisch
für Geflügel und Schweinefleisch
1 TL Lebkuchengewürz
2 EL flüssiger Honig
1 TL Sambal Badjak
2 TL Öl
1 TL Zitronensaft

Chinesische Marinade mit Sternanis
für Geflügel und Schweinefleisch
2 EL Sherry
2 Knoblauchzehen, durchgepresst
1 EL fein gehackter Ingwer
2 Sternanis, fein zerstoßen
3 EL Hoisin-Sauce

Orangen-Sesam-Marinade
für Krevetten/Garnelen und Fisch sowie Geflügel
1 unbehandelte Orange, Zesten und Saft
2 EL Öl
2 EL Sesamöl
1 TL Sesamsamen
1 EL Sojasauce
2 EL Reis- oder Obstessig
1 EL flüssiger Honig
1 rote Chilischote, klein gewürfelt
2 TL fein geriebener Ingwer

Joghurt-Dill-Marinade
für Fisch, speziell Lachssteaks oder Lachsforellenfilets
1 Becher Joghurt
2 EL fein gehackter Dill
2 EL Sonnenblumenöl
3 EL Weißweinessig
1 EL grobkörniger Senf
2 TL flüssiger Honig

Würzige Biermarinade
für Fleisch, speziell Schweinefleisch
1 dl/100 ml dunkles Bier
1 kleine Zwiebel, klein gewürfelt
2 EL Senf
1 EL weiße Senfkörner
2 EL Öl
1 Prise Kümmelsamen
1 EL Obstessig
2 TL flüssiger Honig
2 TL schwarze Pfefferkörner, zerdrückt

Provenzalische Kräutermarinade
für Fleisch und Fisch
1 EL Herbes de Provence
1 EL fein gehackte Rosmarinnadeln
1 TL schwarze Pfefferkörner, zerdrückt
1 Knoblauchzehe, klein gewürfelt
4 EL Olivenöl
1 unbehandelte Zitrone, abgeriebene Schale und Saft
2 EL trockener Weißwein

kalte und warme häppchen

gelee von saibling und forelle

mit Fenchel-Kräuter-Salat an Safranvinaigrette

für 4 bis 6 Personen
für 1 Terrinenform
von ca. ½ l Inhalt

Gelee

2 dl/200 ml Gemüsefond
2 dl/200 ml klarer Fischfond
1 Schalotte, klein gewürfelt
1 TL getrocknete Dillspitzen
10 g Ingwer, geschält, in feinen Scheiben
10 zerstoßene Korianderkörner
1 frisches Lorbeerblatt
4 g Agar-Agar-Pulver (Bioladen/Reformhaus)
½ dl/50 ml klarer Apfelsaft
½ Chilischote, entkernt, klein gewürfelt
2 EL pikante Sojasauce
Kräutermeersalz
1 Bund Schnittlauch, fein geschnitten
150 g Wurzelgemüse, z. B. Karotte, Knollensellerie, Petersilienwurzel
2 Saiblingfilets mit Haut, je 60 g
2 Forellenfilets mit Haut, je 60 g
frisch gemahlener weißer Pfeffer
20 g Butter

Safranvinaigrette

2 EL klarer Fischfond
1 Msp Safranfäden
½ TL weiße Senfkörner, fein zerstoßen
3 EL Distelöl
1 EL Obstessig
frisch gemahlener schwarzer Pfeffer
Fleur de Sel

Fenchel-Kräuter-Salat

2 Fenchelknollen
½ TL Fleur de Sel
frisch gemahlener schwarzer Pfeffer
1 Bund Dill
1 Bund Kerbel
50 g junger Schnittsalat

1 | Gemüse- und Fischfond aufkochen, Schalotten, Dillspitzen, Ingwer, Koriander und Lorbeerblatt zugeben, 20 Minuten bei schwacher Hitze ziehen lassen. Agar-Agar-Pulver mit Apfelsaft verrühren und zum Fond geben, 2-mal aufkochen, Fond durch feines Sieb passieren, mit Chilischote, Sojasauce, Kräutersalz und Schnittlauch würzen.

2 | Backofen auf 220 °C Oberhitze vorheizen.

3 | Wurzelgemüse schälen, in Würfelchen schneiden, im Dampf knackig garen.

4 | Fischfilets in der Breite so zuschneiden, dass sie in die Form passen, mit Salz und Pfeffer würzen, mit der Haut nach oben auf ein gebuttertes Blech legen und im vorgeheizten Ofen bei 220 °C langsam garen. Wenn man auf das Filet drückt, sollte das Fleisch noch elastisch sein. Filets aus dem Ofen nehmen, auskühlen lassen, dann von der Haut befreien.

5 | Eine Terrinenform auf Eis stellen. Das Gemüse zum Fond geben, die Form etwa ½ cm hoch damit füllen. Sobald der Fond leicht anzieht, ein Saiblingfilet mit der Hautseite nach oben auf das Gelee legen, mit Fond bedecken und warten, bis dieser anzieht. Nun das Forellenfilet mit der Hautseite nach oben darauflegen und mit Fond bedecken. Mit restlichen Filets gleich verfahren. Zum Schluss restlichen Fond darübergießen. Terrine auskühlen lassen, mindestens 2 Stunden in den Kühlschrank stellen.

6 | Für die Safranvinaigrette Fischfond mit Safranfäden und Senfkörnern leicht erwärmen. Restliche Zutaten unterrühren, zugedeckt 30 Minuten ziehen lassen.

7 | Fenchel halbieren, Hälften quer in sehr feine Streifen schneiden, mit Salz und Pfeffer würzen. Dill, Kerbel und Schnittsalat zerpflücken.

8 | Terrine stürzen und mit einem scharfen Messer in fingerdicke Scheiben schneiden, anrichten. Mit dem Salat garnieren, mit der Vinaigrette beträufeln.

Fenchel | Die runden, bauchigen Knollen haben einen intensiveren Geschmack als flache, lange.

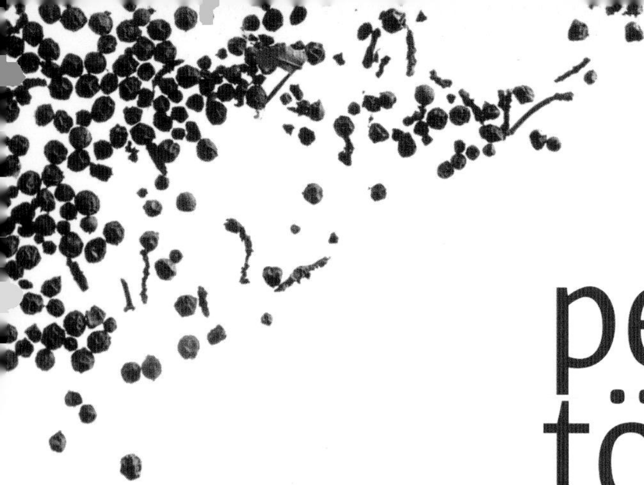

peperoni-törtchen

mit Curryricotta, Pinienkernvinaigrette und Sprossen

Peperonitörtchen
4 rote Peperoni/ Gemüsepaprika
1 EL Kräuteressig
2 EL Olivenöl
frisch gemahlener schwarzer Pfeffer
½ EL Fleur de Sel
1 EL Pinienkerne
2 TL Madras-Curry
1 Handvoll gehackter Koriander
1 Prise Chilipulver
½ TL Kräutermeersalz
1 Prise gemahlener Koriander
200 g Ricotta

Pinienkernvinaigrette
1 EL 10-jähriger Balsamico
4 EL Pinienkernöl
½ TL Meersalz
1 Prise Zucker
1 EL heißes Wasser
frisch gemahlener schwarzer Pfeffer

2 EL geröstete Pinienkerne
4 Handvoll Sprossen

1 | Backofengrill auf 230 °C aufheizen. Backblech mit Backpapier belegen. Peperoni halbieren, Stielansatz, Kerne und weiße Rippen entfernen, Schotenhälften flach drücken, auf das Blech legen, oben in den Ofen schieben, bei 230 °C etwa 15 Minuten rösten, bis die Haut Blasen bildet und dunkel ist. Peperoni herausnehmen, unter einem feuchten Tuch ausdampfen lassen. Haut abziehen, solange die Peperoni noch warm sind. Mit einem Ausstecher von 4 cm Durchmesser 18 Rondellen ausstechen, Kräuteressig und Olivenöl verrühren, mit schwarzem Pfeffer würzen. Peperonirondellen damit beträufeln, mit Fleur de Sel bestreuen und mindestens 1 Stunde marinieren.

2 | Pinienkerne grob hacken, mit Curry in einer kleinen beschichteten Bratpfanne bei mittlerer Hitze rösten, mit Koriandergrün, Chilipulver, Kräutersalz und Koriander unter den Ricotta rühren. Ricotta in einen Spritzbeutel mit mittelgroßer Lochtülle füllen. Spiralförmig etwa 5 mm hoch auf die 6 Peperonirondellen spritzen. Eine Peperonirondelle darauflegen, leicht andrücken. Vorgang wiederholen. Zugedeckt 1 Stunde in den Kühlschrank stellen.

3 | Für die Vinaigrette Balsamico, Öl, Salz und Zucker verrühren, heißes Wasser unterrühren, mit Pfeffer abschmecken.

4 | Die Hälfte der Peperonitörtchen halbieren, zusammen mit einem ganzen Törtchen anrichten. Sprossen und Pinienkerne dazwischenlegen, mit der Vinaigrette beträufeln.

Curry | Durch das Rösten entfalten sich die Aromen besser.

apfel-petersilien-gugelhupf

auf Tamarindencoulis

für 4 Gugelhupfförmchen von 0,7 dl/70 ml Inhalt

Gugelhupf
2 Bund glattblättrige Petersilie
1 dl/100 ml klarer Apfelsaft
½ grüne Chilischote, entkernt und klein geschnitten
1 TL Kräutermeersalz
½ TL Macispulver
2 grüne Äpfel, z. B. Granny Smith
1 dl/100 ml Rahm/Sahne
2 g Agar-Agar-Pulver (Bioladen/Reformhaus)
½ dl/50 ml weißer Portwein

Gemüse
100 g Kefen/Zuckerschoten
100 g Prinzessbohnen
2 EL Baum-/Walnussöl
½ TL Kräutermeersalz
frisch gemahlener weißer Pfeffer

Tamarindencoulis
5 Tamarindenschoten oder
2 EL Tamarindenpaste
2 dl/200 ml Wasser
½ TL pikante Sojasauce
1 Prise Cayennepfeffer

1 rote Chilischote, in feinen Ringen

1 | Petersilie von den Stielen zupfen und fein hacken. Stiele klein schneiden, mit Chili, Kräutersalz und Macis zum Apfelsaft geben und aufkochen. Äpfel schälen und auf der Bircherraffel dazureiben, bei schwacher Hitze 3 Minuten köcheln, mit Stabmixer pürieren, durch ein feines Sieb streichen. Petersilienpüree und Rahm verrühren, nochmals aufkochen. Agar-Agar und Portwein verrühren, unter die Apfelcreme rühren, aufkochen und etwa 1 Minute kochen lassen, gehackte Petersilie zugeben. Mit Stabmixer aufschlagen, in die kalt ausgespülten Förmchen füllen und bei Zimmertemperatur abkühlen lassen, etwa 1 Stunde in den Kühlschrank stellen.

2 | Stielansatz bei den Kefen abschneiden, Schoten quer in feine Streifen schneiden. Stielansatz der Bohnen abschneiden, Bohnen längs halbieren. Gemüse im Dampf knackig garen, noch warm auf ein Kuchenblech verteilen, mit Öl, Kräutersalz und Pfeffer würzen, auskühlen lassen.

3 | Für das Coulis Tamarindenschoten aufbrechen, klebrige Kerne mit einem Löffel herausschaben, im Wasser 10 Minuten kochen, durch ein Sieb passieren, Kerne wegwerfen. Tamarindenflüssigkeit nochmals erwärmen, mit Sojasauce und Cayennepfeffer abrunden.

4 | Petersiliengugelhupf auf Teller stürzen, mit Tamarindencoulis umgeben, Gemüse dazulegen. Mit Chilischotenringen garnieren.

Tamarindencoulis | Eignet sich zum Würzen von Gemüseeintöpfen oder Chutneys und schmeckt als Sauce zu gegrilltem Fisch. Ungewürztes Tamarindencoulis gibt Früchtebowlen ein geheimnisvolles Aroma.

kaninchen im kümmelmantel

mit weißen Bohnen im südlichen Kleid

Kaninchenepigramm
3 dl/300 ml kräftiger Geflügelfond
1 Lorbeerblatt
1 Zwiebel, klein gewürfelt
2 zerdrückte Knoblauchzehen
2 Kaninchenschenkel/-keulen
1 Kalbsfuß (Saucenbein)
1 Bund Petersilie, fein gehackt
1½ TL Kräutermeersalz
2 Eier
frisch gemahlener schwarzer Pfeffer
ca. 50 g Brotbrösel
1 TL Kümmelsamen
Dinkel- oder Weizenweißmehl
4 EL Bratbutter/Butterschmalz

60 g kleine weiße Bohnen, über Nacht in Wasser eingeweicht
1 Lorbeerblatt
4 Tomaten, geschält, Seite 170
2 Artischocken (Stachelartischocken)
1 EL Olivenöl
frisch gemahlener schwarzer Pfeffer
Kräutermeersalz
1 Bund glattblättrige Petersilie

Vinaigrette
1 EL Rotweinessig
1 TL Selleriesalz
1 Prise Macispulver
1 Prise Cayennepfeffer
1 TL Akazienhonig
2 EL Olivenöl
frisch gemahlener schwarzer Pfeffer

Kümmelsamen und glattblättrige Petersilie, für die Garnitur

1 | Backofen auf 160 °C vorheizen.

2 | Geflügelfond mit Lorbeerblatt, Zwiebeln und Knoblauch in einem Bräter aufkochen. Kaninchenschenkel und Kalbsfuß zugeben. Bräter in den Ofen schieben, Fleisch zugedeckt bei 160 °C etwa 60 Minuten schmoren. Fleisch vom Knochen lösen, in 5 mm große Würfel schneiden.

3 | Fond mit Kalbsfuß auf ½ dl/50 ml einkochen lassen. Knochen entfernen, Fond durch ein feines Sieb zum Fleisch passieren, mit Petersilie und ½ TL Kräutersalz würzen. Eine Rolle von 5 cm Durchmesser formen, in Klarsichtfolie einwickeln. Folie an beiden Enden fest zubinden, 12 Stunden in den Kühlschrank legen.

4 | Eingeweichte weiße Bohnen in ein Sieb abgießen, mit kaltem Wasser aufkochen. Lorbeerblatt zugeben, Bohnen bei mittlerer Hitze weich garen, etwa 40 Minuten, Schaum abschöpfen. Bohnen im Kochwasser abkühlen lassen, in ein Sieb abgießen, Lorbeerblatt entfernen.

5 | Stielansatz der Tomaten ausstechen, Tomaten vierteln und entkernen, Viertel längs in Streifen schneiden. Artischockenstiel abschneiden, Blattspitzen abschneiden. Die äußeren Blätter vorsichtig abbrechen. Die restlichen grünen Blattansätze mit einem Sparschäler entfernen. Artischockenböden je nach Größe vierteln oder achteln, Blütenfäden entfernen. In einer Bratpfanne Olivenöl erhitzen, Artischocken zugeben und bei mittlerer Hitze sautieren, mit Pfeffer und Kräutersalz würzen. Petersilienblättchen von den Stielen zupfen und grob zerkleinern, zu den Artischocken geben.

6 | Vinaigrette zubereiten, mit schwarzem Pfeffer abschmecken. Weiße Bohnen, Artischocken und Tomaten mit der Vinaigrette mischen.

7 | Kaninchenrolle in 1 cm dicke Scheiben schneiden. Eier mit restlichem Kräutersalz (1 TL) verquirlen und mit schwarzem Pfeffer abschmecken. Brotbrösel und Kümmel mischen. Kaninchenscheiben zuerst im Mehl , dann im Ei und zuletzt in den Brotbröseln wenden. Bratbutter in einer Bratpfanne erhitzen, Kaninchenscheiben darin goldbraun braten. Herausnehmen, auf Küchenpapier abtropfen lassen.

8 | Je 2 Kaninchenrondellen mit dem Bohnensalat anrichten. Mit Kümmel und Petersilie garnieren.

buchweizen-omelette

mit Forelle, Radicchio, Rettich und Radieschen

für 4 Omelettes

Omeletteteig
1 großes Ei
1 Prise Meersalz
1 Prise geriebene Muskatnuss
25 g Buchweizenmehl
½ dl/50 ml Milch
1 EL flüssige Butter
1 TL Bratbutter/Butterschmalz, zum Braten

Füllung
2 geräucherte Forellenfilets
120 g Magerquark
1 Prise Korianderkörner, frisch gemahlen
frisch gemahlener weißer Pfeffer
1 Prise Fleur de Sel
10 g Senfsprossen
10 g Kresse

4 Cicorino verde/ grüner Radicchio
1 Bund Radieschen
1 frischer Wasabirettich

Vinaigrette
1 EL Himbeeressig
1 TL Kräutermeersalz
1 Prise Zucker
2 EL Haselnussöl

Schnittlauchspitzen, für die Garnitur
Fleur de Sel, zum Bestreuen

1 | Für den Omeletteteig Ei mit Salz und Muskatnuss aufschlagen. Zuerst das Buchweizenmehl, dann die Milch und die flüssige Butter unterrühren. Teig 20 Minuten zugedeckt stehen lassen.

2 | Eine Bratpfanne aufheizen und mit Bratbutter auspinseln. Ein Viertel des Teigs auf den Boden gießen und das Omelette beidseitig hell braten. Auf einem Kuchengitter auskühlen lassen.

3 | Forellenfilets häuten, grob zerkleinern. Quark mit Koriander, Pfeffer und Fleur de Sel würzen, auf den Omelettes ausstreichen. Sprossen, Kresse und Fisch darauf verteilen. Aufrollen. 2 Stunden in den Kühlschrank stellen.

4 | Cicorino verde in die einzelnen Blätter zerlegen. Radieschen in feine Scheiben schneiden. Wasabirettich schälen, in feine Scheiben schneiden.

5 | Omeletterollen in Scheiben schneiden, anrichten. Mit Wasabirettich, Radieschen, Cicorino verde und Schnittlauch garnieren. Salate mit der Vinaigrette beträufeln und zum Schluss mit wenig Fleur de Sel bestreuen.

Tipp | Forelle durch geräucherten Lachs ersetzen. So können die Omelettes satter gerollt und mit einem Zahnstocher fixiert werden und als Fingerfood genossen werden.

gewürzroyale

mit Rohschinkenfahne

1 Msp frisch geriebene Muskatnuss
½ getrocknete rote Chilischote
1 Msp Ajowansamen
2 Pimentkörner
1 Msp Kreuzkümmelsamen
1 Prise gemahlene Gewürznelke
1 Vanilleschote, abgestreiftes Mark
1 TL Selleriesalz
3 dl/300 ml Rahm/Sahne
2 Eier

Garnitur
1 kleiner Lauch
2 EL Tempuramehl oder Weißmehl
Erdnussöl, zum Frittieren
4 dünne Scheiben Rohschinken
Paprikapulver, zum Bestäuben

1 | Gewürze im Mörser zerstoßen, in eine Schüssel geben. Rahm aufkochen, über die Gewürze gießen, zugedeckt 2 Minuten ziehen lassen. Eier verquirlen, Gewürzrahm durch ein feines Sieb zu den Eiern passieren, verrühren.

2 | Grobfasrige Hüllblätter des Lauchs entfernen, Stange längs halbieren, Hälften in feine Streifen schneiden, mit dem Tempuramehl mischen. Das Öl erhitzen, Lauchstreifen portionsweise frittieren. Herausnehmen, auf Küchenpapier abtropfen lassen, auf ein Blech verteilen, im Ofen bei 80 °C trocknen lassen.

3 | Rohschinken in einer Bratpfanne ohne Fett knusprig braten.

4 | Eiermasse in kleine Suppenteller oder Suppenschalen verteilen, im Ofen im Dampf bei 80 °C 20 Minuten pochieren.

5 | Royale mit frittierten Lauchstreifen und Rohschinken garnieren, mit wenig Paprikapulver bestäuben.

Royale | Sie sollte schonend pochiert werden, damit die Masse nicht zäh wird. Wer weder über Kombibackofen noch Dampfgargerät verfügt, kann sich mit dem Wasserbad behelfen. Backofen auf 100 °C vorheizen, eine ausreichend große ofenfeste Form mit heißem Wasser hineinstellen. Royale in kleine Suppentassen füllen, diese in das Wasserbad stellen – sie sollten zu etwa zwei Dritteln im Wasser stehen – und 20 Minuten pochieren.

kleine mahlzeiten

schwarzkümmel-feuilleté

mit Frühlingsgemüse und Püree von grünen Erbsen und Minze

Strudelteig
180 g Weißmehl
ca. 60 g Wasser
½ Ei
je 1 Prise Meersalz und Zucker
1 Schuss Essig
50 g flüssige Butter

Olivenöl, zum Bepinseln
50 g flüssige Butter, zum Einpinseln
2 EL Schwarzkümmelsamen
Meersalz oder Fleur de Sel

Erbsenpüree
250 g erntefrische oder gefrorene grüne Erbsen
2 Zweige Minze, Blättchen abgezupft, in Streifchen
50 g Butter
Kräutermeersalz
frisch gemahlener schwarzer Pfeffer

Junges Gemüse
2 EL Olivenöl
4 Bund-/Frühlingszwiebeln
½ dl/50 ml Gemüsebrühe
100 g Kefen/Zuckerschoten
1 Bund Karotten mit Grün
Kräutermeersalz
frisch gemahlener schwarzer Pfeffer
1 TL Haselnussöl

1 | Für den Strudelteig das Mehl in eine Schüssel geben, eine Vertiefung formen. Übrige Zutaten in die Vertiefung geben, zu einem glatten Teig verarbeiten. Teigkugel in Klarsichtfolie einwickeln, bei Zimmertemperatur mindestens 1 Stunde ruhen lassen.

2 | Backofen auf 200 °C vorheizen. Ein großes rechteckiges Blech mit Backpapier belegen.

3 | Strudelteig mit Olivenöl einpinseln, etwa 1 cm dick und rund ausrollen, von Hand hauchdünn ausziehen, indem man mit den Händen unter den Teig greift und ihn sorgfältig nach außen zieht und dies mehrere Male wiederholt. Aus dem Teig mit dem Teigrädchen Quadrate von 5 cm Seitenlänge (oder Rauten) schneiden, auf das Backpapier legen, mit flüssiger Butter bepinseln, mit Schwarzkümmel und Meersalz bestreuen. Im vorgeheizten Ofen bei 200 °C 5 Minuten backen. Im ausgeschalteten Backofen warm halten.

4 | Für das Erbsenpüree Erbsen im Dampf 2 bis 3 Minuten garen, mit der Hälfte der Minzestreifen pürieren, durch ein feines Sieb streichen. Vor dem Servieren die Butter unterrühren, Püree kurz erwärmen, mit Kräutersalz und schwarzem Pfeffer würzen.

5 | Karottengrün auf 3 cm kürzen, Wurzelende abschneiden. Karotten im Dampf knackig garen, unter kaltem Wasser abschrecken, schälen. Das Grün der Bundzwiebeln auf 2 bis 3 cm kürzen, Zwiebeln längs halbieren. Stielansatz der Kefen abschneiden, zähen Faden abziehen. Bundzwiebeln mit Schnittfläche nach unten im Olivenöl 2 bis 3 Minuten dünsten. Gemüsebrühe zugeben, bei schwacher Hitze 2 Minuten köcheln, Kefen zugeben, 2 Minuten köcheln, Karotten zugeben, erhitzen. Mit Kräutersalz und Pfeffer abschmecken, mit dem Haselnussöl verfeinern.

6 | Auf jeden vorgewärmten Teller ein Strudelteigviereck legen, einen Esslöffel heißes Erbsenpüree daraufgeben, je eine Bundkarotte und einige Kefen sowie eine halbe Zwiebel darauflegen, mit einem zweiten Strudelteigblatt zudecken. Wieder Erbsenpüree daraufgeben, Karotte, Kefen und eine halbe Zwiebel darauflegen, mit einem Strudelteigblatt und einer Bundkarotte abschließen.

gefüllte artischocken

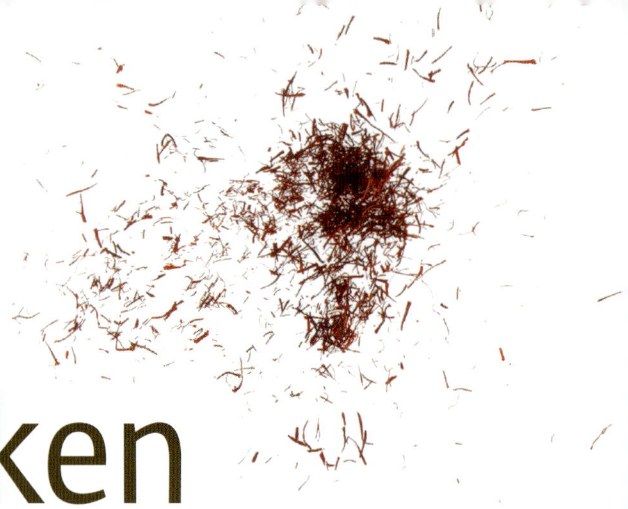

mit Tomaten-Kichererbsen-Olio

Tomaten-Kichererbsen-Olio
40 g Kichererbsen
1 Lorbeerblatt
½ Macisblüte
1 Fleischtomate
1 dl/100 brauner Fond, Seite 186
1 Prise Safranfäden
1 Prise Meersalz
1 Zitrone, Saft
½ dl/50 ml Orangenöl
½ Chilischote, fein geschnitten
frisch gemahlener
schwarzer Pfeffer

Gefüllte Artischocken
8 mittelgroße Artischocken
1 EL Olivenöl
400 g gemischtes Hackfleisch
2 kleine Zwiebeln,
klein gewürfelt
1 Tomate
1 Zucchino, klein gewürfelt
Kräutermeersalz
frisch gemahlener
schwarzer Pfeffer
1 EL Kreuzkümmelsamen
1 TL Kubebenpfeffer
1 TL Paprikapulver, edelsüß
1 dl/100 ml Gemüsebrühe
½ dl/50 ml Schlagrahm/-sahne
100 g fein geriebener Pecorino
1 getrocknete Chilischote,
zerrieben

1 | Kichererbsen über Nacht im Wasser einweichen. Abgießen. Kichererbsen mit Lorbeerblatt und Macisblüte in einen Topf geben, mit kaltem Wasser bedecken, aufkochen, Erbsen weich kochen, in der Pfanne beiseitestellen.

2 | Tomate an der Spitze kreuzweise einschneiden, in einem Schaumlöffel in kochendes Wasser tauchen, bis sich die Haut löst, unter kaltem Wasser abschrecken. Tomate schälen, Stielansatz ausstechen, Tomate klein würfeln. Tomaten, Kalbsfond und Safranfäden aufkochen, etwa 5 Minuten köcheln lassen, durch ein feines Sieb drücken.

3 | Kichererbsen abgießen, Macis und Lorbeerblatt entfernen. Erbsen, Tomatenjus und Meersalz aufkochen, pürieren. Zitronensaft, Orangenöl und Chili unterrühren, mit Pfeffer würzen. Kurz vor dem Servieren erhitzen. Separat servieren.

4 | Artischockenstiel abschneiden, die einzelnen Blätter vorsichtig abbrechen, ohne den Boden zu verletzen. Mit einem Rüstmesser die grünen Stellen wegschneiden und die Böden rund schneiden. Artischockenböden im Salzwasser etwa 10 Minuten garen. Herausnehmen und kalt abschrecken. Blütenfäden (Heu) mit spitzem Löffel entfernen.

5 | In einer Bratpfanne das Hackfleisch im Öl anbraten. Zwiebeln, Tomaten und Zucchini kurz mitdünsten, mit Kräutersalz und Pfeffer würzen, 10 Minuten bei schwacher Hitze köcheln lassen. Kreuzkümmel und Kubebenpfeffer im Mörser zerstoßen, mit dem Paprika zum Fleisch geben, Flüssigkeit offen vollständig einkochen lassen. In die Artischockenböden füllen.

6 | Backofen auf 220 °C vorheizen.

7 | Gemüsebrühe erhitzen und in die Form gießen. Artischockenböden in die Form stellen. Bei 220 °C etwa 10 Minuten backen. Die Temperatur auf 240 °C Oberhitze erhöhen. Schlagrahm, geriebenen Pecorino und zerriebene Chilischote mischen, auf die Artischocken verteilen, bei 240 °C rund 5 Minuten überbacken.

ratatouille-tartelettes

auf geeistem Süppchen von gelben Peperoni

für 4 Tartelettes von 8 cm Durchmesser

Peperonisüppchen
2 gelbe Peperoni/Gemüsepaprika
1 Bund-/Frühlingszwiebel
2 Scheiben Toastbrot
100 g Joghurt
1 EL Mascarpone
4 zerdrückte Kardamomsamen
1 Msp Safranpulver
1 TL gemahlene Selleriesamen
1 TL zerriebene getrocknete Chilischote
1 Zweig Koriander, gehackt
1 EL Meersalz
1 TL Akazienhonig

Olivenölteig
100 g Weißmehl
30 g Olivenöl
2 EL Wasser
1 TL Essig
1 Eigelb
½ TL Meersalz
½ TL Anissamen
½ TL Ajowansamen

Kichererbsen, zum Blindbacken

Ratatouille
½ dl/50 ml Olivenöl
1 kleine Zwiebel, klein gewürfelt
1 mittelgroße Aubergine
1 mittelgroßer Zucchino
1 grüner Peperoni/Gemüsepaprika
500 g Peretti-Tomaten, geschält und klein gewürfelt, Seite 170
2 Knoblauchzehen, durchgepresst
1 Zweig Rosmarin, Nadeln abgestreift und gehackt
Meersalz
frisch gemahlener schwarzer Pfeffer
1 Prise Cayennepfeffer

1 | Für das Süppchen Peperoni mit Sparschäler schälen. Schoten halbieren, Stiel, Kerne und weiße Rippen entfernen, Hälften in Würfelchen schneiden. Zwiebelgrün in Ringe schneiden, beiseitelegen. Zwiebel klein würfeln. Toastbrot entrinden und in Würfel schneiden. Alle Zutaten mischen, 1 Stunde kühl stellen, im Mixer pürieren, durch ein feines Sieb passieren, eventuell nachwürzen. Süppchen im Kühlschrank gut durchkühlen lassen.

2 | Für den Teig Mehl in eine Schüssel geben, eine Mulde formen. Restliche Zutaten in die Vertiefung geben, zu einem glatten Teig kneten. In Klarsichtfolie einwickeln, 1 Stunde kühl stellen.

3 | Für das Ratatouille Aubergine beidseitig kappen, klein würfeln, mit Meersalz mischen, 1 Stunde stehen lassen, in ein Salatsieb geben und ausdrücken, auf Küchenpapier abtropfen lassen. Tomatenwürfelchen mit Meersalz bestreuen. Zucchino beidseitig kappen, in 5 mm große Würfel schneiden. Peperoni mit Sparschäler schälen, halbieren, Stielansatz, Kerne und weiße Rippen entfernen, Hälften in 5 mm große Würfel schneiden. Öl in einer Sauteuse erwärmen, Zwiebeln bei mittlerer Hitze glasig dünsten, Auberginen, Zucchini und Peperoni bei mittlerer Hitze 5 Minuten mitdünsten, Tomaten zugeben, bei mittlerer Hitze einkochen lassen, bis das Ratatouille bindet, das dauert etwa 20 Minuten. Zerdrückte Knoblauchzehen und Rosmarinnadeln zufügen. Ratatouille mit Salz, Pfeffer und Cayennepfeffer würzen. In einer Schüssel zugedeckt auf Raumtemperatur abkühlen lassen.

4 | Den Teig 3 mm dick ausrollen, mit einem Ausstecher von etwa 12 cm Durchmesser 4 Rondellen ausstechen, in die eingefetteten Förmchen legen. Etwa 20 Minuten kühl stellen. Aus Backpapier 4 Rondellen in der Größe der Förmchen ausschneiden und auf die Teigböden legen. Mit Kichererbsen füllen. Teigböden in der Mitte in dem auf 200 °C vorgeheizten Ofen 10 Minuten blind backen. Kichererbsen und Papier entfernen. Teigböden auskühlen lassen. Erkaltetes Ratatouille auf die Teigböden verteilen, mit Olivenöl beträufeln.

5 | Peperonisüppchen in tiefe Teller verteilen, mit Zwiebelgrün bestreuen, Tartelettes in das Süppchen setzen. Sofort servieren.

Variante | Das Ratatouille heiß in die gebackenen Tartelettes füllen, als Beilage zu Fleisch oder Fisch servieren.

im meersalzmantel gegarte rande

mit würzigem Quark

Randen/Rote Beten
4 kleine, frisch geerntete Randen/Rote Beten
3 TL Fenchelsamen
2 TL weiße Senfkörner
1 TL frisch gemahlener weißer Pfeffer
1 EL Wacholderbeeren
1 TL getrockneter Thymian
1 kg feuchtes grobkörniges Meersalz
1 Eiweiß

Vinaigrette
2 EL Nussöl
½ Zitrone, Saft
1 TL alter Balsamico
frisch gemahlener schwarzer Pfeffer

Quarkdip
75 g Vollmilchquark, gut abgetropft
1 EL Crème fraîche
30 g weiche Butter
1 Bund Schnittlauch, fein geschnitten
1 TL grobkörniger Senf
½ TL Paprikapulver
½ TL gemahlene Kreuzkümmelsamen
1 Prise Pimentpulver
1 Prise Macispulver
frisch gemahlener schwarzer Pfeffer
Meersalz

1 | Backofen auf 180 °C vorheizen. Ein Kuchenblech einfetten.

2 | Randen waschen, auf das eingefettete Blech legen. Fenchelsamen, Senfkörner, Pfeffer, Wacholder und Thymian im Mörser grob zerstoßen, mit Salz und Eiweiß mischen, Randen mit dem Würzsalz zudecken/einhüllen. Bei 180 °C 1 Stunde backen.

3 | Abgetropften Quark und Crème fraîche verrühren. Butter aufschlagen, Quark esslöffelweise unter die Butter rühren. Schnittlauch, Senf und Gewürze unterrühren, abschmecken mit Pfeffer und Salz.

4 | Randen aus dem Ofen nehmen, Salzkruste aufschlagen und Randen halbieren. Mit Pariserlöffel/Kugelausstecher kleine Kugeln ausstechen, sodass eine Schale entsteht. Randenkugeln in Randenschale füllen, mit der Vinaigrette beträufeln.

5 | Lauwarme Randen mit Quarkdip und frischem Bauernbrot servieren.

auberginen-kompott

im Bramataring mit Olivencoulis

Auberginenkompott
8 Peretti-Tomaten, geschält, Seite 170
1 TL Meersalz
1 Bund Oregano, grob gehackt
2 dl/200 ml Balsamico
500 g Auberginen
2 EL Olivenöl
1 EL gehackter Thymian
1 Knoblauchzehe, durchgepresst
Meersalz
frisch gemahlener schwarzer Pfeffer
2 EL Olivenöl
2 Schalotten, klein gewürfelt
1 EL Tapenade

Polenta
½ l Wasser
1 Lorbeerblatt
2 Knoblauchzehen, zerquetscht
1 EL gekörnte Gemüsebrühe
125 g Bramatamais
2 EL Olivenöl
50 g geriebener Sbrinz

Olivencoulis
10 entsteinte schwarze Oliven
2 Sardellenfilets
½ TL Ajowansamen
½ rote Chilischote, klein gewürfelt
½ dl/50 ml Olivenöl
1 EL Balsamico

1 | Backofen auf 120 °C vorheizen. Ein großes Kuchenblech mit Olivenöl einfetten.

2 | Tomaten halbieren und entkernen. Mit der Schnittfläche nach unten auf das Blech legen, mit Salz und Oregano bestreuen. Im Ofen bei 120 °C 1 Stunde trocknen lassen. Tomaten in einer Schüssel beiseitestellen. Balsamico auf 3 Esslöffel einkochen lassen, beiseitestellen.

3 | Auberginen halbieren, Schnittfläche mit scharfem Messer kreuzweise einschneiden. Olivenöl (2 EL) mit Thymian und Knoblauch mischen, mit Salz und Pfeffer abschmecken, Schnittfläche der Auberginen damit einreiben. Auf ein Backblech legen, mit Alufolie zudecken, im Ofen bei 150 °C etwa 1 Stunde garen. Das Fleisch der Aubergine herauslöffeln und in einem Sieb abtropfen lassen.

4 | Restliches Olivenöl erhitzen, Schalotten hellgelb dünsten. Getrocknete Tomaten und Auberginenfleisch zugeben, bei mittlerer Hitze zu Mus einkochen lassen. Zum Schluss die Tapenade unter das Kompott rühren.

5 | Für die Polenta Wasser, Lorbeerblatt, Knoblauch und Gemüsebrühe aufkochen. Mais unter Rühren einrieseln lassen, aufkochen, Olivenöl zugeben, Mais auf kleinstmöglicher Stufe zugedeckt 30 Minuten quellen lassen. Sbrinz unterrühren.

6 | Für das Coulis 4 Oliven vierteln, beiseitelegen. Sardellenfilets kalt abspülen, mit restlichen Oliven und übrigen Zutaten im Mörser zerdrücken. Olivencoulis vor dem Servieren mit einem Esslöffel kochendem Wasser aufrühren.

7 | Polenta eventuell unter Zugabe von wenig Wasser erhitzen, in bauchige Suppentassen füllen, andrücken, auf vorgewärmte Teller stürzen. In der Mitte der Halbkugel eine runde Öffnung ausstechen, Auberginenkompott einfüllen. Mit Olivencoulis beträufeln und Olivenvierteln garnieren.

Tipp | Das Auberginenkompott schmeckt auch kalt als Brotaufstrich oder als Sauce zu Grillgerichten.

kichererbsen in karottensaft

mit Spargel und Fave

100 g Kichererbsen
1 Handvoll Fave (ausgelöste frische, geschälte grüne Bohnenkerne)
1 Bund weißer Spargel
Meersalz
1 Prise Zucker
1 TL Butter

1 EL Olivenöl
2 Schalotten, klein gewürfelt
3 dl/300 ml Karottensaft
50 g geschälter Ingwer
2 EL gekörnte Gemüsebrühe
1 EL Korianderkörner, zerdrückt
½ EL Kreuzkümmelsamen, zerdrückt
½ EL Curry
2 EL Orangenöl

1 | Kichererbsen über Nacht im Wasser einweichen. Abgießen. Kichererbsen in einen Topf geben und mit kaltem Wasser bedecken, aufkochen, Erbsen weich kochen. Kichererbsen abgießen, mit kaltem Wasser abschrecken, in ein Küchentuch einschlagen und reiben, damit sich die zähe Haut löst. Beiseitestellen.

2 | Fave im Salzwasser eine Minute blanchieren, abgießen und mit kaltem Wasser abschrecken. Bohnenkerne schälen, d.h. die zähe Haut entfernen.

3 | Unteres Drittel des Spargels großzügig, Rest sparsam schälen, bis alle grobfasrigen Teile entfernt sind. Enden großzügig kappen, Spargelspitzen etwa 8 cm lang abschneiden, Stangen in Würfel schneiden. 1 Liter Wasser mit Salz, Zucker sowie Butter aufkochen, Spargelspitzen 5 Minuten garen. Fave zufügen. Zugedeckt beiseitestellen.

4 | Olivenöl erhitzen, Schalotten und Spargelwürfelchen glasig dünsten. Kichererbsen und Karottensaft zufügen, Ingwerwurzel fein dazureiben, Gemüsebrühe und Gewürze zugeben, bei mittlerer Hitze etwa 20 Minuten köcheln lassen. Bei zu wenig Flüssigkeit ein wenig Spargelwasser zugeben.

5 | Kichererbsen in tiefe Teller verteilen, Spargelspitzen und Fave mit einem Schaumlöffel herausnehmen, auf den Kichererbsen anrichten. Mit Orangenöl beträufeln.

Tipp | Kreuzkümmel, Kümmel, Muskat und auch Macis fördern die Verdauung und sind deshalb gerade bei Hülsenfrüchten ideal.

schwarzwurzel an mandarinensauce

mit Wildreisbällchen

Wildreisbällchen
4 dl/400 ml Gemüsebrühe
80 g Wildreis
40 g Basmatireis (Langkornreis)
1 EL Olivenöl
80 g Gemüsejulienne von Karotte, Lauch, Zucchino
1 TL Reismiso
1 Bund Petersilie, fein gehackt
1 TL Tamari (Extrakt)
1 TL Zitronenpfeffer
Olivenöl, zum Braten

Schwarzwurzelragout
500 g Schwarzwurzeln
½ l Milch
2 EL Olivenöl
Gewürzsalz für vegetarische Gerichte, Seite 144

Mandarinensauce
1 EL Zucker
5 Mandarinen, 3 dl/300 ml Saft
50 g weißer Lauch, fein geschnitten
1 dl/100 ml Gemüsebrühe
1 TL Maisstärke
6 Szechuanpfefferkörner, im Mörser zerdrückt
20 g kalte Butter

junges Grün von Lauch oder Schnittlauch, fein geschnitten

1 | Für die Reisbällchen Wildreis im Cutter grob hacken. Gemüsebrühe aufkochen, Wild- und Basmatireis zugeben und bei starker Hitze 5 Minuten kochen lassen. Auf der ausgeschalteten Wärmequelle zugedeckt 1 Stunde quellen lassen. Olivenöl erwärmen, Gemüsejulienne darin weich dünsten. Ein Drittel des Reismix hacken. Alle Zutaten mischen. Aus der Masse 12 Bällchen formen.

2 | Für das Gemüseragout die Schwarzwurzeln schälen (Handschuhe anziehen) und schräg in 3 cm lange Stücke schneiden, in die Milch legen.

3 | Für die Sauce den Zucker in einer Sauteuse karamellisieren, mit Mandarinensaft (2 EL beiseitestellen) ablöschen, sirupartig einkochen lassen. Lauch und Gemüsebrühe zugeben, bei schwacher Hitze auf die Hälfte einkochen lassen. Maisstärke mit restlichem Mandarinensaft glatt rühren, Sauce damit binden. Szechuanpfeffer zugeben.

4 | Schwarzwurzeln abgießen und mit Küchenpapier trocknen. Olivenöl erhitzen, Schwarzwurzeln zugeben und bei mittlerer Hitze braten, mit dem Gewürzsalz abschmecken.

5 | Reisbällchen in einer Bratpfanne in wenig Olivenöl knusprig braten.

6 | Mandarinensauce erhitzen, kalte Butter stückchenweise unterrühren, Schwarzwurzeln zugeben.

7 | Schwarzwurzelragout und Reisbällchen anrichten. Mit restlicher Mandarinensauce und Lauch oder Schnittlauch garnieren.

Tipp | Die Mandarinensauce schmeckt auch zu Geflügel hervorragend.

fazzoletti-duo

mit Korianderspinat auf Limettensauce

Korianderteig
80 g Weißmehl
40 g Spätzlimehl
1 Ei
1 EL Olivenöl
1 Msp Meersalz
1 Bund Koriander, für die Einlage

Tandooriteig
80 g Weißmehl
40 g Spätzlimehl
1 Ei
½ EL Olivenöl
½ EL Tandooripaste
1 Msp Meersalz

2 EL Nudelwasser
1 EL Butter
1 Msp Muskatnuss

Limettensauce
½ dl/50 ml Limettensaft
½ dl/50 ml Geflügelfond
1 TL Akazienhonig
½ grüne Chilischote
½ dl/50 ml Schlagrahm/-sahne
1 Limette, abgeriebene Schale
frisch gemahlene Korianderkörner

Korianderspinat
1 EL Olivenöl
20 Korianderkörner, zerdrückt
8 junge Rosetten Wurzelspinat
1 Bund Koriander, gehackt
frisch gemahlener schwarzer Pfeffer
Gewürzsalz für vegetarische Gerichte, Seite 144

Basilikum, für die Garnitur

1 | Für den Korianderteig Mehle mischen, eine Vertiefung formen. Ei, Olivenöl und Salz in die Vertiefung geben, einen glatten, geschmeidigen Teig kneten. Teig in Klarsichtfolie einwickeln, im Kühlschrank 1 Stunde ruhen lassen. Teig dritteln, Rollen drehen, die gleich lang sind wie die Walze der Nudelmaschine. Die Blätter nacheinander immer dünner ausrollen, bis zum letzten oder zweitletzten Walzenabstand, je nach Maschine. Teigblätter mit einem feuchten Pinsel befeuchten, halbseitig mit Korianderblättchen belegen, freie Seite darüberlegen und leicht andrücken. Walzenabstand auf 1 mm einstellen. Gefüllte Blätter nochmals durch die Maschine drehen. Teig in Rhomben schneiden, je 2 Seiten sind gleich lang, 3 cm x 5 cm. Ergibt 16 Rauten.

2 | Tandooriteig: gleiche Zubereitung wie Korianderteig, aber ohne Einlage.

3 | Für die Limettensauce den Limettensaft und den Geflügelfond mit Akazienhonig und Chilischote bis auf ein Viertel einkochen lassen. Reduktion durch ein feines Sieb direkt in die Pfanne drücken. Die Hälfte des Rahms zugeben, bei schwacher Hitze etwa 5 Minuten köcheln lassen. Limettenschale und restlichen Rahm kurz vor dem Servieren unterrühren, mit Koriander abschmecken.

4 | Für den Korianderspinat Spinatrosetten waschen, putzen und trocken schleudern. Olivenöl in einer Sauteuse erhitzen, Korianderkörner darin kurz rösten. Spinat zugeben und zusammenfallen lassen. Mit Korianderblättern, Pfeffer und Gewürzsalz würzen.

5 | In einem großen Topf reichlich Salzwasser erhitzen, Fazzoletti al dente kochen.

6 | In einer Sauteuse 2 Esslöffel Nudelwasser, Butter und Muskatnuss erhitzen. Fazzoletti abgießen, in der Sauteuse schwenken.

7 | Spinat und Fazzoletti anrichten, mit heißer Limettensauce beträufeln, mit Basilikum garnieren.

Tandoori | Indische Gewürzmischung aus Knoblauch, Tamarinde, Koriander, Kreuzkümmel, Kurkuma und Cayennepfeffer. Schmeckt fruchtig-scharf und eignet sich auch zum Marinieren von Fleisch und Fischgerichten.

mittelpunkt mit fleisch

lammkarree mit bohnen-tomaten-jus

und Sesamkartoffeln

Lammkarree

½ TL Bockshornkleesamen
½ TL Kreuzkümmelsamen
½ TL Sesamsamen
½ TL Anissamen
1 TL Korianderkörner
600 g Lammkarree
200 g zarte grüne Bohnen
1 EL Olivenöl
1 EL Meersalz
1 dl/100 ml Weißwein
2 Tomaten, geschält, Seite 170
1 Schalotte, klein gewürfelt
1 dl/100 ml brauner Fond
frisch gemahlener
schwarzer Pfeffer
Kräutermeersalz

Sesamkartoffeln

400 g kleine neue Kartoffeln
2 EL Olivenöl
3 EL weiße Sesamsamen
1 EL Meersalz

Brauner Fond

500 g Knochen (vom Metzger zerkleinern lassen) und Parüren (Fleischabschnitte)
30 g Erdnussöl
¼ Karotte, gewürfelt
½ Zwiebel, in Scheiben
¼ Knollensellerie, gewürfelt
¼ Kohlrabi, gewürfelt
1 Knoblauchzehe, grob gewürfelt
1 EL Tomatenmark
2–3 dl/200–300 ml Rotwein
ca. 1 l Wasser
Petersilienstiele, nach Belieben
5 schwarze Pfefferkörner, zerdrückt
1 Lorbeerblatt
2 Gewürznelken

1 | Für das Lammkaree die Gewürze im Mörser zerstoßen. Lammkarree damit einreiben. Über Nacht im Kühlschrank zugedeckt marinieren.

2 | Für den braunen Fond Parüren vom Fett befreien. Knochen und Parüren im Öl rundum gleichmäßig braten. Röstgut regelmäßig wenden. Mischgemüse mitdünsten, Tomatenmark zugeben und mitdünsten. Mit Rotwein ablöschen, einkochen lassen. Mit dem Wasser auffüllen. Übrige Zutaten zugeben, aufkochen, Fond rund 2 Stunden bei schwacher Hitze köcheln lassen. Häufig entfetten. Nach 2 Stunden Knochen und Parüren mit einem Schaumlöffel herausnehmen, Fond durch ein feines Sieb passieren. Auf 2 dl/200 ml einkochen lassen.

3 | Stielansatz der Tomaten ausstechen, Tomaten vierteln, Kerne mit gallertartiger Masse entfernen und hacken. Tomatenviertel in Streifen schneiden. Stielansatz der Bohnen abschneiden, Bohnen in 3 cm lange Stücke schneiden, im Dampf bissfest garen.

4 | Olivenöl in einer Bratpfanne erhitzen, Lammkarree allseitig kräftig anbraten, salzen. Im vorgeheizten Ofen bei 180 °C etwa 10 Minuten fertig braten. Fleisch aus dem Ofen nehmen, in Folie einpacken und ruhen lassen.

5 | Bratfett abgießen, die Pfanne mit Küchenpapier auswischen. Bratsatz mit Weißwein und Tomatenkernen ablöschen, Schalotten zufügen, Flüssigkeit fast vollständig einkochen lassen. Braunen Fond beigeben, auf die Hälfte einkochen lassen. Sauce durch ein feines Sieb in eine kleine Pfanne passieren. Bohnen zugeben und erwärmen, ganz zum Schluss die Tomatenstreifen untermischen. Eventuell mit schwarzem Pfeffer und Kräutersalz nachwürzen.

6 | Ofen auf 220 °C vorheizen. Auf einem Backblech das Olivenöl verteilen. Sesamsamen mit dem Salz mischen. Kartoffeln unter fließendem Wasser bürsten, trocknen, längs halbieren, Schnittfläche in die Sesamsamen drücken, auf das Blech legen, bei 220 °C etwa 10 Minuten backen, bis die Kartoffeln weich sind. Etwa 5 Minuten vor Ende der Garzeit Lammkarree aus der Folie nehmen und auf den Sesamkartoffeln 5 Minuten erwärmen.

7 | Lammkarree aufschneiden, auf Teller verteilen. Kartoffeln und Bohnen dazulegen, mit Tomatenjus zeichnen.

mistkratzerli

im Gewürzmantel mit Lorbeerrisotto

Mistkratzerli
½ TL Rosa-Pfeffer-Körner
10 weiße Pfefferkörner
½ TL Korianderkörner
½ TL Kreuzkümmelsamen
½ TL Fenchelsamen
½ TL getrockneter Oregano
1 Kardamomkapsel
2 Msp Macispulver
1 TL grobes Meersalz
2 Mistkratzerli/Stubenküken, je 300–400 g
2 EL weiche Butter
1 EL Olivenöl
2 Zucchini
je 1 grüne und rote Chilischote
8 Knoblauchzehen, geschält

Lorbeerrisotto
1 EL Olivenöl
120 g Rundkornreis, z. B. Aquarello, Carnaroli
2 Schalotten, klein gewürfelt
1 dl/100 ml Weißwein
2½ dl/250 ml Geflügelbrühe
4–6 frische Lorbeerblätter, je nach Größe
1 EL Butter
2 EL geriebener Sbrinz
frisch gemahlener schwarzer Pfeffer
1 unbehandelte Zitrone, wenig abgeriebene Schale

1 | Einen Bräter in den Ofen stellen, Ofen auf 220 °C vorheizen.

2 | Für die Mistkratzerli alle Gewürze mit dem Salz im Mörser grob zerkleinern, Mistkratzerli mit der Gewürzmischung einreiben. Restliche Gewürzmischung und weiche Butter vermengen und in die Mistkratzerli füllen. Öffnung mit einem Spießchen verschließen, Flügel und Schenkel/Keulen mit Küchengarn zusammenbinden.

3 | Zucchini beidseitig kappen, in 8 cm lange Stäbchen schneiden. Chilischoten längs aufschneiden, entkernen.

4 | Olivenöl im aufgeheizten Bräter erhitzen. Mistkratzerli hineinlegen, im Ofen zuerst auf den Schenkelseiten anbraten, dann auf den Rücken legen und knusprig braten. Mistkratzerli immer wieder mit dem heißen Öl übergießen. Nach etwa 10 Minuten Zucchini, Chili und Knoblauch zugeben, weitere 15 Minuten braten.

5 | Für den Risotto das Olivenöl bei mittlerer Hitze erwärmen, Reis glasig dünsten, Schalotten kurz mitdünsten, mit Wein ablöschen, 2 dl/200 ml Geflügelbrühe und Lorbeerblätter zugeben, aufkochen, auf der ausgeschalteten Wärmequelle zugedeckt etwa 10 Minuten quellen lassen. Vor dem Servieren Lorbeerblätter entfernen, restliche Geflügelbrühe zum Reis geben. Risotto erwärmen, Butter und Sbrinz unterrühren. Mit Pfeffer und Zitronenschale abschmecken.

6 | Zur Garprobe Mistkratzerli mit einer Tranchiergabel zwischen Schenkel und Brust einstechen, Bauchöffnung nach unten drehen, sodass der Bratensaft auslaufen kann. Bei klarem Saft ist das Geflügel gar. Vor dem Tranchieren 5 Minuten ruhen lassen.

7 | Mistkratzerli halbieren, mit dem Gemüse auf Tellern anrichten, Bratensaft darübergießen. Risotto separat servieren.

Tipp | Frischer Lorbeer hat am meisten Aroma, wenn er bei Sonnenschein geerntet wird. Er ist wesentlich würziger als getrockneter Lorbeer.

pouletbrüstchen auf wacholder-orangen-jus

Pouletbrüstchen
2 EL Wacholderbeeren
½ l Orangensaft
½ unbehandelte Orange, grob abgeriebene Schale
4 Poulet-/Hähnchenbrustfilets, je 120 g
1 Bund Hopfenspargel
1 EL Bratbutter/Butterschmalz
1 Radicchio di Treviso/Trevisano
Kräutermeersalz
½ TL Zucker
3 cl Gin
Cayennepfeffer
1 TL gekörnte Gemüsebrühe
1 EL kalte Butter

Lauchrisotto
1 EL Olivenöl
120 g Basmatireis (Langkornreis)
1 kleiner Lauch, sehr fein geschnitten
1,8 dl/180 ml Gemüsebrühe
1 TL Korianderkörner, zerdrückt

grob abgeriebene Orangenschale, als Garnitur

1 | Wacholderbeeren im Mörser zerstoßen, mit 1 dl/100 ml Orangensaft und der Hälfte der Orangenschalen mischen. Über die Pouletbrüstchen gießen, über Nacht im Kühlschrank zugedeckt marinieren. Fleisch aus Marinade nehmen. Marinade und restlichen Orangensaft aufkochen. Poulet hineinlegen, auf ausgeschalteter Wärmequelle zugedeckt 10 Minuten ziehen lassen.

2 | Hopfenspargel kürzen, im Salzwasser blanchieren, abgießen und unter kaltem Wasser abschrecken.

3 | Radicchio di Treviso in die einzelnen Blätter zerlegen. Bratbutter in einer Bratpfanne erhitzen, Radicchio in der Butter kurz schwenken, bis die Blätter weich sind. Mit Kräutersalz und Zucker würzen. Blanchierten Hopfenspargel untermischen. Das Gemüse im Ofen bei 65 °C warm stellen.

4 | Pochierte Pouletbrüstchen aus dem Fond nehmen und zum Gemüse in den vorgewärmten Ofen geben.

5 | Geflügelfond auf 1 dl/100 ml einkochen lassen, durch ein feines Sieb passieren. Sauce mit Gin, Cayennepfeffer und Gemüsebrühe abschmecken, vor dem Servieren kalte Butter stückchenweise unterrühren.

6 | Für den Reis das Öl erhitzen, Reis zugeben und unter Rühren 2 bis 3 Minuten glasig dünsten. Lauch kurz mitdünsten, mit der Gemüsebrühe ablöschen, Koriander zugeben, aufkochen, Reis auf der ausgeschalteten Wärmequelle zugedeckt etwa 10 Minuten quellen lassen. Mit einer Gabel lockern.

7 | Gemüse halbkreisförmig auf vorgewärmten Tellern anrichten. Pouletbrüstchen schräg in feine Scheiben schneiden, dazulegen, mit Orangenzesten bestreuen und mit Sauce beträufeln. Reis separat servieren.

zitronengras-sateh vom lamm

an Tamarindenjus

Tamarindenjus
6 Tamarindenschoten
3 dl/300 ml Wasser
1 TL Balsamico
Kräutermeersalz
Cayennepfeffer

Sateh
400 g Lammfilet
1 TL Pfeffermischung, Seite 143
4 Zitronengrasstängel
2 EL rote Linsen
1 EL Olivenöl
½ dl/50 ml Apfelsaft
½ dl/50 ml brauner Fond, Seite 186
1 dl/100 ml Tamarindenjus
2 EL Gemüsebrühe
160 g Kefen/Zuckerschoten
Kräutermeersalz
1 TL kalte Butter

1 | Für den Jus die Tamarindenschoten aufbrechen, klebriges Fruchtmark mit Kernen aus der Schale schaben und mit Wasser 5 Minuten kochen. Jus durch ein feines Sieb streichen und bei schwacher Hitze auf die Hälfte einkochen lassen. Samen und Fasern wegwerfen. Tamarindenjus mit Balsamico aufkochen. Mit Cayennepfeffer und wenig Kräutersalz abrunden.

2 | Für die Sateh vom Zitronengras die erste Schicht abschälen und das schmale Ende mit einem Rüstmesser spitz zuschneiden.

3 | Lammfilets in 5 mm dicke Medaillons schneiden, diese leicht klopfen. Pfeffermischung in eine Pfeffermühle füllen und Fleisch kräftig würzen. Lammmedaillons um die Zitronengrasstängel wickeln und bis zum Braten im Kühlschrank aufbewahren.

4 | Linsen im kochenden Wasser 3 Minuten garen, abgießen und abtropfen lassen. Bei den Kefen den Stielsansatz und den zähen Faden abziehen, schräg halbieren.

5 | Ofen auf 65 °C vorheizen, eine Platte warm stellen.

6 | In einer Bratpfanne das Olivenöl erhitzen, Spießchen darin rundum anbraten, auf der Platte im Ofen warm stellen. Bratfett abgießen, Pfanne mit Küchenpapier auswischen. Bratsatz mit Apfelsaft, Fleischfond und Tamarindenjus ablöschen, auf 1 dl/100 ml einkochen lassen. Sauce durch ein feines Sieb passieren und bei schwacher Hitze warm halten.

7 | In einer Sauteuse Gemüsebrühe aufkochen, Kefen zugeben und bissfest garen. Linsen zufügen, mit Kräutersalz würzen, mit der Butter verfeinern.

8 | Lammspießchen mit dem Fleischjus im Tamarindenjus wenden. Je 2 Spießchen auf vorgewärmte Teller legen und mit dem Gemüse garnieren. Restlichen Jus separat dazu servieren.

Tipp | Mit Chapati oder Couscous servieren.

Tamarindenpaste | Die Inder würzen damit Gemüse und Eintöpfe aus Hülsenfrüchten. Die reine Paste kann auch für Getränke und Desserts verwendet werden.

jungschwein-karree

mit asiatischem Quinoa-Sauerkraut

Jungschweinkarree
500 g geräuchertes Schweinskarree
1 TL Kreuzkümmelsamen
1 TL Kümmelsamen
1 EL Rosa-Pfeffer-Körner
1 Gewürznelke
1 EL Meersalz
3 EL Honig
2 dl/200 ml dunkles Bier
2 EL gehackte Pinienkerne

Gewürz-Quinoa-Sauerkraut
1 Knoblauchzehe
1 TL Korianderkörner
2 EL Kurkuma
½ TL frisch geriebener Ingwer
wenig Chilipulver
½ TL schwarze Senfkörner
½ TL schwarze Pfefferkörner
1 EL Meersalz

1 EL Bratbutter/Butterschmalz
1 kleine Zwiebel
1 Apfel
1 kleine Pfälzer Rübe
1 Karotte
½ roter Peperoni/Gemüsepaprika
250 g Sauerkraut
100 g Quinoa
1 dl/100 ml Geflügelfond
1 mehligkochende Kartoffel
1 dl/100 ml Apfelsaft
2 dl/200 ml Kokosnussmilch

1 | Für das Fleisch die Gewürze mit dem Salz im Mörser zerstoßen, mit einem Esslöffel Honig und zwei Esslöffeln Bier vermengen, Karree damit einreiben. Über Nacht im Kühlschrank zugedeckt marinieren.

2 | Backofen auf 150 °C vorheizen. Restlichen Honig mit dem Bier verrühren.

3 | Schweinskarree in den Bräter legen und im vorgeheizten Ofen bei 150 °C 20 Minuten braten. Das Fleisch während des Bratens löffelweise mit dem «Honigbier» übergießen. Die Ofentemperatur auf 70 °C reduzieren. Das Karree 30 Minuten garziehen lassen. Vor dem Servieren mit den Pinienkernen bestreuen, bei 230 °C Oberhitze kurz knusprig glasieren.

4 | Sauerkraut in einem Sieb ausdrücken, Saft auffangen. Knoblauch und alle Gewürze mit dem Meersalz im Mörser zu einer Paste zerdrücken, in ein Leinentüchlein füllen und zusammenbinden.

5 | Für das Sauerkraut Zwiebel klein würfeln. Apfel schälen, vierteln, entkernen und klein würfeln. Pfälzer Rübe und Karotte schälen und ebenfalls klein würfeln. Peperoni schälen, Kerne und weiße Rippen entfernen, klein würfeln. Zwiebeln, Äpfel und Gemüse in der Bratbutter etwa 3 Minuten dünsten. Zerpflücktes Sauerkraut, Gewürzsäckchen, Quinoa und Geflügelfond zufügen, bei mittlerer Hitze 30 Minuten garen. Kartoffel schälen und auf der Bircherraffel dazureiben, Apfelsaft unterrühren, bei schwacher Hitze 10 Minuten kochen, häufig rühren, damit das Sauerkraut nicht anbrennt. Gewürzsäckchen entfernen, Kokosnussmilch unterrühren, nachwürzen.

6 | Karree aufschneiden, auf einer vorgewärmten Platte anrichten. Gewürz-Quinoa-Sauerkraut und etwas scharfen Meerrettichsenf dazu servieren.

kalbsbrust mit aphrodisierendem gemüse

und Rosinen-Pinienkern-Bramata

Kalbsbrust
4 Scheiben Kalbsbrust, je 150 g
2 TL aphrodisierende Gewürzmischung, Seite 144
2 EL Olivenöl
4 EL Weißmehl
4 Schalotten, klein gewürfelt
8 Dörrtomaten, in Streifchen
1 EL Tomatenpüree/-mark
½ l Weißwein

Rosinen-Pinienkern-Bramata
½ l Wasser
½ EL Meersalz
1 Lorbeerblatt
2 EL Olivenöl
125 g Bramatamais (grobkörniger Polentagrieß)
30 g Rosinen
20 g trocken geröstete Pinienkerne
2–3 EL geriebener Sbrinz

Geschmortes Gemüse
½ EL Bratbutter/Butterschmalz
1 Bund junge Karotten
1 kleiner Knollensellerie
8 kleine Schalotten
1 dl/100 ml Apfelsaft
½ TL Gewürzsalz für vegetarische Gerichte, Seite 144
1 EL kalte Butter

1 | Aphrodisierende Gewürzmischung mit einem Esslöffel Olivenöl mischen, Kalbsbrustscheiben damit einreiben. Scheiben falten und mit Küchengarn umwickeln. Über Nacht im Kühlschrank zugedeckt marinieren.

2 | Backofen auf 160 °C vorheizen.

3 | Restliches Olivenöl (1 EL) in einem Bräter mit Deckel erhitzen. Marinierte Kalbsbrustscheiben im Mehl wenden und im Öl beidseitig anbraten. Schalotten, Tomaten und Tomatenpüree zugeben und bei mittlerer Hitze hellbraun braten. Weißwein zugeben. Bräter in den Ofen schieben, Kalbsbrustschnitten bei 160 °C zugedeckt etwa 40 Minuten schmoren lassen. Fleisch aus der Sauce nehmen. Sauce in eine Sauteuse gießen und zur Hälfte einkochen lassen. Fleisch zurück in die Sauce geben und warm stellen.

4 | Für die Polenta den Ofen auf 120 °C zurückschalten. Wasser mit Salz, Lorbeerblatt und Olivenöl aufkochen, Mais unter Rühren in das Wasser einrieseln und aufkochen lassen. Polenta im Ofen bei 120 °C zugedeckt 2 Stunden garen. Kurz vor Ende der Garzeit Rosinen, Pinienkerne und Sbrinz unterrühren.

5 | Karottenkraut auf 3 cm kürzen, Karotten im Dampf 5 Minuten garen, Haut mit Küchenpapier abstreifen. Knollensellerie schälen und in 2 mm dicke Scheiben und diese in Rauten schneiden. Schalotten schälen. Bratbutter in einer Sauteuse erhitzen, Gemüse bei mittlerer Hitze anbraten, mit Apfelsaft ablöschen und bei schwacher Hitze glasieren. Gewürzsalz und Butter unterrühren.

6 | Kalbsbrustscheiben mit der Sauce auf vorgewärmten Tellern anrichten. Rosinen-Pinienkern-Polenta und geschmortes Gemüse anrichten oder separat servieren.

Tipp | Polentareste in eine runde oder längliche Form streichen und auskühlen lassen, stürzen und in Scheiben schneiden, in wenig Bratbutter/Butterschmalz braten. Mit Früchtekompott servieren.

rindfleischröllchen im kreuzkümmelfond

auf Senfgemüse

Rindfleischröllchen
50 g Couscous
3 EL Olivenöl
½ Zucchino
1 Schalotte
1 rote Chilischote
1 EL Kreuzkümmelsamen, zerstoßen
Kräutermeersalz
4 dünne Rindshuftscheiben, je 80 g
1 EL Gewürzsalz für Rindfleisch, Seite 144
1 geschälte Tomate, Seite 170, klein geschnitten
1 dl/100 ml brauner Fond, Seite 186
1 Prise Kreuzkümmelsamen
2 EL gehackte Petersilie

Senfgemüse
2 Karotten
4 gelbe Minipatissons, geviertelt
8 Zwiebelchen
4 Coco-Bohnen (breite grüne Bohnen)
je 1 rote und grüne Chilischote
80 g Zucker
½ dl/50 ml Weißweinessig
2 dl/200 ml Gemüsebrühe
2 EL schwarze Senfkörner, zerstoßen
1 TL Reismehl
2 EL Sherry

1 | Couscous auf die Arbeitsfläche streuen und mit etwas kaltem Wasser bespritzen, mit den Handflächen und den Fingerspitzen in das Getreide einmassieren, wieder Wasser darüberspritzen und wieder einmassieren, bis der Couscous gesättigt ist. Dieser Vorgang dauert etwa 8 Minuten. 1 EL Olivenöl über den Couscous träufeln und einmassieren, damit das Getreide nicht zusammenklebt, schwach salzen. Ein Siebeinsatz mit einem nassen Leinentüchlein auskleiden, Couscous einfüllen und über dem leicht kochenden Wasserbad zugedeckt 1 Stunde garen. Couscous in eine vorgewärmte Schüssel geben, mit einem feuchten Tuch bedecken, warm halten.

2 | Zucchino und Schalotte klein würfeln. Chilischote längs aufschneiden, entkernen und klein würfeln. Zucchini, Schalotten und Chili in 1 EL Olivenöl bei mittlerer Hitze andünsten, mit Kreuzkümmel und Kräutersalz würzen, Couscous untermischen.

3 | Backofen auf 140 °C vorheizen.

4 | Rindfleischscheiben mit Gewürzsalz würzen, Couscous darauf verteilen, satt aufrollen und mit Küchengarn umwickeln. In einer Bratpfanne restliches Olivenöl erhitzen, Rindfleischröllchen darin anbraten. Öl in der Pfanne mit Küchenpapier auftupfen, Fleischfonds, Tomaten, Kreuzkümmel und Petersilie beigeben und aufkochen. Pfanne in den Ofen schieben, Fleisch bei 140 °C 20 Minuten garen. Fleischröllchen aus der Sauce nehmen. Sauce durch ein Sieb in eine kleine Pfanne passieren und einkochen lassen. Fleischröllchen in der Sauce wenden, bis zum Servieren zugedeckt warm halten.

5 | Für das Gemüse die Karotten schälen und in Scheiben schneiden. Bei den Bohnen den Stielansatz abschneiden, gleichzeitig zähen Faden abziehen, Bohne in 2 bis 3 Stücke schneiden. Chilis in Ringe schneiden. Gemüse im Salzwasser blanchieren, mit einem Schaumlöffel herausnehmen. Chiliringe kräftig mit kaltem Wasser überbrausen, damit sich die Kerne lösen.

6 | Zucker hellbraun karamellisieren, mit Weißweinessig und Gemüsebrühe ablöschen, Senfkörner zugeben, aufkochen. Gemüse und Chili hinzufügen, bei schwacher Hitze knackig garen. Reismehl mit Sherry glatt rühren, Flüssigkeit damit binden. Senfgemüse auf vorgewärmte Teller verteilen. Rindfleischröllchen aufschneiden und zum Senfgemüse legen.

Tipp | Das Senfgemüse kann gut konserviert werden, indem man es heiß in Einmachgläser füllt und an einem kühlen dunklen Ort lagert.

geldbeutel mit gewürzhackfleisch

und Salsa cruda

1 Paket Brik- oder Strudelteig

Füllung
2 Scheiben Toastbrot
2 EL Milch
50 g geräucherter Speck
½ roter Peperoni/Gemüsepaprika
1 Zwiebel, klein gewürfelt
2 Knoblauchzehen, zerdrückt
½ TL Chilipulver
4 Kardamomsamen
4 Szechuanpfefferkörner
2 Pimentkörner
½ TL Kreuzkümmelsamen
1 EL Meersalz
150 g Rindshackfleisch
1 Bund Koriander, fein gehackt
frisch gemahlener schwarzer Pfeffer

1 l Erdnussöl, zum Ausbacken

Salsa cruda
4 Tomaten, geschält, Seite 170
1 grüne Chilischote
1 rote Zwiebel, klein gewürfelt
½ Bund Koriander, fein gehackt
1 Bundzwiebel, Röhrchen in feinen Ringen
Kräutermeersalz
2 EL Limettensaft
1 EL Olivenöl

1 | Rinde beim Toastbrot abschneiden, Brot in Würfelchen schneiden, mit Milch mischen. Chilipulver, Kardamomsamen, Pfefferkörner, Kreuzkümmel und Salz im Mörser zerstoßen.

2 | Speck und entkernte Peperoni in sehr kleine Würfel schneiden. Eine Bratpfanne erhitzen, Speck bei mittlerer Hitze knusprig auslassen. Peperoni, Zwiebeln und Knoblauch zugeben, bei mittlerer Hitze kurz mitbraten. Gewürze und eingeweichtes Toastbrot dazugeben, bei schwacher Hitze unter Rühren etwa 5 Minuten dünsten, zugedeckt auskühlen lassen.

3 | Hackfleisch mit der ausgekühlten Brot-Gewürz-Masse und dem gehackten Koriander mischen. Masse in 8 gleich große Portionen teilen, Kugeln formen.

4 | Brikteig in Quadrate von 10 cm Seitenlänge schneiden. Fleischkugeln darauflegen, Teigenden über der Füllung zusammenfassen, mit Küchengarn zusammenbinden.

5 | Den Backofen auf 80 °C vorheizen.

6 | Das Öl in einer Fritteuse auf etwa 180 °C erhitzen, Geldbeutel darin etwa 4 Minuten knusprig und goldgelb ausbacken. Im Ofen auf Küchenpapier warm stellen.

7 | Für die Salsa cruda den Stielansatz bei den Tomaten ausstechen, Tomaten vierteln und entkernen, Tomatenfleisch klein würfeln. Chilischote aufschneiden und entkernen, in feine Streifen schneiden, mit restlichen Zutaten mischen.

8 | Geldbeutel mit der Salsa cruda auf Tellern anrichten, mit Pfeffer übermahlen.

Tipp | Die Salsa cruda eignet sich auch als Sauce zu Grilladen und als Dip zu Chips wie Tortilla-Chips.

mittelpunkt mit fisch und meeresfrüchten

knurrhahn mit barba di frate

und Pfeffer-Apfel-Vinaigrette

Knurrhahn
½ TL Anissamen
einige schwarze Senfkörner
10 Rosa-Pfeffer-Körner
½ TL Meersalz
4 Knurrhahnfilets, je 120 g
3 EL Limonenöl
1 Bund Barba di frate
frisch gemahlener schwarzer Pfeffer
Kräutermeersalz
1 TL Butter
1 Schalotte, klein gewürfelt
1 dl/100 ml Weißwein
Zitronenöl, zum Beträufeln

Pfeffer-Apfel-Vinaigrette
1 dl/100 ml Balsamico
2 Scheiben frischer Ingwer, geschält
2 TL Distelöl
1 EL Rosa-Pfeffer-Körner
wenig Kräutermeersalz
2 dl/200 ml Wasser
1 EL Zucker
1 großer Apfel, z. B. Boskop

1 | Für den Fisch Anis, Senfkörner, Rosa Pfeffer und Salz im Mörser zerstoßen. Fischfilets auf der Innenseite mit der Gewürzmischung bestreuen und mit einem Esslöffel Limonenöl beträufeln. 1 Stunde oder länger zugedeckt ruhen lassen.

2 | Barba di frate von den holzigen Enden befreien und im Dampf etwa 2 Minuten garen. Das Gemüse auf ein Kuchenblech legen, mit Pfeffer, restlichem Limonenöl und Kräutersalz würzen.

3 | Backofen auf 140 °C vorheizen.

4 | Barba di frate in 4 Portionen teilen. Fischfilets mit Hautseite unten auf die Arbeitsfläche legen, eine Portion Barba di frate in jedes Fischfilet einrollen. Rouladen mit Küchengarn umwickeln.

5 | In einer Sauteuse Butter zerlassen, Schalotte gelb andünsten, Weißwein zufügen, aufkochen, Knurrhahnrouladen zugeben. Im vorgeheizten Ofen zugedeckt bei 140 °C 20 Minuten dünsten.

6 | Für die Pfeffer-Apfel-Vinaigrette Balsamico mit Ingwer auf 2 Teelöffel einkochen lassen. Ingwer entfernen. Distelöl und Rosa-Pfeffer-Körner zufügen, mit Kräutersalz abschmecken.

7 | Apfel schälen, vierteln und entkernen, Viertel in kleine Würfel schneiden. Wasser und Zucker aufkochen. Apfelwürfelchen darin kurz blanchieren, abgießen und zur Vinaigrette geben.

8 | Fischröllchen mit Limonenöl beträufeln, anrichten, mit der Vinaigrette garnieren.

Tipp | Mit frischer Baguette servieren.

Barba di frate | Das Frühlingsgemüse wächst an den Küsten im Mittelmeerraum. Es wird blanchiert oder im Dampf gegart, kann aber mit Olivenöl und Zitrone mariniert auch als Salat genossen werden. Barba di frate passt besonders gut zu Fischgerichten.

zanderfilet im sesam-anis-mantel

mit Gewürz-Kartoffeln und Limettensauce

Kartoffeln
2 EL Bratbutter/Butterschmalz
400 g Frühkartoffeln
1 TL Anissamen
1 TL Fenchelsamen
1 TL Ajowansamen

Gemüse
½ Bund Wildspargel
½ Bund Hopfenspargel
wenig Butter

Fisch
4 Zanderstücke, je 70 g
Fleur de Sel
2 EL Bratbutter/Butterschmalz
4 EL weiße Sesamsamen
2 EL schwarze Sesamsamen
1 EL Gewürzsalz für Fisch (mild), Seite 144

Limettensauce
1 dl/100 ml Fischfond
10 zerdrückte Fenchelsamen
10 zerdrückte Korianderkörner
½ EL Olivenöl
50 g Schalotten, klein gewürfelt
1 Zitronengrasstängel
50 g weiße Champignons
1 dl/100 ml Riesling Auslese
½ dl/50 ml Rahm/Sahne
2 Limetten, abgeriebene Schale von ½ Limette, Saft beider Früchte
½ dl/50 ml Schlagrahm/-sahne

1 | Für die Limettensauce Fischfond aufkochen, Fenchelsamen und Korianderkörner zugeben. Fond von der Wärmequelle nehmen, zugedeckt 10 Minuten ziehen lassen, durch ein feines Sieb passieren. Zitronengras bis auf das Herz schälen, fein schneiden. Pilze in Scheiben schneiden. Olivenöl in einer Pfanne erhitzen, Schalotten, Zitronengras und Pilze zufügen und bei schwacher Hitze glasig dünsten. Passierten Fischfond, Wein und Rahm zufügen und bei mittlerer Hitze auf ein Viertel einkochen lassen. Mit dem Stabmixer pürieren. Sauce durch ein feines Sieb drücken. Limettensaft und Limettenschalen sowie Schlagrahm vor dem Servieren unter die heiße Sauce rühren.

2 | Backofen mit einem Bräter auf 180 °C erhitzen.

3 | Anis-, Fenchel- und Ajowansamen im Mörser zerstoßen. Kartoffeln mit Schale in 3 mm dicke Scheiben schneiden, zusammen mit 2 EL Bratbutter und den Gewürzen in den Bräter geben, im heißen Ofen bei 180 °C während 10 bis 15 Minuten knusprig braten.

4 | Wild- und Hopfenspargel großzügig kürzen, in wenig Butter knackig dünsten, mit wenig Salz würzen.

5 | Sesamsamen und Gewürzsalz mischen. Zanderfilets mit Fleur de Sel leicht salzen, in der Samenmischung wenden und diese gut andrücken. Die Fischfilets in der Bratbutter bei mittlerer Hitze goldbraun braten.

6 | Wenig Limettensauce in tiefe Teller verteilen. Bratkartoffeln und Spargel-Duo anrichten. Zanderfilet darauflegen. Restliche Sauce separat servieren.

pulpo mit sommerlichem gemüse

1 kg gesäuberter Pulpo
2 frische Lorbeerblätter
6 schwarze Pfefferkörner, zerstoßen
1½ dl/150 ml Olivenöl
1 unbehandelte Zitrone
2 zerdrückte Körner von Langem Pfeffer
4 zerdrückte Kubebenpfefferkörner
je 1 rote und grüne Chilischote
1 rote Zwiebel, klein gewürfelt
1 roter Peperoni/Gemüsepaprika
1 gelber Zucchino
½ TL Fleur de Sel
1 Handvoll abgezupfte Korianderblättchen
1 EL Rotweinessig

1 | Pulpo in einen Kochtopf geben, mit kaltem Wasser bedecken, aufkochen, Lorbeerblätter und schwarze Pfefferkörner zufügen, 45 bis 60 Minuten bei schwacher Hitze kochen, Schaum immer wieder abschöpfen. Pulpo aus dem Topf nehmen. Die Arme von den Saugnäpfen befreien und in 5 mm dicke Scheiben schneiden.

2 | Chilischoten oben und unten aufschneiden, Kerne mit einem Holzspießchen herausstoßen, Schoten in feine Ringe schneiden. Peperoni halbieren, Stiel, Kerne und weiße Rippen entfernen, Schotenhälften in kleine Würfel schneiden. Zucchino beidseitig kappen, in kleine Würfel schneiden.

3 | Olivenöl leicht erwärmen. Von der Zitrone die Hälfte der Schale auf der Bircherraffel ins Öl reiben, Frucht auspressen und Saft mit zerdrücktem Pfeffer, Gemüse und Fleur de Sel zum Öl geben, bei schwacher Hitze etwa 10 Minuten dünsten, Pulpo zufügen, mischen. Mit Koriandergrün und Rotweinessig abschmecken. Eventuell nachwürzen.

4 | Pulpo in tiefen Tellern anrichten. Dazu getoastete Baguettescheiben servieren.

Tipp | Frischen Pulpo vor dem Kochen tüchtig klopfen oder tiefkühlen. Dadurch verändert sich die Eiweißstruktur und das Fleisch wird zarter.

minestrone

mit gefülltem Orecchietta

Minestrone
3 dl/300 ml klarer Fischfond
2 EL fein geschnittener Ingwer
1 Zitronengrasstängel, nur das Herz, fein geschnitten
1 Zweig Thai-Basilikum
10 Korianderkörner, zerstoßen
2 Karotten
1 Schalotte, klein gewürfelt
1 Brokkoli
1 kleiner Kohlrabi
1 Spross Stangensellerie
2 Tomaten, geschält, Seite 170
1 TL Gewürzsalz für Fisch (mild), Seite 144
2 EL pikante Sojasauce
frisch gemahlener schwarzer Pfeffer

Gefüllte Orecchiette
4 Orecchiette
2 EL Sesamöl
8 geschälte Riesenkrevetten/-garnelen
1 Bund Thai-Knoblauch/Schnittknoblauch
2 Zitronengrasstängel, nur das Herz
1 grüne Chilischote
2 EL fein geschnittener Ingwer
2 dl/200 ml Kokosnussmilch
wenig Galgantpulver
1 Limette, Saft
1 Handvoll fein geschnittener Koriander

1 | Für die Minestrone Fischfond mit Ingwer, Zitronengrasstängel, Basilikum und Koriander aufkochen, zugedeckt bei schwacher Hitze 10 Minuten ziehen lassen, durch ein feines Sieb passieren.

2 | Karotten schälen und in feine Scheiben schneiden. Strunk des Brokkoli abschneiden, diesen schälen und in Stäbchen schneiden. Brokkoliblume in kleine Röschen brechen. Kohlrabi schälen und in kleine Würfel schneiden. Stangensellerie eventuell mit Sparschäler schälen, in feine Scheiben schneiden. Stielansatz der Tomaten ausstechen, Tomaten vierteln und entkernen, Viertel klein würfeln. Gemüse, ohne Tomaten, zum passierten Fond geben, bei schwacher Hitze etwa 10 Minuten kochen lassen.

3 | Für die Orecchiette Thai-Knoblauch und Herz der Zitronengrasstängel fein zerkleinern. Chilischote entkernen, in Ringe schneiden.

4 | Orecchiette in reichlich Salzwasser al dente kochen.

5 | In einer Bratpfanne 1 Esslöffel Sesamöl erhitzen, Riesenkrevetten kurz braten, aus der Pfanne nehmen und beiseitestellen.

6 | In der Fischpfanne restliches Sesamöl erhitzen, Thai-Knoblauch, Zitronengras, Chilischote und Ingwer andünsten, mit Kokosnussmilch ablöschen, mit Galgantpulver würzen und bei schwacher Hitze etwa 3 Minuten kochen. Riesenkrevetten darauflegen, zugedeckt auf der ausgeschalteten Wärmequelle 2 Minuten ziehen lassen. Abrunden mit Limettensaft und Koriander.

7 | Tomatenwürfelchen zur Minestrone geben, Suppe erhitzen, mit Gewürzsalz, Sojasauce und Pfeffer würzen.

8 | Minestrone in vorgewärmten Tellern anrichten. Orecchietta daraufsetzen und mit Knoblauchmischung füllen, mit der Riesenkrevette garnieren.

gebratene felchen

mit Lauchgemüse und Senfsauce

Felchen
8 kleine Felchen, küchenfertig vorbereitet
2 EL Gewürzsalz für Fisch (scharf), Seite 144
2 EL Weißmehl
2 EL Bratbutter/Butterschmalz
2 Bund glattblättrige Petersilie, Blätter abgezupft

Gemüse
2 EL Bratbutter/Butterschmalz
4 festkochende Kartoffeln
8 weiße Champignons
1 kleiner Lauch
½ TL Meersalz
frisch gemahlener schwarzer Pfeffer
1 Prise Muskatnuss

Senfsauce
1 dl/100 ml Fischfond
3 weiße Pfefferkörner, zerstoßen
½ TL getrocknete Dillspitzen
1 EL schwarze Senfkörner
1 EL weiße Senfkörner
6 EL Crème fraîche
Kräutermeersalz
1 Prise Zucker

1 | Eine Platte im Ofen bei 80 °C vorwärmen.

2 | Für die Sauce Fischfond, Pfeffer und Dillspitzen aufkochen, auf 3 Esslöffel einkochen lassen, durch ein feines Sieb passieren. Senfkörner im Mörser zerstoßen und zugeben. Crème fraîche vor dem Servieren unter den Fischfond rühren, erhitzen, mit wenig Kräutersalz und Zucker abrunden.

3 | Felchen mit dem Gewürzsalz einreiben, mit Mehl bestäuben. In einer beschichteten Bratpfanne 1 EL Bratbutter bei mittlerer Hitze zerlassen. 4 Felchen aufs Mal mit der Hälfte der Petersilie in die Pfanne geben, Fische auf beiden Seiten goldbraun braten, auf die vorgewärmte Platte legen und im Ofen warm halten. Restliche Fische ebenfalls braten.

4 | Kartoffeln schälen, in etwa 5 mm große Würfelchen schneiden. Pilze in feine Scheiben schneiden. Lauch putzen, längs halbieren und in Streifen schneiden. Bratbutter in der Fischpfanne erhitzen, Kartoffelwürfelchen darin goldbraun braten. Zum Schluss Pilze und Lauch zufügen, 3 Minuten mitbraten, würzen mit Salz, Pfeffer und Muskatnuss.

5 | Senfsauce auf vorgewärmte Teller verteilen. Je 2 Felchen auf die Sauce legen, Lauchgemüse dazugeben.

seezungen-röllchen

mit indischer Gewürzmischung

10 Bockshornkleesamen
6 Rosa-Pfeffer-Körner
6 Fenchelsamen
1 TL Korianderkörner
1 Sternaniszacke
1 TL Meersalz
8 Seezungenfilets, je 60 g
8 Wirz-/Wirsingblätter
Kräutermeersalz
frisch gemahlener schwarzer Pfeffer

2 Spross Stangensellerie
2 Frühlingszwiebeln, klein gewürfelt
1 Apfel, z. B. Boskop
1 EL milder Curry
½ dl/50 ml Fischfond
½ dl/50 ml Apfelsaft
½ dl/50 ml Rahm/Sahne

1 | Gewürze und Meersalz im Mörser zerstoßen. Seezungenfilets mit der Messerklinge klopfen, auf der Hautseite (dunklen Seite) mit der Gewürzmischung einreiben.

2 | Wirzblätter in Streifchen schneiden, im Dampf kurz garen, mit Kräutersalz und Pfeffer würzen. Auf die Fischfilets verteilen, aufrollen, mit Holzspießchen fixieren. Kalt stellen.

3 | Backofen auf 120 °C vorheizen.

4 | Stangensellerie eventuell mit Sparschäler schälen, in Würfelchen schneiden. Apfel schälen, vierteln und entkernen, Apfelviertel in Würfelchen schneiden. Sellerie, Zwiebeln und Äpfel mit Curry, Fischfond und Apfelsaft in einer Bratpfanne erhitzen. Seezungenröllchen darauflegen, im Ofen zugedeckt bei schwacher Hitze 10 Minuten garen.

5 | Ofentemperatur auf 60 °C zurückschalten. Seezungenröllchen auf eine Platte legen und im Ofen warm stellen.

6 | Gemüse-Fisch-Fond auf die Hälfte einkochen lassen, mit dem Rahm verfeinern und eventuell nachwürzen.

7 | Sauce auf vorgewärmte Teller verteilen. Seezungenröllchen halbieren und auf der Sauce anrichten.

Tipps | Mit Reis servieren. Anstelle der teuren Seezunge kann auch Scholle verwendet werden.

dorade mit lorbeer und pfeffertrio

auf Zitrone und Runzelkartoffeln

Dorade
1 EL schwarze Pfefferkörner
1 TL Kubebenpfeffer
2 EL getrocknete Rosa-Pfeffer-Körner
½ EL Fleur de Sel
6 Knoblauchzehen
4 Doraden, je 250–300 g
24 frische Lorbeerblätter
2 unbehandelte dickschalige Zitronen
1 dl/100 ml Olivenöl
4 EL Zitronensaft, frisch gepresst
1 TL Akazienhonig
1 TL Sojasauce

Runzelkartoffeln
500 g kleine festkochende Kartoffeln
2 EL Meersalz
1 TL Kümmelsamen

1 | Alle Pfefferkörner und Fleur de Sel im Mörser zerstoßen, Knoblauch dazupressen und untermischen. Fische mit spitzem Messer mehrmals flach einschneiden, Lorbeerblätter in die Einschnitte stecken, Fische mit der Pfeffermischung einreiben, restliche Würzmischung in die Bauchhöhlen füllen.

2 | Backofen auf 180 °C vorheizen.

3 | Zitronen waschen, Früchte achteln und quer in feine Scheiben schneiden. Ein Kuchenblech mit 2 EL Olivenöl einpinseln und mit den Zitronenscheiben belegen, Doraden darauflegen und wenig Olivenöl darüberträufeln. In der Mitte in den vorgeheizten Ofen schieben, Fische bei 180 °C 15 Minuten braten, immer wieder mit dem Öl begießen. Zitronensaft, Akazienhonig und Sojasauce verrühren und kurz vor Ende der Bratzeit über die Fische träufeln.

4 | Kartoffeln in einem Kochtopf knapp mit Wasser bedecken. Meersalz und Kümmel beigeben. Kartoffeln zugedeckt weich kochen. Wasser abgießen. Kartoffeln in der Pfanne ausdampfen lassen, mehrmals kräftig schütteln, bis sich auf der trockenen Schale eine Salzschicht gebildet hat.

5 | Dorade auf vorgewärmten Tellern anrichten und mit dem Bratsatz beträufeln, Runzelkartoffeln dazu anrichten.

Runzelkartoffeln | Eine Spezialität der Kanarischen Inseln. Sie werden dort mit verschiedenen scharfen Saucen als Tapas serviert.

kalte und warme desserts

orangen-terrine

mit zweierlei Anis und Vanillesauce

Glasierte Orangenschalen
2 unbehandelte, dickschalige Orangen
100 g Zucker
1 dl/100 ml Wasser

Terrine
4 Blutorangen, am besten «Tarocco»
200 g Zucker
1 EL Korianderkörner, zerstoßen
2 dl/200 ml Wasser
2 EL Anissamen, zerstoßen
2 Sternanis, zerstoßen
2 dl/200 ml Orangensaft
1 cl Grand Marnier
2 g Agar-Agar-Pulver (Bioladen/Reformhaus)

Vanillesauce
1 Vanilleschote
½ unbehandelte Zitrone, abgeriebene Schale
1½ dl/150 ml Rahm/Sahne
1 Eigelb
1 Ei
50 g Akazienhonig
2 EL Schlagrahm/-sahne
1 EL Kirsch

Mandelrauten
100 g Blätterteig
50 g Mandelpüree (Reformhaus)
1 Eiweiß
2 EL Kirsch
3 EL Mandelblättchen

1 | Für die glasierten Orangenschalen die Früchte mit heißem Wasser abspülen und Schalen mit Sparschäler dünn abschälen, ohne weiße Haut. Streifen in Julienne (siehe Bild) schneiden, im Wasser 5 Minuten kochen, in ein Sieb abgießen, abtropfen lassen. Zucker und Wasser aufkochen, blanchierte Orangenschalen darin 10 Minuten bei schwacher Hitze glasieren. Herausnehmen und auf einem mit Backpapier belegten Blech verteilen. Im vorgeheizten Ofen bei 80 °C 1 Stunde trocknen. Schalen am besten in einem gut schließenden Vorratsglas aufbewahren.

2 | Für die Terrine die Orangen schälen und die Fruchtfilets aus den Trennhäutchen schneiden, Saft auffangen. Zucker, aufgefangenen Orangensaft, Koriandersamen und Wasser aufkochen und sirupartig einkochen lassen. Orangenfilets 10 Minuten im heißen Sirup einlegen. Ein Backblech mit Backpapier belegen, Fruchtfilets aus dem Sirup nehmen, nebeneinander auf das Blech legen, im Ofen bei 50 °C 3 Stunden trocknen. 1 dl/100 ml Zuckersirup abmessen.

3 | Eine Terrinenform von ½ l Inhalt in den Kühlschrank stellen. Anis und Sternanis mit Orangensaft und beiseitegestelltem Zuckersirup auf 2 dl/200 ml einkochen lassen. Durch ein Sieb passieren. Agar-Agar mit Grand Marnier glatt rühren, zum Sud geben, unter Rühren 1 Minute kochen. Orangenfilets in die Terrine legen, mit Sud übergießen, abkühlen lassen, 2 Stunden kühl stellen.

4 | Den Backofen auf 190 °C vorheizen.

5 | Teig 3 mm dick ausrollen, mit Gabel einstechen. Mandelmasse, Eiweiß und Kirsch verrühren, auf Teig verstreichen, Mandeln darüberstreuen, gut andrücken. Im vorgeheizten Ofen bei 190 °C 15 Minuten backen. Noch heiß in 5 cm große Rauten schneiden.

6 | Für die Vanillesauce die Vanilleschote aufschneiden, Mark abstreifen, beides mit Zitronenschale zum Rahm geben, aufkochen, beiseitestellen. Eigelb und Ei mit Akazienhonig luftig aufschlagen. Rahm durch ein feines Sieb passieren, langsam unter die Eiermasse rühren. Über dem leicht kochenden Wasserbad schlagen, bis die Creme bindet. Schüssel in Eiswasser stellen, Creme kalt rühren. Schlagrahm und Kirsch unterrühren.

7 | Orangenterrine stürzen, in 8 Scheiben schneiden. Mit Vanillesauce und Orangenschalen dekorativ auf Tellern anrichten. Mit dem Blätterteiggebäck servieren.

kardamom-mohn-köpfchen

mit Mispelkompott im Gewürzjus East-West

für 4 Mokkatassen

Mispelkompott
1 kg Mispeln
1 schwarze Kardamomkapsel, zerdrückt
½ TL grüne Anissamen
2 Macisblüten
1 TL Ajowansamen
½ TL Fenchelsamen
4 Cassiarinden (chinesischer Zimt)
8 Szechuanpfefferkörner
100 g Zucker
3 dl/300 ml Orangensaft, frisch gepresst
1 EL Tamarindenpüree

Mohnköpfchen
1 Weggli, 40 g
50 g Karotten, fein gerieben
½ dl/50 ml Süßwein
70 g zimmerwarme Butter
1 TL flüssiger Honig
½ unbehandelte Zitrone, abgeriebene Schale
2 Msp Kardamompulver
3 Eigelbe
1 EL weißes Mandelpüree (Reformhaus)
1 Schuss Rum
60 g gemahlene Mohnsamen
2 Eiweiß
50 g Zucker
1 Prise Meersalz

Puderzucker, zum Bestäuben
Minze, für die Garnitur

1 | Mispeln schälen, halbieren und entkernen, Fruchtfleisch klein schneiden. Gewürze im Mörser zerstoßen und in ein Leinentüchlein binden. Zucker hell karamellisieren, mit Orangensaft ablöschen. Früchte, Gewürzbeutel und Tamarindenpüree zugeben und bei mittlerer Hitze 10 Minuten kochen lassen. Gewürzbeutel entfernen. Topfinhalt in ein Sieb abgießen, Fond in Topf zurückgeben und auf die Hälfte einkochen lassen. Mispeln zum Gewürzsirup geben, nochmals aufkochen. Kompott noch heiß in Einmachgläser füllen und diese sofort verschließen.

2 | Backofen auf 200 °C Unterhitze vorheizen. Mokkatassen mit Butter ausstreichen, mit Zucker ausstreuen, kalt stellen. 2 l Wasser aufkochen.

3 | Weggli in kleine Würfel schneiden, mit Karotten und Süßwein mischen. Butter, Honig, Zitronenschale und Kardamom luftig aufschlagen, Weggli-Karotten-Mischung unterrühren. Eigelbe mit Mandelmasse und Rum verrühren, mit Mohnsamen langsam unter die Buttermischung rühren. Eiweiß mit ⅓ des Zuckers cremig schlagen, restlichen Zucker und Prise Salz zufügen und zu festem Schnee schlagen. Einen Drittel des Eischnees unter den Teig rühren, Rest sorgfältig unterheben. Masse in die Mokkatassen füllen.

4 | Mokkatassen in ein tiefes Backblech stellen. Das kochende Wasser in das Blech gießen, sodass die Tassen zu einem Drittel im Wasser stehen. Mohnköpfchen im vorgeheizten Ofen bei 200 °C etwa 20 Minuten backen.

5 | Die noch warmen Mohnköpfchen stürzen und mit Puderzucker bestäuben, halbieren und zusammen mit dem Mispelkompott auf Tellern anrichten. Mit Minze garnieren.

Tipp | Das Mispelkompott passt auch zu Wildgerichten, Fleischfondue und Siedfleisch.

halbgefrorenes

mit weißem Pfeffer und Erdbeerragout

für 4 Kaffeetassen oder 6 Espressotassen

Halbgefrorenes
1 Vanilleschote
1 unbehandelte Zitrone, abgeriebene Schale von ½ Frucht und Saft der ganzen Frucht
50 g Zucker
1 TL frisch gemahlener weißer Pfeffer
2 Eigelbe
2 Eiweiß
1 Prise Meersalz
1,8 dl/180 ml Rahm/Sahne

100 g gehackte Pistazien, für die Garnitur

Schokoladengitter
100 g Zartbitter-Schokolade, gehackt

Erdbeerragout
200 g Erdbeeren
½ Limette, Saft
2 EL Zucker

100 g gehackte Pistazien, für die Garnitur

1 | Tassen im Tiefkühler vorkühlen.

2 | Für das Halbgefrorene Vanilleschote aufschneiden, Mark abstreifen, mit Zitronenschale und Zitronensaft, 30 g Zucker und Pfeffer zum Eigelb geben und luftig-cremig aufschlagen.

3 | Eiweiß mit Prise Salz zu Schnee schlagen, restlichen Zucker einrieseln lassen, weiterschlagen, bis die Masse fest ist. Eischnee unter die Eigelbmasse heben.

4 | Rahm steif schlagen, unter die Eiermasse heben, in die vorgekühlten Tassen füllen. 2 Stunden tiefkühlen.

5 | Für das Erdbeerragout 4 oder 6 ganze Beeren für die Garnitur beiseitelegen. Restliche Erdbeeren entstielen und die Hälfte mit Limettensaft und Zucker pürieren. Restliche Früchte vierteln und mit Erdbeersauce mischen.

6 | Für die Schokoladengitter die Hälfte der gehackten Schokolade in einer Chromstahlschüssel über dem heißen Wasserbad schmelzen. Schüssel vom Kochtopf nehmen, restliche Schokolade dazugeben und unter Rühren schmelzen. Schokolade in einen Spritzbeutel mit kleiner, flacher Tülle füllen, auf ein mit Backpapier belegtes Blech Gitter (siehe Bild) spritzen, fest werden lassen.

7 | Erdbeerragout in tiefen Tellern anrichten. Tassen mit Halbgefrorenem kurz in heißes Wasser tauchen, Halbgefrorenes auf Erdbeerragout stürzen, mit Pistazien bestreuen. Erdbeeren und Schokogitter als Garnitur dazugeben.

Tipps | Vanilleschoten in etwa 2 cm lange Stücke schneiden und mit Kristallzucker in ein gut schließendes Glas füllen. Zum Backen verwenden.

macis-koriander-kuchen

mit Rhabarberfüllung

für eine Form von 24 cm Durchmesser

Mürbeteig
200 g weiche Butter
125 g Zucker
1 Freilandei
1 Prise Meersalz
400 g Weißmehl
5 g phosphatfreies Backpulver
20 g Bourbon-Vanillezucker
1 TL gemahlene Macis
1 TL gemahlene Korianderkörner

Füllung
500 g Rhabarber
180 g Zucker
2 Eiweiß
100 g Mandelpüree (Reformhaus)
20 g Bourbon-Vanillezucker
30 g Mandelblättchen, geröstet

1 Eigelb
1 EL Rahm/Sahne

1 | Für den Mürbeteig Butter mit Zucker luftig aufschlagen. Ei und Salz verquirlen, unter die Butter rühren. Mehl, Backpulver, Vanillezucker und Gewürze mischen, unter die Butter kneten. Teig in Klarsichtfolie einwickeln und mindestens 1 Stunde kühl stellen.

2 | Für die Füllung den Rhabarber schälen und klein würfeln, mit dem Zucker mischen und 1 Stunde ziehen lassen. Rhabarber abgießen (Saft auffangen), Rhabarberstücke auf Küchenpapier abtropfen lassen.

3 | Eiweiß, Mandelmasse und Vanillezucker glatt rühren, Mandelblättchen zufügen, zum Rhabarber geben und gut mischen.

4 | Backform mit Butter ausstreichen. Eigelb mit Rahm verrühren.

5 | Zwei Drittel des Teigs ausrollen, in die Kuchenform legen, einen ausreichend hohen Rand formen. Rhabarbermasse auf dem Boden verteilen. Teigränder nach innen über den Rhabarber legen, mit der Eigelb-Rahm-Mischung bestreichen. Restlichen Teig auf die Größe der Form ausrollen, auf den Kuchen legen, Rand gut andrücken, Deckel mit Eigelb-Rahm-Mischung bestreichen, mit einer Gabel ein Gitter zeichnen.

6 | Rhabarberkuchen auf unterste Schiene in den Ofen schieben, bei 180 °C etwa 50 Minuten backen.

Tipps | Den Kuchen noch lauwarm mit einem Glas Moscato d'Asti servieren. Der Rhabarbersaft kann zum Süßen von Eistee verwendet werden.

schokoladen-koriander-brot

mit Birnen im Rieslingjus

Brot
500 g Weißmehl
2 EL zerstoßene Korianderkörner
½ Würfel Hefe (21 g)
2½ dl/250 ml lauwarmes Wasser
10 g Meersalz
150 g Zartbitter-Schokolade, grob gehackt
50 g flüssige Butter

Birnenkompott
4 EL Zucker
1 dl/100 ml Riesling Auslese
1 unbehandelte Orange
1 Lorbeerblatt
½ Zimtstange
2 Birnen, «Conférence» oder «Williams»

1 | Für den Teig Mehl und Koriander in einer Schüssel mischen, eine Vertiefung drücken. Zerbröckelte Hefe in die Mulde geben und mit zwei Esslöffeln lauwarmem Wasser und einem Esslöffel Mehl verrühren. Vorteig zugedeckt 15 Minuten gehen lassen. Wasser, Salz und Schokolade dazugeben und alles in etwa 10 Minuten zu einem festen Teig kneten. Teig zugedeckt 1 Stunde gehen lassen. Flüssige Butter in den Teig kneten. Einen Rolle von 30 cm Länge drehen und diese zu einem Knoten binden. Auf ein mit Backpapier belegtes Blech legen. 15 Minuten gehen lassen.

2 | Backofen auf 210 °C vorheizen.

3 | Schokoladen-Koriander-Brot in der Mitte in den Ofen schieben, bei 210 °C 30 Minuten backen.

4 | Für das Kompott die Birnen schälen, vierteln und entkernen. Viertel nochmals halbieren. Orange waschen und mit Sparschäler 2 dünnschalige Streifen abziehen, diese in Julienne schneiden.

5 | Zucker in einer Sauteuse leicht karamellisieren, mit Weißwein ablöschen. Orangenstreifchen und Gewürze zugeben. Birnen zum Sirup geben, bei schwacher Hitze zugedeckt weich kochen. Das Kompott noch warm zum Schokoladenbrot servieren.

Tipp | Sehr fein schmeckt das Schokoladenbrot auch mit frischem Ziegenkäse, Quittenkonfitüre oder Bitterorangenmarmelade.

savarin

in Gewürzsirup getränkt mit Apfelkompott

für 10 Ringförmchen von 8 cm Durchmesser

150 g Weißmehl
10 g Hefe
½ dl/50 ml lauwarme Milch
2 Eier
½ EL Zucker
1 unbehandelte Orange, wenig abgeriebene Schale
1 Prise Meersalz
60 g flüssige Butter

Gewürzsirup
1 dl/100 ml Rum
1 dl/100 ml Apfelsaft
1 Sternanis
½ Zimtstange
1 Vanilleschote
2 Lorbeerblätter
2 Cassiarinden (chinesischer Zimt)
1 EL getrocknete Hagebutten
120 g Zucker

100 g Aprikosenkonfitüre

Apfelkompott
2 EL getrocknete Preiselbeeren
½ dl/50 ml Apfelsaft
1 EL Honig
1 Msp abgeriebene Schale einer unbehandelten Zitrone
1 großer, fest kochender Apfel, z. B. Boskop

1 | Savarinförmchen mit Butter einstreichen, kühl stellen.

2 | Mehl in eine Teigschüssel geben, in der Mitte eine Vertiefung drücken, Hefe in die Vertiefung bröckeln, Milch zugeben und mit der Hefe glatt rühren, das Ganze zu einem Teig rühren, zugedeckt auf das doppelte Volumen aufgehen lassen. Eier, Zucker, Orangenschale und Salz luftig aufschlagen, mit der flüssigen Butter unter den Vorteig rühren. Zugedeckt 20 Minuten gehen lassen. Teig in einen Spritzbeutel füllen, in die eingefetteten Förmchen spritzen, sie sollen zur Hälfte gefüllt sein. Savarins zugedeckt etwa 20 Minuten gehen lassen.

3 | Backofen auf 200 °C vorheizen.

4 | Savarins in der Mitte in den Ofen schieben, bei 200 °C 15 Minuten backen.

5 | Für den Gewürzsirup Rum, Apfelsaft, Gewürze und Zucker aufkochen, auf der ausgeschalteten Wärmequelle 10 Minuten ziehen lassen, durch ein Sieb passieren und auskühlen lassen.

6 | Noch warme Savarins aus den Förmchen stürzen und in den Gewürzsirup tauchen, bis sie sich vollgesogen haben, auf einem Gitter in eine Schüssel abtropfen lassen. Aprikosenkonfitüre erwärmen, durch ein Sieb streichen. Savarins damit bestreichen.

7 | Für das Apfelkompott Preiselbeeren mit Apfelsaft, Honig und Zitronenschale aufkochen. Apfel schälen, vierteln, entkernen, Viertel in feine Spalten schneiden, im Apfelsaft bei schwacher Hitze garen.

8 | Savarins dritteln, mit Apfelkompott und restlichem Gewürzsirup auf Teller verteilen. Mit den Gewürzen garnieren.

Tipp | Für eine klassische «Baba au rhum» dem Teig zwei Esslöffel in Rum eingelegte Rosinen zugeben und in konischen Förmchen backen.

crêpes

mit Ananas-Chili-Füllung und Granatapfeljus

Crêpeteig
1 Ei
1 Prise Meersalz
1 Msp Muskatnuss
1 unbehandelte Zitrone, wenig abgeriebene Schale
30 g Weißmehl
1 dl/100 ml Milch
1 EL flüssige Butter

Ananas-Chili-Füllung
1 TL Butter
1 EL Palmzucker
1 Baby-Ananas
½ rote Chilischote, entkernt
1 EL weißer Rum
2 EL Cashewkerne, geröstet und gehackt
2 EL Kokosnussflocken
4 EL Ricotta
2 Eigelbe

Granatapfeljus
1 Granatapfel
2 dünne Scheiben frischer Ingwer
1 Vanilleschote
2 dl/200 ml Wasser
2 EL Zucker
1 TL Maisstärke
1 EL weißer Rum

Garnitur
2 EL Ananaswürfelchen
2 EL Granatapfelkerne
Zitronenmelisse

1 | Für den Crêpeteig Ei, Salz, Muskatnuss und Zitronenschale aufschlagen, zuerst Mehl, dann Milch und am Schluss flüssige Butter unterrühren. Teig 20 Minuten ruhen lassen. In einer Crêpepfanne von 10 cm Durchmesser 8 dünne Crêpes backen, zugedeckt beiseitestellen.

2 | Für den Granatapfeljus den Granatapfel aufbrechen, Kerne herauslösen. 2 EL Kerne für die Garnitur zur Seite stellen. Restliche Kerne in der Fruchtzentrifuge auspressen. Saft beiseitestellen. Kerne mit Ingwer, aufgeschnittener Vanilleschote, Wasser und Zucker 5 Minuten kochen. Flüssigkeit durch ein feines Sieb in einen Topf passieren und sirupartig einkochen. Beiseitegestellten Saft zum Sirup geben und bei schwacher Hitze etwa 10 Minuten köcheln lassen. Maisstärke mit Rum verrühren, Jus damit leicht binden.

3 | Der Baby-Ananas oben und unten einen Deckel abschneiden, die Frucht schälen und die braunen Noppen mit spitzem Messer ausstechen. Frucht längs halbieren und den harten mittleren Teil entfernen, Fruchthälften in 5 mm große Würfelchen schneiden. 2 Esslöffel der Würfelchen für die Garnitur zur Seite stellen. Chilischote klein würfeln. Butter zerlassen, Zucker zugeben und leicht karamellisieren, Ananas und Chili kurz mitdünsten, mit dem Rum ablöschen, Füllung auf ausgeschalteter Wärmequelle 10 Minuten ziehen lassen. Ananas in ein Sieb abgießen, Fond auffangen, in einer Sauteuse sirupartig einkochen lassen. Ananas mit Cashewkernen, Kokosnussflocken und Sirup mischen, kalt stellen. Ricotta und Eigelbe aufschlagen, Ananasmischung unterheben.

4 | Backofen auf 220 °C vorheizen.

5 | Ananas-Chili-Füllung in die Mitte der Crêpes geben. Ränder über die Füllung legen, einmal falten, sodass ein Päckchen entsteht. Gefüllte Crêpes im vorgeheizten Ofen bei 220 °C 10 Minuten backen.

6 | Granatapfeljus spiralenförmig auf die Teller spritzen. Mit Ananaswürfelchen und Granatapfelkernen bestreuen, heiße Crêpes dazulegen, mit Zitronenmelisse garnieren.

register